新世纪公共管理系列教材

城市管理学

CHENGSHI GUANLIXUE

韩裕庆◎编著

首都经济贸易大学出版社
Capital University of Economics and Business Press
·北京·

图书在版编目(CIP)数据

城市管理学/韩裕庆编著. --北京:首都经济贸易大学出版社,2020. 8
ISBN 978-7-5638-3065-7

Ⅰ. ①城…　Ⅱ. ①韩…　Ⅲ. ①城市管理　Ⅳ. ①F293

中国版本图书馆 CIP 数据核字(2020)第 035603 号

城市管理学
韩裕庆　编著

责任编辑　彭　芳
封面设计　砚祥志远·激光照排 TEL: 010-65976003
出版发行　首都经济贸易大学出版社
地　　址　北京市朝阳区红庙（邮编 100026）
电　　话　(010)65976483　65065761　65071505(传真)
网　　址　http://www. sjmcb. com
E - mail　publish@ cueb. edu. cn
经　　销　全国新华书店
照　　排　北京砚祥志远激光照排技术有限公司
印　　刷　北京市泰锐印刷有限责任公司
成品尺寸　170 毫米×240 毫米　1/16
字　　数　360 千字
印　　张　20. 5
版　　次　2020 年 8 月第 1 版　2024 年 1 月第 5 次印刷
书　　号　ISBN 978-7-5638-3065-7
定　　价　39. 00 元

前　言

城市的出现可以追溯至5 000 多年以前，城市是人类走向成熟和文明的显著标志之一，即便是古代，尽管城市发展缓慢，但城市总是某一区域的政治、经济、文化的中心，工业革命推动了西方近代城市的兴起，科技革命和全球化浪潮孕育出现代城市。联合国人居署《伊斯坦布尔人居宣言》提出："我们的城市必须成为人类能够过上有尊严的，健康、安全、幸福和充满希望的美满生活的地方。"城市化总是与城市的发展相伴而生的，城市化是现代社会发展高度的衡量标准之一。中国是世界上城市起源最早的国家之一，有学者统计，上下5 000 多年，在黄河流域、长江流域、沿海和内陆的周边地区产生过60 多座主要都城，几十座重要省城和2 000 多座县城，但整体发展缓慢，至1949 年城市化水平为10.64%，1978 年城市化水平也只有17.92%。改革开放40 多年来，我国的城市化进程不断加速。国家统计局2020 年1 月17 日发布的数据显示，2019 年年末，我国城镇常住人口为84 843 万人，城镇人口占总人口的比重(城镇化率，即城市化水平)为60.60%。按国际标准，一个国家的城镇化率达到60%，就意味着已经基本实现城镇化，初步完成从乡村社会到城市社会的转型，进入城市社会时代。

城市的发展以及城市化进程的加速，特别是城市生活面临的一系列问题和挑战，如交通拥堵、资源短缺、环境污染、文化冲突、利益矛盾等，对城市管理提出了新的要求。城市管理是国家治理的重要内容，是地方治理的重要领域，正如习近平所指出的，城市治理是国家治理体系和治理能力现代化的重要内容。一流城市要有一流治理，要注重在科学化、精细化、智能化上下功夫。

随着城市管理感性经验的不断积累，特别是城市管理理性研究的不断深入，城市管理科学应运而生，改革开放后，城市管理专业开始引入我国。1984 年，首都经济贸易大学在经济学专业开设城市管理方向。次年，经原国家教育委员会批准，正式设立城市管理专业并开始招生，后因种种原因于1993 年停招。2001 年后,先后有北京大学、中国人民大学、云南大学、华东理工大学、青岛科技大学、浙江农林大学等 19 所大学开设了城市管理专业。2012 年,教育部将城市管理专业纳入普通高等学校本科专业目录,许多大学开始申办城市管理专业。根据教育部学位与研究生教育发展中心 2019 年公布的第四轮公共管理学科评估结果,全国共有 102 所开设管理学学科/公共管理类/城市管理专业的大学参与了排名,其中不包括开设城市管理专业的一些高等学校的独立学院,城市管理专业得到了较好的发展。教材建设是专业建设的重要方面,城市管理专业也不例外。其作为一个新兴专业,需要系列化的适合城市管理专业的教材。"城市管理学"是城市管理专业的核心课程。曾经有一段时期,将"城市管理"仅仅局限于"市政管理"领域,将"城市管理学"课程称为"市政学",目前,冠之以"市政学"及相关名称的教材比较多,而使用"城市管理学"这一名称的教材并不多,据不完全统计,不足 20 部(种)。

编写本书的初衷是以其作为城市管理专业核心课程"城市管理学"的教材,因此,教材名称与课程名称保持一致,其中的"城市管理"取广义层面,即城市管理不仅局限于市政管理领域,还包括行政管理、经济管理、社会管理、环境管理等更多的方面。同时,本书强调城市管理的现代性。在一般意义上,有了城市就要管理,无论古代、近代、现代,都有城市管理,只是古代的城市管理主要是建立在感性经验的基础之上的,到了近代,城市管理的理性成分不断加深,出现了科学的城市管理理念。现代社会特别是第二次世界大战以后,随着西方现代城市管理理论,如生态城市管理理论、城市竞争力理论、数字城市理论等的发展,城市管理的现代性得以确立。此外,本书还突出基础性,在城市管理学的基本知识、基本理论、基本方法和基本技能等方面着墨较多,为学生学习城市管理专业其他课程打下扎实的基础。本书每章都附有阅读材料、思考题和拓展阅读篇目,以增强可读性,便于学生巩固学习成果,提高学生分析和解决城市管理实际问题的能力。当然,本书也可以作为公共管理类相关专业如行政管理、公共事业管理的教材和教学参考。

本书编著的设想始于 2014 年夏季,但是由于种种原因,编写工作一再推延,其间城市管理特别是中国城市管理的实践发生了巨大的变化,取得了较快的发展,以致写作提纲与书稿一再修改,耗费了多年的时光才得以完稿。全书分为九章,由韩裕庆制定提纲和写作体例,韩裕庆、薛迎春参与前后数稿的统稿工作,并由韩裕庆最后统稿。本书具体编写分工为:韩裕庆负责编写第一章,张士威负责编写第二章、第三章、第四章,薛迎春负责编写第五章、第六章、第七章，丁亮负责编写第八章，顾继光负责编写第九章。

为出版本书，首都经济贸易大学出版社的编辑老师付出了极大心血，在此表示感谢！在本书编写过程中，臧乃康教授不断给予我们精神鼓励，南通大学杏林学院提供了经费资助，在此一并表示衷心的感谢！由于我们参考了大量文献资料和研究成果，也向相关作者表示感谢！

本书是我们团队努力的成果，编写人员的知识储备、研究志趣及写作风格不尽相同，限于团队的能力，不足之处在所难免，恳请读者斧正。

目录

第一章
绪　论

城市是社会经济发展到一定历史阶段的产物，更是人类社会走向成熟和文明的显著标志之一。城市的历史已有5 000多年，城市产生之后，人类文明又促进了城市的进一步发展。城市数量的增加，城市化的发展，无疑是现代社会的显著特征。自从有了城市，人类社会就面临管理城市的课题，在城市管理的长期实践过程中，人们积累了不少的城市管理经验、知识与理论。近代以来，城市管理的研究日益深入，城市管理的科学化程度不断提高，最终，城市管理学的出现也就水到渠成了。

一、城市

城市的出现是社会进步和人类文明程度提升的过程。城市总是由一系列的自然要素和社会要素有机结合而成的，现代城市的发展，不断地面临着诸多的挑战，需要解决层出不穷、形态各异的城市问题。理解城市的本质和特征，是研究城市管理理论、化解城市管理难题、推进城市管理科学发展的基础。

（一）城市的范畴

1. 城市的定义

在汉语语境下，“城”与“市”原本是两个不同的概念，两者结合，才有了后来比较完整意义上的城市。在古代汉语中，“城”是指起防卫作用的四周围城垣，所谓“城者，所以自守也”（《墨子·七患》），“内为之城，城外为之郭”（《管子·度地篇》），对此，美国城市经济学家芒福德也有类似的说法：“城市的另一个特征是城墙封围的城堡，四周有一个或数个聚居区……直到18世纪，在大多数国家中，城墙仍然是城市的最显著特征之一……”① 而“古之为市也，以其所有易其所无者，有司者治之耳”（《孟子·公孙丑》），显然，“市”在古汉语中是指商品交换的场所，所谓“日中为市，致天下之民，聚天下之货，交易而退，各得其所”（《周易·系辞下》）。“城”与“市”这两者都是城市最原始的形态，严格地说，都不是真正意义上的城市。随着生产力的发展，商品交换日益频繁，客观上需要有一个相对安全、通达而又固定的环境，于是“城”与“市”的相互结合势在必行。市场因为有城垣的保护变得安全，所谓“市因城安”；城垣因市场的发展而人口增加，所谓“城因市兴”。

作为现代社会的经济、政治和文化中心，城市自然就成为社会科学各学科领域研究的一个重要组成部分，不同的学科从各自的研究视角对城市做出不一的描述。例如，经济学认为，城市是具有相当面积、经济活动和住户集中，从而在私人企业和公共部门产生规模经济的连片地理区域，或者是一个坐落在有限空间内的各种经济实体、社会实体、物质实体相互交织在一起的网络系统，“一个地理区域，在相对较小的面积里居住了大量的人，换句话说，城市就是一个具有相对高人口密度的区域”②。在社会学领域，城市通常被定义为具有某些特征的、在地理上有界的社会组织形式，是人类社区的一种生活方式。城市人口相对比较多，密集居住，有一部分人从事非农业生产，还有一些是专业人员；城市具有一定的市场功能，并显示出一种相互作用的方式，要求有一种超越家庭或家族之上的“社会联系”。在地理学看来，城市是指所处之地交通方便、覆盖有一定面积的人群和房屋的密集结合体，具有一定的区域性和综合性，是有中心性能的区域中心，是从事非农生产（主要是第二产业和第三产业）人群的集中居住地。在城市规划学领域，城市被定义为以非农业产业和非农业人口集聚为主要特征的居民点，是按国家行政建制设立的市、镇。在法学领域，城市是指国家机器实现政治统治和依法治理的基本单元，是一个法律规范的地域概念。马克思主义经典作家对城市的含义也有论述：“城市本身表明了人口、生产工具、资本、享乐和需求的集中；

① 芒福德．城市发展史：起源、演变与前景［M］．北京：中国建筑工业出版社，2005：3.
② 奥沙利文．城市经济学［M］．北京：中信出版社，2003：6.

而在乡村里所看到的却是完全相反的情况：孤立和分散。”① 在学术界，较为典型的城市定义如“城市是国家经济、政治、科学技术和文化教育的中心，是现代工业与第三产业集中的地方，在国民经济和社会发展中起主导作用”②；城市“是以人为核心，以空间与环境资源利用为手段，以聚集经济效益为特点的社会经济以及物质性设施的空间地域集聚地”③；城市“是指一定规模及密度的非农业人口和非农业产业聚集的地方和一定层级地域的经济、政治、社会和文化中心”，“城市是和农村对应的术语”④；城市“是指以自组织的人的群体为主体，以一定空间和自然环境为客体，以集聚经济社会效益为目的，以集约人口、经济、科学文化为特点，并与周围环境进行物质、能量、信息交流的空间地域开放大系统”⑤；“从经营城市的角度来讲，城市是人力资本高度集中的地区，是某一国家或地区在一定历史时期内政治、经济、文化等各种资本高度发达的中心，是一个动态的、开放的、复杂的社会系统，是一个个人（如政治家、企业家、科学家、社会学家等）或单位团体（如工商企业等）充分发挥其表演天才的大舞台”⑥；城市是“人类历史上形成的，以非农业人口为主体的，人口、经济、政治、文化高度聚集的多层次社会物质动态系统”⑦；“城市是生产力发展到一定阶段的产物，是生产要素集约化和业态多样化的社会有机体，是区域经济、政治、科学技术和文化教育发展的中心”⑧。

综上，不难看出，对城市概念，不同学科、不同学者基于不同的角度，从城市的某个或某些方面来定义城市，侧重点不同，说法多样，各有其道理，正如芒福德所言：“人类用了 5 000 年的时间才对城市的本质和演变过程获得一个局部的认识，也许要用更长的时间才能完全弄清那些尚未被认识的潜在

① 马克思恩格斯全集：第 3 卷［M］. 北京：人民出版社，1972：57.
② 谢文惠，邓卫. 城市经济学［M］. 北京：清华大学出版社，1996：2.
③ 陈友华，赵民. 城市规划概论［M］. 上海：上海科学技术文献出版社，2000：1.
④ 马彦琳，刘建平. 现代城市管理学［M］. 北京：科学出版社，2003：3-4.
⑤ 秦甫. 现代城市管理［M］. 上海：东华大学出版社，2004：5.
⑥ 宋明，晁农. 经营城市的策略：对中国城市经营学的探讨［M］. 重庆：西南交通大学出版社，2005：5.
⑦ 涂文涛，方行明. 城市经营学［M］. 重庆：西南财经大学出版社，2005：13.
⑧ 冯云廷. 城市经济学［M］. 大连：东北财经大学出版社，2005：11.

特性。”[①] 尽管每个学科研究城市的视角各异，得出的结论也不尽相同，但是这些结论对城市管理学研究城市有很大的启发意义，至少启示我们，城市是一个由各种因素组成的复杂的综合体。“所谓城市，就是一个以人为主体，以空间利用和自然环境利用为特点，以聚集经济效益、社会效益为目的，集约人口、经济、科学、技术和文化的空间地域系统。”[②] 城市管理研究的是各种主体对城市的综合管理，为此，城市管理学应从宏观的、整体的层面认识城市概念。基于这一基本认知，我们认为，城市是一个历史范畴，是社会经济发展到一定阶段的产物，城市是由一定规模的非农人口和非农产业聚集而成的一定区域范围内的经济、政治、文化、社会中心，并与周围环境进行人口、物质、能量、信息交流的开放式的空间地域系统。

2. 城市的特征

城市的特征是指相较于乡村而言，城市所具有的一些基本特性。史密斯认为，比较全面的城市定义至少包括以下几个方面：一定的人口规模下限；必要的政治地位；较大的人口密度；非自然资源提取性职业；机械加工而成的基础设施；财富的象征；特有的生活方式。[③] 我们将城市的特征概括为三个方面：城市要素的密集性、城市取向的人本性、城市文化的多元性。

（1）城市要素的密集性。城市是一个复杂的系统，其构成要素也十分繁复，其最基本的要素在于人（人群或人口）、物（物质、资产）、空间、信息等，城市要素的密集性表现为在城市的有限空间内，聚集了大量的人口、物资、设施、财力、信息等，成为人流、物流、资金流和信息流的高度聚集地。

第一，人口的密集。城市聚集着大量的非农业人口，而且随着城市规模的不断扩大，人口密集度也不断递增。一方面，城市人口占社会总人口的比重不断增长，也就是通常所言的城市化水平越来越高。另一方面，城市人口的密度越来越大，城市人口密度大于农村人口密度，而且城市规模越大，人口密度越大，越是在城市中心区域，人口的集聚程度就越高。

第二，物质要素的密集。城市是一个国家和地区物质财富的主要创造地

---

① 芒福德．城市发展史：起源、演变与前景［M］．北京：中国建筑工业出版社，2005：3.

② 谢文蕙，邓卫．城市经济学［M］．北京：清华大学出版社，2008：2.

③ SMITH W F. Urban development：the process and the problems［M］. Berkeley，Los Angeles and London：University of California Press，1975：3-5.

和聚集地。城市的物质形态主要表现为高度集中的各种城市设施，其不仅是城市财富的表现，也是各种城市活动的基本依托。一般来说，城市设施主要包括生产设施、基础设施、基本设施、居住设施、生活服务设施、文化教育设施、医疗体育设施。凡此种种设施，在农村也存在，在一些发达的农村区域还大量存在，但是，相较于农村，城市的密集度要高很多。同时，城市还是人们利用各种设施进行生产和经济活动的地方，因而大量的物资因城市生产和经济活动需要不断地集聚到城市，主要表现在工业生产的商品集中到城市，生产和经济活动所需的原材料集中到城市。

第三，城市活动的密集。城市是人类社会长期发展的必然产物，是人们对自然进行有目的改造的结果。人们改造自然以及享受改造成果的行为必然表现为一系列的城市活动，随着城市人口的密集以及物质要素的集中，城市活动也就必然表现出高度集中而且多样化的倾向，这些活动增强了人与人之间的联系，传递了种种信息，使得城市社会日益丰富多彩，进而又推动了城市的发展。城市活动的密集性在很大程度上还表现为城市文化的高度集中，古今中外，世界各国灿烂的文化基本都出自城市特别是著名城市。城市活动主要包括物质资料生产活动，城市建设管理活动，包括流通、分配、消费等领域的经济活动，精神文明建设活动，城市防卫活动，城市居民健康、教育活动，信息传递活动，对外联系活动，等等。

（2）城市取向的人本性。城市是人类活动的产物，人类改造自然，建设城市、管理城市，更重要的是让城市为人服务。在城市的诸多要素（如人、物、空间）中，人是首要的，因而城市的一切都要以人为本，人们建设城市、管理城市的目的和落脚点在于为人服务。

第一，人建造了城市。城市固然有其自然性，现代城市理论强调建设园林城市、田园城市，但是城市并不是纯粹的自然物，当然也不是神造的，而是人类历经探索，不断地认识客观规律，运用客观条件，发挥自己的聪明才智，依托一定的社会经济条件和自然条件的结果，城市是世世代代劳动人民劳动的成果和智慧的结晶。

第二，城市需要人去管理。城市是一个多要素、多层次、多功能、多过程的繁复系统，即使是人类早期较为原始的城市比起同时期的乡村也要复杂得多。复杂的城市系统必然会存在人、财、物的复杂的矛盾冲突，为了使城市正常地运行，就需要人去管理。事实上，城市是可以认识和改造的，在人类认识和改造的基础上，可以将城市建设好、管理好。现代城市往往出现所谓的“城市病”，并且很难治理，究其根本，“城市病”的出现与蔓延，恰恰反映人们对城市管理的失败，在另一个层面说明城市需要更好地进行管理。“城市病”并非不治之症，混乱的城市经过科学的管理可以变得有序，落后的城市经过建设可以成为先进的城市。

第三，城市必须服务于人。城市的主体是人，正因为有一定规模的人口，才有了所谓的城市。人类历史上一些城市被废弃、荒芜，尽管原因各异，但最根本的就是城市人口的大量流失，而城市人口大量流失的一个很重要的原因在于这座城市已不能为居住或将要居住于这座城市的人们提供必要的服务。城市的物质形态特别是城市设施需要围绕城市居民的日常生活和城市经济活动的切实需要，服务于城市生产、分配、交换、消费等经济功能，服务于城市居民工作、生活、休闲、健身、娱乐等社会功能，服务于城市教育、科技、文化等智力活动功能，保证城市运行过程中计划、组织、指挥、协调、控制等基本环节的顺利运行。

（3）城市文化的多元性。相较于乡村，城市在人口构成、风俗习惯、语言文化以及宗教信仰、意识形态等方面表现出很强的异质性和多元性。尽管城市有其相对固定的城市区域，但是这一相对固定的区域并不是封闭的，相反，城市是一个双向开放的系统。一方面，城市需要外界源源不断地输入人口、物质、能量、资金、技术；另一方面，城市又要通过人才、资金、技术、管理、商品、信息的输出以获取回报，增强城市自身的财富积累和发展后劲。同时，城市作为一定区域的经济、政治、文化中心，具有集聚效应，对城市周边的人口和非农活动有巨大的吸引力。随着人口和非农活动向城市的集中，城市周边的不同文化必将被带入城市。因此，城市成为多元文化互相交汇、碰撞的场所。通过这种文化交汇与碰撞，各种文化彼此吸纳、融合，最终形成各具特色的城市文化。在中国，比较典型的就是海派文化与京派文化的差异。

（二）城市的起源

根据最新考古发现，世界上第一批城市是公元前4500年在美索不达米亚平原上出现的，包含巴格达、巴比伦等，距今已经有6 000多年的历史。人类早期的城市主要分布在一些地理位置优越的水域附近，如古埃及的尼罗河流域、西亚的两河流域、南亚的印度河流域和中国的黄河流域①。城市的出现，是人类经济发展到一定阶段的产物，是人类走向成熟和文明的标志，也是人类群居生活的高级形式。

1. 生产力发展是城市产生的根本条件

生产力是人类利用和改造自然、从自然界获取物质资料的能力，生产力是社会发展的根本动力，生产力的发展是城市产生的根本条件。人是一种社会动物，聚集性是人类的一种天性，但人类以什么样的形式形成聚落，不是可以自由选择的，而是由人们所生活的那个时代的具体条件决定的，归根结底是由当时当地的社会生产力发展水平决定的②。人类从不固定的居住点迁移到固定居住点，再到村落、村庄，直至城市，其背后的深层次原因在于生产力的发展。

人类早期居无定所，使用原始、简陋的生产工具采集野果，渔猎而食，生产力极端低下。为了应对来自大自然的种种危险，特别是在对付个体庞大的凶猛动物时，三五个人的力量显得单薄，只有联合其他群体，形成更大的群体。随着群体力量的壮大，采集的野果以及渔猎所得也就丰富起来，需要贮藏起来，久而久之群体便定居下来。考古资料证明，原始人大约从蒙昧时期开始就有了定居行为。大凡人类选择定居的地方，都是些水草丰美、动物繁盛的处所。定居下来的先民为了抵御野兽的侵扰，便在驻地周围扎上篱笆（木栅）乃至建造堡垒形的共同住宅，形成了早期的村落。不难看出，村落的出现是原始人生产力提高的结果。进入新石器时代，原始畜牧业和农业先后兴起，特别是随着农业技术的发展以及生产工具的改进，人类极大地提高了种植能力和劳动能力，乡村聚落逐渐稳定，规模和范围逐渐扩大。同时，随着生产能力的提高，开始出现一些剩余产品，于是人们就可以把剩余产品拿来与其他群体换取自己没有的东西。最初的交换是随机的，不一定成功，随着交换的频繁发生，交换的地点逐渐固定，慢慢地就形成了“市”，再后来“市”与在篱笆基础上筑起来的“城”结合，于是，早期的“城市”便形成了。

---

① 王佃利，张莉萍，高原．现代市政学［M］．北京：中国人民大学出版社，2011：21.

② 萧斌．中国城市的历史发展与政府体制［M］．北京：中国政法大学出版社，1993：31-32.

2. 三次社会大分工是城市产生的加速器

关于城市的起源有多种解读。例如，防御说认为，建筑城郭是为了防御外敌侵犯。还有一种集市说，认为随着社会生产发展，剩余的农产品、畜产品需要有个地方进行交换，进行交换的地方逐渐固定了，聚集的人多了，就有了市，后来就建起了城。现在普遍认可的是社会分工说，认为随着社会生产力不断发展，人群内一部分人专门从事手工业、商业，一部分人专门从事农业。从事手工业、商业的人需要有个地方集中起来进行生产、交换，所以就有了城市的产生和发展。仔细分析不难发现，人类早期农耕时代城市的一个重要功能在于防御，而剩余产品的交换推进了城市的产生。集市说所隐含的意义在于随着生产力的发展，剩余产品有了交换的需要。其实，集市说可以归入社会分工说，即随着社会生产力的发展，经历三次社会大分工，加速了城市的形成。

原始社会后期形成的第一次社会大分工——农业和畜牧业的分离，推动了农业耕作的出现，人们依靠农具和技术生产农产品，需要选择适宜耕作的土地进行农业耕作，从而不需要跟随猎物或鱼群不断地流动，可以在适合耕作的土地附近定居下来，形成人类早期分散的聚落，进而形成以农业为主的永久性连片聚落，这是城市的前身，其为城市的发展奠定了基础。第二次社会大分工——手工业与农业的分离，推动了交换的经常化，促进了集市的形成，于是“市”真正地形成了。随着生产力的发展，人们对农业生产工具与生产技术的需求日益增长，于是一些原先农民中兼做农业工具的手工匠人从农民中独立出来，选择便利的地理位置集中居住，进行手工业生产和交换。手工业的发展既推动了生产工具的进步，又推动了农业生产效率的提高，从而使生产更多的剩余农产品成为可能。随着手工产品与农产品交换需要的增加以及交换频度的增大，交换不再是随机的、偶然的，而是变得经常化，于是，位置便利的固定的交换场所——集市应运而生。集市是城市的原始和低级形态，但它包含着城市最基本的内容和功能①。第三次社会大分工——商业与商人的产生，基本上使城市得以产生②。随着社会生产力的进一步发展，集

① 杨重光，刘维新．社会主义城市经济学［M］．北京：中国财政经济出版社，1986：35-36.

② 杨重光，刘维新．社会主义城市经济学［M］．北京：中国财政经济出版社，1986：36-37.

市已不能满足社会日益频繁的急剧扩大的交换需要，交换需要向集中化、经常化和固定化方向发展。学者们普遍认为，真正意义上的城市是工商业发展的产物。例如，13 世纪的地中海沿岸，以及米兰、威尼斯、巴黎等，都是重要的商业和贸易中心；其中，威尼斯在繁盛时期，人口超过 20 万人。工业革命之后，城市化进程大大加快了，由于农民不断涌向新的工业中心，城市获得了前所未有的发展。到第一次世界大战前夕，英国、美国、德国、法国等国绝大多数人口都已生活在城市。关于社会分工与城市形成与发展的关联，马克思主义经典作家有著名论述："分工的进一步扩大表现为商业和生产的分离，表现为特殊的商人阶级的形成。这种分离是在历史上保存下来的城市（顺便提一下，住有犹太人的城市）里继承下来的，并很快就在新兴的城市中出现了。"①

3. 区位因素是城市形成的重要条件

生产力发展是城市产生的根本条件，三次社会大分工是城市形成的加速器，同时，区位因素是城市形成的重要条件。所谓区位因素，主要是指地形、气候、资源、交通等因素。一般而言，地势平坦、土壤肥沃、气候宜人、水资源丰富、交通便利的地方往往更适宜农业生产，更适宜人类居住，人口更容易聚集，因而更容易形成城市。实际上，大部分城市位于平原地带或沿河、沿江、沿海地带，而崇山峻岭、极地荒漠、热带雨林地区则人烟稀少，即便有城市存在，其规模也会受到极大的制约，如我国长江三角洲、珠江三角洲以及环渤海地区都产生了不少的城市，并形成城市带、城市群现象。当然在古代，城市还有一个功能在于军事防御，因而需要选择一些地形险要、易守难攻的地方，如北京。还有一些城市因为是交通枢纽而繁荣，如武汉、徐州等。近现代以来，城市的发展需要自然资源的保障，于是一些城市因矿产资源如煤、铁、石油等的发现而兴起，这些城市一般称为资源型城市，如大庆、玉门、大同等。当然，在现代社会，传统的区位因素对设立城市的影响正逐渐减弱，科技发展、旅游发展等因素逐渐成为新的区位因素，影响城市的设立，如美国的硅谷、中国的张家界等②。

---

① 马克思恩格斯全集：第 3 卷［M］. 北京：人民出版社，1960：59.

② 张晓燕. 现代城市管理学［M］. 武汉：武汉大学出版社，2012：21-22.

（三）城市的发展

城市是社会分工和生产力发展的产物。从城市的形成到城市化的大规模推进，城市在整个社会经济活动中的地位越来越重要。“人类历史刚刚破晓时，城市便已经具备城市形式了。要想更深刻地理解城市的现状，我们必须掠过历史的天际线去考察那些依稀可辨的踪迹，去了解城市更远古的结构和更原始的功能。这应成为我们城市研究的首要任务。”[①] 纵观城市发展史，奴隶社会的城市主要是行政、军事、宗教、手工业的中心，封建社会的城市不仅是商品市场和贸易的中心，而且开始发展成为政治、经济、文化的中心。随着大工业生产的发展，出现了现代城市。

1. 早期城市

早期城市发展阶段相对比较漫长，对应的历史时期横跨原始社会末期、奴隶社会和封建社会三种社会形态，这一时期社会的主要特征在于整个社会以农耕经济、农耕文化为主体，农业的发展状况直接决定城市的发展状况，除原始社会末期外，社会政治制度以专制制度为主体，统治者的物质生活、精神生活特别是政治统治需要在一定程度上促进和加速城市的发展。

考古资料显示，世界上最早的城市出现在现今的伊拉克境内，沿幼发拉底河、底格里斯河两岸发展，如著名的巴比伦。其后，尼罗河流域、印度河流域以及黄河流域相继出现城市。我国夏商时期已出现初具规模的城市，如夏的禹城和商的成汤城等。奴隶社会出现的城市一般规模较小，人口较少，商品经济薄弱，功能主要是维护统治和抵御外敌，一般称为“原始城市”。

封建社会经历时期较长，在一些历史学者看来，封建社会可以分为早期、中期和晚期三个阶段，不同国家、地区和不同时期城市发展的状况有很大的区别。以我国为例，春秋战国时期是我国的封建社会前期，这一时期是社会大动荡、大分化的时期，也是经济和城市的发展最为活跃的时期。汉唐时期是我国封建社会的中期，西汉时期中国的经济重心在北方，城市的分布也以北方为主，至唐后期及宋代江南成为中国新的经济重心，城市分布逐渐南移。元、明、清三代是中国封建社会的后期，造就了中国城市发展史上最为雄伟、辉煌的都城——北京。但是，从总体看，这一时期城市的发展未取得全面突

---

① 芒福德．城市发展史：起源、演变与前景［M］．北京：中国建筑工业出版社，2005：3.

破，在某些方面甚至有所倒退。纵观世界各国，封建时期城市有很大的发展，具体表现在：其一，城市体系基本形成。城市数量不断增加，规模不断扩大，甚至还出现了一些规模很大的城市，如我国就形成了鲜明的宝塔形城市体系：大城市（中央政府所在地）——中等城市（州、府、省级职权所在地）——小城镇（县级及以下职权所在地）。其二，城市功能迅速发展。城市的政治功能得到不断的强化，经济功能大大加强，文化功能不断发展。其三，城市建设不断发展。城市区域功能分化倾向越来越明显，以帝王生活区为中心，分成居民区、作坊区和商业区，开始了道路、排水等基础设施建设，并呈现出多样化的趋向。

2. 近代城市

近代城市发端于英国工业革命，直至第二次世界大战前夕，对应于自由资本主义发展阶段。工业革命使英、法、德、美等国先后走上工业化的道路，工业经济取代农业经济成为社会经济的主体，城市化进程在欧洲、美洲、亚洲的一些资本主义国家迅速推动，城市数量不断攀升，城市规模不断扩张，城市人口急剧增加，但包括中国在内的其他国家和地区城市发展比较缓慢，整体水平（包括城市数量、规模等）比较落后。

随着工业的发展，欧洲、美洲、亚洲的一些资本主义国家的城市逐渐发展起来，其中最早踏上工业化道路的英国最为典型。19 世纪前半叶，英国城市数量激增，达到 200 多个，城市人口规模迅速放大，成为世界上第一个城镇人口超过乡村人口的国家。近代资本主义先进国家的城市发展有其共性特质①。首先，近代城市真正成为国家或地区经济中心。由于城市工业生产的发展，国民经济的重点由农业转变为工业，工业集中于城市，财富也集中于城市。同时，商品经济和科技发展基本以城市为中心，商品经济取代自然经济居于经济的主导地位。其次，近代城市具有综合全面的功能。早期城市的功能比较单一，主要是统治和防御功能；近代城市具有综合而全面的功能，如政治、经济、文化等各种功能。再次，近代城市的各种要素高度集中，并且具有显著的开放性。近代城市是人、财、物等各种要素的聚集地，同时，近代城市还与周边城市、乡村频繁、大量地进行物质、人口、信息、能量等要

① 刘广珠，等. 城市管理学［M］. 北京：清华大学出版社，2014：9-10.

素的交流，对周边乡村具有强烈的辐射作用，对其他城市的先进技术、先进管理经验的学习与借鉴促进了城市的发展。最后，近代城市注重城市基础设施建设和公益事业的发展。一般城市基本拥有齐备的基础设施，公益事业得到迅速发展。

近代中国城市发展相对缓慢、落后，一般是在早期城市的基础上发展起来的，如北京、西安等；还有随着西方列强入侵，在沿海地区发展起来的一些城市，如上海、广州等，一些城市的租界区域管理较为进步，但带有明显的半殖民地半封建色彩；其他城市比较落后，城市布局混乱，公共设施不配套。

3. 现代城市

现代城市是城市发展历史上极为重要的阶段，现代城市开始于 19 世纪末 20 世纪初，特别是第二次世界大战后，对应于西方垄断资本主义（帝国主义）阶段。受第三次科技革命和经济全球化浪潮影响，现代城市得到空前发展，城市人口迅猛增长，人口素质日益提高，涌现出一大批人口超过千万人的超级城市和国际大都市，如纽约、上海、东京等，出现了城市带和都市圈，如伦敦都市圈，以及长三江角洲城市群、珠江三角洲城市群等。现代城市超越历史上任何时期的各色城市，有着独有的特质①。

首先，现代城市最基本的特征之一就是城市要素的集约性。城市的发展特别是工业生产、科技发展、城市建设都需要并吸引大量的劳动力流入城市，城市第三产业的发展也吸引了大量的就业人口流入城市；同时，农业生产力的提高，使农村大量劳动力过剩，为城市提供了大量的劳动力来源。随着人口的流入，各种经济要素（如工业、商业、运输等）相继流入城市，与城市社会要素（如教育、文化等）、城市市政要素（如建筑、规划等）有机结合，形成巨大的社会财富并在城市迅速集聚。其次，现代城市系统具有复杂而又开放的特征。现代城市是一个多维度、多结构、多层次、多要素、多变量相互作用的复杂系统。一方面，现代城市要素表现出复杂的层次性特点，出现各种层次的要素系统，如城市政府领导系统及其子系统（如经济管理系统、社会治理系统、市政管理系统等）、城市行业系统及其子系统（如食品行业

① 刘广珠，等．城市管理学［M］．北京：清华大学出版社，2014：11-12.

系统、金融行业系统等)。另一方面，城市要素的结构及其内外环境也呈现出巨大的复杂性。现代城市有着复杂的系统，这一复杂系统并不是封闭的，而是开放的，通过物质、信息、能量、人员的交换，形成城市良性循环，保障城市稳定有序发展；同时，通过对周边区域辐射能量与信息，与周边乡村、城市联合、融合，推动周边乡村、城市的协同发展。最后，现代城市功能具有综合性、动态化和人性化特征。现代城市成为一定区域内的生产中心、金融贸易中心、交通信息中心、政治中心和教育科学文化中心。

二、城市化

城市化与城市相伴而生，城市化是人类社会经济发展的必然趋势，是社会分工发展到一定历史阶段的必然产物。城市化与社会发展密切联系，城市化是现代社会发展高度的衡量标准之一，而社会发展又进一步推动着城市化的进程。

(一) 城市化的范畴

19 世纪以来，西方主要资本主义国家相继进入近代城市发展阶段，城市化水平领先世界，其中，19 世纪中期的英国成为世界上第一个城镇人口超过总人口 50%的国家，城市化课题进入学者们的研究视野。

1. 城市化的含义

1867 年西班牙工程师塞德（Serda）在《城市化基本原理》一书中首次使用“urbanization”一词，随后得到广泛使用。“urbanization”一词通常译为“城市化”或“城镇化”，还可以译为“都市化”。城市（urban）与农村(rural)是相对应的，除农村居民点外，镇及镇以上的各级居民点都可以称为城镇地区（urban place），既包括城市（city），也包括镇（town），为此，将“urbanization”一词译为“城镇化”可能更全面、准确一些。但是，在中国通常将“城市”和“镇”统称为城市，因此，“urbanization”一词又可译为“城市化”“都市化”，相比较而言，“城市化”的提法较为普遍，应用场合更多①。

对“城市化”一词的理解，与人们对“城市”一词的理解相仿，不同的

① 周一星．城市地理学［M］．北京：商务印书馆，1999：59-60.

学科从不同的角度对之有不同的解释，即使在同一学科领域内也有不同的观点。例如，经济学认为，城市化就是农村自然经济转变为城市社会化大生产的过程，是非农产业向城市集中的过程，同时，城市化还是城市经济向外沿农村扩散的过程；人口学认为，城市化就是农村人口转变为城市人口的过程，是农村人口在城市的集聚过程；社会学认为，城市化就是农村生活方式、意识形态转化为城市生活方式、意识形态的过程，是城市生活方式取代农村生活方式的过程；地理学则认为城市化就是农村区域转变为城市区域的过程；等等。各个学科对城市化的解读角度各异，但又互不抵触。理解城市化的概念，需要综合各学科的观点，在更为广泛的意义上全面综合地剖析其深刻内涵。

实际上，城市化的内涵应该是多元的，而不是单一的。各学科之所以对城市化内涵的理解有很大的差异，实际上是因为各学科研究者仅仅基于自身研究，涉及城市化的某个或某几个方面或层面，忽视了城市化涉及领域的综合性及其内涵的多元性。城市化是一个历史的范畴，是人类社会经济发展的必然产物，因而城市化必然会随着各国、各地区的经济发展而呈现出不断拓展的动态过程。在城市化之初，城市化可能更多地表现为人口向城市的集中、城市区域的不断扩大、城市非农产业的迅速发展等具象形态。但是，随着城市化进程的不断推进，城市的生活方式、文化生活与农村的生活方式、文化生活发生明显的分野乃至对立，城市的生活方式和文化生活建立后逐渐向周边的农村区域扩散、辐射，改变着周边农村区域的生活方式和文化生活。这就是有学者所说的，城市化包括有形的城市化（或物化的城市化）和无形的城市化①。前者如人口城市化、非农产业城市化和地域城市化，后者则包括生活方式、精神意识的城市化。

综上，我们认为，城市化是一个人口、非农产业向城市集中，城市区域扩大，城市文化、城市生活方式、价值观念形成以及城市文化、城市生活方式、价值观念向农村扩散、辐射的社会变迁过程。由此我们可以将城市化的基本含义概括如下：①城市化是一个动态的社会变迁过程；②城市化是人口、非农产业向城市集中，城市区域不断扩大的过程；③城市化是城市文化、城

---

① 崔功豪，王本炎，查彦玉．城市地理学［M］．南京：江苏教育出版社，1992：69-70.

市生活方式、价值观念逐步形成的过程；④城市化是城市文化、城市生活方式、价值观念不断向农村扩散、辐射的过程。

2. 城市化的动力机制

自从有了城市，就开启了城市化的进程，但真正的城市化起源于近代工业革命的推动。作为一个社会变迁过程，城市化是各种与城市相关的自然因素、社会因素共同作用的结果。经济发展是城市化的第一推动力；人类有史以来的三次产业的发展，即农业、工业、第三产业的发展是城市化的动力源。

（1）农业发展是城市化的初始动力。在城市化的各个发展时期，特别是城市化的启动阶段，作为国民经济基础的农业，也是一个国家或地区城市化的基础，农业的发展程度影响乃至决定着城市化的进程。农业的初始动力表现在：其一，农业的发展可以为城市发展提供劳动力来源、工业原料和工业品市场。城市发展往往意味着工业及第三产业的发展，而工业和第三产业的发展需要大量的劳动力资源、工业原料以及工业产品销售市场。农业的发展意味着农业生产率的提高。农村劳动生产率的提高，一方面使农村劳动力出现大量的剩余，这些剩余的农村劳动力正好可以满足城市发展对劳动力的需要；另一方面还可以为城市工业生产提供更多优质的原材料。此外，农业生产率的提高可以增加农村社会财富，提高农村消费水准，为工业品提供可靠的销售市场。其二，农业的发展可以为城市提供充足的生活资料，为城市工业提供资本的原始积累。随着城市人口的增加，城市人口的基本生活资料的需求也会增加，其中农产品，特别是粮食、油料是城市消费的最基本的产品，农业的发展可以很好地满足这些产品的需求。同时，随着农业的发展，农村社会财富不断增大、集聚，为城市工业和服务业的发展提供资本的原始积累。

（2）工业化是城市化的根本动力。发轫于英国的工业革命开启了人类工业化的进程。机器大工业的发展使工业取代农业成为国民经济的主导部门，在整个社会产业结构中工业逐渐取得主体地位，工业在城市的集中和发展极大地推动了城市化的进程。工业化对城市化的根本动力作用表现在：其一，工业化为所有经济部门提供生产设备、技术和手段，促进社会生产力的发展。在工业化进程中，工业部门会产生工业、农业等所有部门所需要的机械设备、技术、手段，使整个社会特别是农业的生产方式发生根本变化，进而推动城市化进程。其二，工业化创造巨额财富和收入，吸收社会富余劳动力，加速社会物质要素和财富、人口向城市的集聚，带动第三产业的发展，推动城市化进程。其三，工业化使城市成为区域政治、经济、文化的中心，不仅打破了自然地理条件的束缚，促进人口向城市不断流动，还促进了城市生活方式、思维方式的形成和发展，在此过程中城市功能向周边农村区域扩散、辐射，进而推动了城市化的进程。

（3）第三产业是城市化的后续动力。在现代社会，特别是新独立国家，第三产业开始崛起，并日益成为城市产业的主体。第三产业的发展，使城市的生产结构、生活方式和思维方式发生了根本变化，为城市创造了更加丰富的内容，并为城市发展提供了后续动力①。第三产业提供后续动力主要表现在：其一，生产性第三产业的兴起促进了城市化的发展。现代城市要求第三产业为工业提供配套性服务，如金融、保险、科技、通信、仓储、交通运输、批零服务等，不仅促进了第三产业自身的发展以及工业的发展，也扩大了城市的规模，提高了生产效益。其二，基础性生活消费服务的扩大加快了城市化进程。城市化的结果是集中了大量的人口，随着社会的进步，城市居民收入增加，闲暇时间充足，对商业服务、文化教育、医疗卫生、体育娱乐、旅游度假、法律服务等基础性生活消费的需求不断扩大，进一步推动了城市的繁荣和发展。其三，第三产业的发展带来了城市就业机会和就业人口的增加，改变了人们的生活方式特别是消费方式，推动城市化发展。第三产业大部分是劳动密集型产业，可以吸纳大量的就业人口；同时，第三产业的发达，还给城市人口的生活带来了巨大的便利，引领城市生活方式的革新，特别是消费方式的变化。

3. 城市化的衡量指标

要比较城市化的发展程度，就需要进行量化测度。然而，城市的异质性、城市化内涵的多元性、城市化过程的复杂性，使城市化量化测度比较困难。特别是城市化的一些内容如精神层面的城市化或无形的城市化，很难直接进行量化测度，又进一步加大了城市化量化研究的难度。迄今为止，还没有形成一个可行的、全面的测度指标和方法。目前主要有两大类测度指标/方法：单一指标/方法、综合指标/方法。

---

① 谢文蕙，邓卫．城市经济学［M］．北京：清华大学出版社，1996：36-38.

（1）单一指标/方法。单一指标/方法是指通过某一项最具本质或代表意义且便于统计分析的指标来测度某一国家或地区的城市化水平的方法。当然，单一指标并不能对城市化做出较为完整的反映，但是，因为没有一个被普遍接受、全面反映城市化状况、具有时空可比性的测度指标，故而世界上通用的城市化指标基本都是单一指标。单一指标也有多种选择，如人口指标、土地指标、产业结构指标、城市数量增加速度指标等。人口指标包括城市人口占总人口的比重、大城市人口占城市总人口的比重、每一城镇人口平均数和平均增长率、人口密度和城镇密度、人口的通勤率、人口的就业结构等。其中，最简明、可比性最强、统计最方便、最常用的指标就是城市人口占区域总人口的比重。此指标公式为：

$$城市化水平（PU）= 城市人口（U）/区域总人口（P）\times 100\%$$

值得注意的是，城市人口占区域总人口的比重指标有一定的局限性，具体表现在以下几个方面：各个国家或地区设市的人口标准数有很大的差距，最低的是 200 人，最高的是 6 万人，相差悬殊；同时，人口界定的标准不同，有的实行严格的户籍制度，更多的规定只要在城市有固定、合法住所的就是市民；还有受行政区划调整或人为的社会政治因素影响，城市人口发生突然变化，从而可能会使一些地理位置邻近、人口规模相近、经济水平相当的国家或地区出现城市化水平的不合理的反差。

（2）综合指标/方法。鉴于单一指标/方法存在的局限性和偏差，为了更全面地衡量城市化状况，一些学者开始探索并提出用多项指标综合衡量城市化水平的方法[①]，即综合指标/方法。日本东洋经济新报社在《地域经济总览》中就以 10 项指标来测算“城市成长系数”：地区总人口、地方财政年度支出额、制造业从业人数、商业从业人数、工业生产总值、批发业总额、零售业总额、住宅建筑总面积、储蓄额以及电话普及率。计算方法是：两个不同时期上述 10 项指标的增减额，除以各项指标的全国平均水平，再将所得标准值算术平均，其结果即为该城市的成长系数。

（二）城市化的形态

城市化的形态可以依据不同的标准加以划分，一般地，学界依据三个不

① 谢文蕙，邓卫．城市经济学［M］．北京：清华大学出版社，1996：31.

同的标准进行三类形态的划分研究。

1. 集中型城市化与扩散型城市化

从城市的空间结构格局演变的角度进行分类，可以将城市化分为集中型城市化和扩散型城市化两种基本形态。

集中型城市化是农村人口和非农经济活动不断向城市聚集，社会经济活动空间从分散状态向集中状态发展的过程。集中型城市化实际上是城市的基本性质——密集性、经济性、社会性在城市地区的进一步提高。城市是某一区域的中心，吸引着城市周边乃至更大范围的人口、物质、能量、信息向城市流动和集聚，不仅农业人口向城市集中，工厂、学校、商店、科学文化机构等也向城市集中，从而使城市人口规模扩大，城市人口密度加大，生产方式、生活方式多元化倾向加剧。在城市化初期，集中型城市化占据主导地位。

扩散型城市化是城市生产方式、生活方式、城市的基本经济活动和基本功能向非城市区域扩散，将周围的非城市区域转变为城市区域，并带动和影响周围次级城市以及小城镇发展的过程。扩散型城市化源于城市规模不断扩大带来的城市问题，是城市化中高级阶段的主要形态。扩散型城市化的实质是城市区域向非城市区域的扩张，在此过程中形成以中心城市为核心，周围布满小城镇的大城市区，核心城市与周边小城市、小城镇相连接，形成更大的城市群和城市带，这是比较典型的连续分散型（外延型）城市化形态。扩散型城市化的另一种形态就是跳跃型或飞地型城市化，即大城市为了城市的长远发展，在城市以外一定距离的区域新建一座城市或将原先的小城镇发展为城市，两者在空间上隔开，但是在政治、经济、文化等方面又是一个整体，这就是通常所说的大城市的“卫星城”。扩散型城市化还有一种特殊的形态——就地型城市化。就地型城市化就是，在原先的农村地带，在并无城市影响的情况下，某种突变性的诱导性因素的作用，使得原先的农村区域迅速转变为城市区域。就地型城市化因诱导性因素的不同又可以区分为资源开发型城市化（如大庆、攀枝花）、对外交通主导型城市化（如鹰潭、湛江）、产业结构调整型城市化（石狮、龙港），以及开发区型城市化（如深圳、浦东新区）等不同的次形态。

2. 积极型城市化与消极型城市化

从城市化实际进程与经济发展关系的角度，城市化形态可以划分为积极型城市化和消极型城市化[①]。如果城市化进程与经济发展同步协调、相互促进，城市的规模和数量适度发展，城市化的速度与质量同步上升，这就是积极型城市化。相反，如果城市化进程与经济发展相脱节，就是消极型城市化。消极型城市化有两个极端情形——过度城市化与低度城市化。前者表现为城市化速度超过了经济发展的速度，城乡发展严重失调，城市化速度超出了城市发展和经济发展的承受能力。后者则表现为城市人口的实际增长速度低于城市发展所需要的增长速度，城市化水平低下，城市化发展速度缓慢。

3. 向心型城市化与离心型城市化

从城市人口流向的角度，可以将城市化分为向心型城市化和离心型城市化两种形态[②]。向心型城市化就是人口向城市中心集聚的状况，一般出现在城市化的初级阶段。而离心型城市化一般出现在城市化的中期，表现为城市人口和经济活动从城市中心向外扩散、扩展。离心型城市化实际上是扩散型城市化的一种形态，其可以表现为郊区城市化、逆城市化两种次形态。郊区城市化表现为城市中心的人口、工业和服务向城市郊区迁移。郊区城市化可以促进大都市的形成，但也容易出现城市空心化的问题。逆城市化表现为人口向小城镇、乡村迁移，享受小城镇、乡村便利的交通、低廉的服务费用和优美宜人的环境。逆城市化是城市生活方式扩散和城市文明普遍化的重要表现。

（三）城市化的发展

城市化与城市相伴而生，从城市产生的那一刻，城市化的进程便拉开了序幕。从全世界的宏观维度看，城市化有其阶段性发展的规律，而各国、各地区因社会经济发展的差异，城市化的基础各不相同，我们可以从各国、各地区城市化的特殊性中提炼出其一般的发展规律。

1. 城市化阶段性发展规律

20 世纪 70 年代，美国地理学家纳瑟姆（Northam）在研究世界各国城市化发展过程后，发现了城市化阶段性发展规律，提出了“城市化过程曲线理论”。纳瑟姆将一个国家或地区城市化的过程概括为一条被拉平的“S”形曲线，并将其分为三个阶段：初期阶段、加速阶段和后期阶段（如图 1-1 所示）。

---

① 王佃利，张莉萍，高原．现代市政学［M］．北京：中国人民大学出版社，2011：28.
② 王佃利，张莉萍，高原．现代市政学［M］．北京：中国人民大学出版社，2011：28.

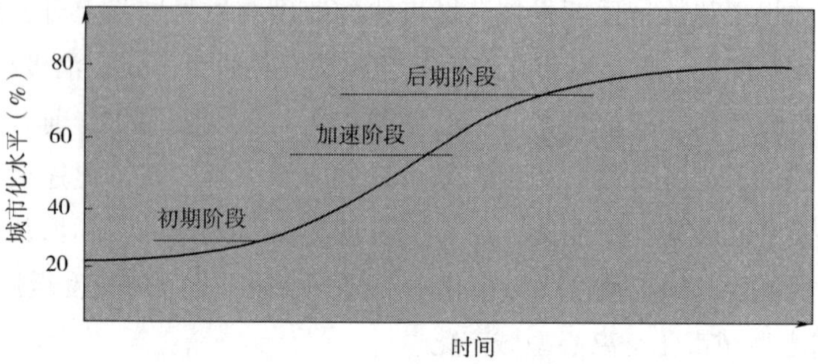

图 1-1　世界城市化进程阶段性发展规律

城市化初期阶段是城市化的起步阶段。在此阶段，受到生产力发展水平的制约，城市化发展速度很慢，经历时间很长，表现为城市人口占区域人口的比重较低，整个区域处于传统的农耕时代，农业经济在整个国民经济中占据主导地位，城市外延扩大，城市空间形态呈零星的“点”状结构。

当城市化水平达到城市化的第一个拐点——30%左右之后，城市化进入加速阶段。在此阶段，城市化水平迅速提高，表现为农村人口大量涌入城市，城市人口数量急剧增加，城市数量增多，城市规模不断扩大，城市化水平在短期内可以得到很快的提升，城市空间结构由松散的“点”状发展为紧凑的“面”状或“带”状，出现了一定数量的大都市区和超级城市。

城市化后期阶段是城市化的成熟阶段。随着城市化水平的迅速提升，当城市化水平超过第二个拐点——70%以后，城市化会放缓速度甚至出现停滞，城市化进程进入平稳发展阶段。在这一阶段，城市内涵发展、质量提升成为城市化的主要任务，第三产业成为主要的后续动力，城市主要靠自身增长推动城市化进程，城市空间结构由分离的“面”状或“带”状发展为“网”状，形成城镇体系，城乡界限开始变得比较模糊，城乡一体化成为一种必然趋势，并逐步转变为现实。

2. 城市化的进程

城市化是人类社会发展的必然结果，城市化的进程要受到各种因素的影响，包括自然条件、社会经济文化等因素。在不同的国家或地区（包括不同类型的国家或地区），不同的历史时期，城市化的进程有很大的差异，带有明显的国家或地区痕迹，并打上了时代的烙印。

（1）发达国家的城市化进程。发达国家的城市化一般起步较早，城市化稳步发展，整体水平较高。1980年，发达国家城市人口的比例平均为70.9%，其中，美国为77%，日本为78.3%，联邦德国为84.7%，英国为90.8%，加拿大为75.5%。发达国家的城市化大致经历了一般城市化、郊区城市化、逆城市化和再城市化几个阶段①。

发达国家的一般城市化阶段始于18世纪中期的第一次工业革命，主要表现为农村人口向城市不断迁移，并日益向城市中心地区集中，工业化发展迅速，机器大工业得到普及，就业人口从农村向城市迁移，城市人口逐渐向大城市的中心地带集中，大城市数量激增，规模急剧扩大。郊区城市化阶段源于大城市发展之极限，大城市中心地带已无法承载更多的人口和就业机会，经济发展速度变慢，并引发一系列的社会问题，于是，劳动力及产能向郊区转移，城市向郊区扩张，郊区发展迅速，中心城区发展停滞或衰退。而逆城市化阶段主要表现为城市人口向周边小城镇、农村地区回流，城市中心区域出现交通拥堵、环境恶化、住房紧张、生活费用昂贵等“城市病”，于是，人口和产能就流向了交通便利、环境怡人、住房宽敞、生活成本较低的小城镇、农村。逆城市化推动了小城镇和农村的发展，是中心城市辐射作用的显著表现，但也造成了城市中心区域的“空心化”。为了解决城市中心区域“空心化”问题，更为了保证城市的可持续发展，通过大力发展科技产业和新兴产业，吸引大量的人口和非农产业特别是科技产业和新兴产业回流城市中心，这就是再城市化。

（2）发展中国家的城市化进程。发展中国家的城市化一般起步较晚，城市化发展速度时快时慢，整体水平不高。1980年，发展中国家的城市人口比例平均为30.1%，其中不少国家低于20%。发展中国家的城市化大致经历了一般城市化、乡村城市化和过度城市化三个阶段②。发展中国家的一般城市化阶段与发达国家基本相似，但大多起步较晚，城市化水平不高。而乡村城市化阶段一般表现为农业人口转化为非农业人口并向城镇性质的居民点集聚，

① 张晓燕．现代城市管理学［M］．武汉：武汉大学出版社，2012：31.
② 张晓燕．现代城市管理学［M］．武汉：武汉大学出版社，2012：31.

农业用地转变为非农业用地，城市要素如工业产业向乡村扩散，城乡差距逐渐缩小，城乡价值观念、生活方式逐渐趋同。但是，随着城市化进程的不断加快，大量人口涌入城市，城市化的速度超过了工业化的发展速度，以致城市无法承载过量的人口，导致交通拥挤、环境污染、就业紧张、治安恶化等一系列的城市社会问题，这就是过度城市化。当然，还有一种情形，即一些发展中国家城市发展比较缓慢，城市化水平低于20%，这就是与过度城市化相反的低度城市化状况。

（3）中国的城市化进程。中国作为发展中国家，城市化进程起步晚，水平中等，但速度快。根据中国六次人口普查数据，六次城市化水平依次为12.84%、17.58%、20.43%、25.84%、35.39%、49.68%[①]。

第一，中国城市化历程。中国有悠久的文明史，也有着辉煌的城市建设史。中国是世界上城市起源最早的国家之一，拥有5 000多年的历史，在中国黄河流域、长江流域、沿海和内陆的周边地区产生过60多座主要都城，几十座重要省城和2 000多座县城[②]。其中，西安、洛阳、开封、杭州、南京、扬州、北京等城市，都是当时世界上享有盛誉的古代大都市，中国城市建设一度兴旺发达，但是古代中国长期的自然经济和专制统治制约了城市和城市化的发展。

鸦片战争以后，中国进入近代城市的发展阶段。我国沿海、沿江、沿线出现了发展较好的城市，如广州、上海、南京等，但受工业基础薄弱、时局动荡等不利因素的影响，广大中西部地区城市及城市化发展比较缓慢，整体的城市化水平明显偏低。1949年前夕，中国城镇人口总数为0.57亿，城市化水平为10.64%[③]，远低于当时的世界平均值28%。

中华人民共和国成立后，城市化进入新的历史阶段，城市化发展经历了一个曲折向上的过程。对1949年以来中国城市化发展阶段的划分，不同学者有各自的观点。《2012中国新型城市化报告》认为，1949年以来，中国的城市化发展历程大致包括1949—1957年城市化起步发展、1958—1965年城市化

---

① 新型城镇化［EB/OL］.［2020-06-11］. https：//baike.baidu.com/item/%E6%96%B0%E5%9E%8B%E5%9F%8E%E9%95%87%E5%8C%96/9899627.

② 付崇兰，白晨曦，曹文明，等. 中国城市发展史［M］. 北京：社会科学文献出版社，2012：3.

③ 国家统计局. 中国统计年鉴（1983）［M］. 北京：中国统计出版社，1983：10.

曲折发展、1966—1978年城市化停滞发展、1979—1984年城市化恢复发展、1985—1991年城市化稳步发展、1992年至今城市化快速发展6个阶段①。有学者认为，1949年以来中国城市化发展可以分为5个阶段：城市恢复和城市化启动时期（1949—1957年）、城市化剧烈波动发展时期（1958—1965年）、城市化徘徊停止时期（1966—1978年）、城市化稳步发展时期（1979—2000年）、城市化快速发展时期（2000年以来）②。还有学者将1949年以来中国的城市化进程分为改革开放前和改革开放后两个时期。前者又分为4个阶段：1949—1957年城市化快速发展阶段、1958—1960年过度城市化阶段、1961—1965年城市化调整阶段、1966—1978年城市化停滞阶段。改革开放以来的中国城市化进程也分为4个阶段：1979—1983年城市化政策调整阶段、1984—1991年小城镇带动城市化阶段、1992—1999年城市化加速推进阶段、21世纪以来的城市化稳妥发展阶段③。

第二，中国新型城镇化道路的特点和要求。新型城镇化是以城乡统筹、城乡一体、产业互动、节约集约、生态宜居、和谐发展为基本特征的城镇化，是大中小城市、小城镇、新型农村社区协调发展、互促共进的城镇化。2014年3月，《国家新型城镇化规划（2014—2020年）》发布，我国正式开启新型城镇化建设。中国新型城镇化道路的特点和要求包括④：

一是规划起点高。城镇要科学规划，合理布局，要使城镇规划在城市建设、发展和管理中始终处于“龙头”地位，从而解决城市建设混乱、小城镇建设散乱差、城市化落后于工业化等问题。

二是途径多元化。中国地域辽阔、情况复杂，发展很不平衡，在基本原则的要求下，中国城镇化实现的途径应当是多元的。中国东、中、西部基础不同，山区、平原条件各异，不同的发展阶段要求不同，不同地域特色差异明显，不能强调甚至只允许一种方式。与工业化的关系处理也应该有多种方式，有的可以同步，有的可能要超前。

① 城市化［EB/OL］.［2020-06-11］. https://baike.baidu.com/item/%E5%9F%8E%E5%B8%82%E5%8C%96/42793#5.

② 周游. 城市化与城市现代化读本［M］. 南京：江苏人民出版社，2006：39-41.

③ 王佃利，张莉萍，高原. 现代市政学［M］. 北京：中国人民大学出版社，2011：30-31.

④ 新型城镇化［EB/OL］.［2020-06-11］. https://baike.baidu.com/item/%E6%96%B0%E5%9E%8B%E5%9F%8E%E9%95%87%E5%8C%96/9899627.

三是聚集效益佳。城镇的一个最大特点是具有聚集功能和规模效益。要在增加城镇数量、适度扩大城镇规模的同时，把城镇做强，不能外强中干。

四是辐射能力强。利用自身的优势向周边地区和广大农村地区进行辐射，带动郊区、农村一起发展，这是城镇责无旁贷的义务，它应该做到而且也可以做到。关键在于我们要有这种意识、视野、规划和措施。千万不能建成孤岛式的城镇。

五是个性鲜明。中国每个地方的每一个城镇都应该有自己的个性，要突出多样性。城和镇都是有生命的，都有自己不同的基础、背景、环境和发展条件，由此孕育出来的城镇也应显示出自己与众不同的特点。

六是人本气氛浓。我们发展城镇的目的是为人服务。所以，城镇的一切都应当围绕人来展开，要牢固树立人本思想，创造良好的人本环境，形成良好的人本气氛，产生良好的为人服务的功能。总的来说，就是要使城镇具有人情味，能够促进人的自由而全面的发展，而不是相反。

七是城镇联动紧。国家规划在表述上使用的是“城镇化”，而非“城市化”，其内涵是要把城市的发展和小城镇的发展作为一个有机的整体来考虑，解决好非此即彼或畸轻畸重的问题。600 多个大中小城市和 2 万多个小城镇本来就是一个完整的梯队，不能人为地分割开来。

八是城乡互补好。中国的城镇化一定要体现一盘棋的思想，要打破二元结构，形成优势互补、利益整合、共存共荣、良性互动的局面。无论是市带县体制，还是城乡一体化，其出发点都是要走活城乡这盘棋。农村可以为城镇的发展提供有力支持，形成坚强后盾；城镇可以为农村的发展提供强大动力，从而全面拉动农村发展。决不能以牺牲农村的发展来谋求城镇的进步。

表 1-1 显示了 21 世纪以来我国的城镇化率，城镇化发展速度之快可见一斑。

表 1-1　21 世纪以来中国历年城镇化率①

年份	城镇化率（%）
2000	36. 22
2001	37. 66

① 新型城镇化［EB/OL］.［2020-06-11］. https：//baike. baidu. com/item/%E6%96%B0%E5%9E%8B%E5%9F%8E%E9%95%87%E5%8C%96/9899627.

续表

年份	城镇化率（%）
2002	39.09
2003	40.53
2004	41.76
2005	42.99
2006	43.90
2007	44.94
2008	45.68
2009	46.59
2010	49.95
2011	51.27
2012	52.57
2013	53.73
2014	54.77
2015	56.10
2016	57.35
2017	58.52
2018	59.58

三、城市管理学

城市是一个历史范畴，是人类社会发展到一定历史阶段的必然产物，是人类文明的重要标志之一。城市管理伴随着城市的出现而产生，有了城市文明，就有了城市管理的实践。城市发展之初，城市管理的感性经验不断积累；至近代，城市管理的理性研究不断深入，城市管理学应运而生。

（一）城市管理

人类是一种群居性动物，每一个人类个体总是存在于某一个或多个群体性组织之中。管理，是一切群体性组织的根本，维系着群体性组织的存在和发展。城市是人群最集中的场所，因而任何城市都需要管理，有了城市就有了城市管理，城市管理是文明社会的重要活动和存在方式。

1. 城市管理的范畴

（1）城市管理的含义。对城市管理（urban management）的内涵，在不同的国家有不同的认知，不同的学者有不同的解读。学者们从各自的学科角度来理解城市管理概念，对城市管理的含义做出不同的界定①。行政学认为，城市管理就是城市行政管理，在狭义上，城市管理就是政府对城市基础设施和公共服务设施的管理；在广义上，城市管理就是政府对城市经济、社会、文化各个领域的管理。公共管理学认为，城市管理就是城市各级政府、企业、社会团体和市民对城市事务的管理。政策学认为，城市管理就是政府制定和执行城市公共政策，并对城市公共政策的执行过程和效果进行评估、监督、反馈的活动。营销学认为，城市管理就是政府对城市的经营行为。目前比较典型的观点之一是："现代城市系统管理职能，是指城市政府及城市的管理部门和机构，为了有效管理所必须具备的功能和作用。"② 观点之二是："从城市发展总体战略出发，对城市的社会活动、经济活动和环境条件，实行全面的综合规划管理，树立全局观念，注意配套建设，使城市各项事业尽可能得到协调的发展。"③

此外，有学者从城市管理的职能和范围视角对城市管理的内涵给予广义和狭义的理解。狭义的城市管理将其内涵界定为市政管理，主要是指城市政府对城市的公用事业、公共设施、公共事务进行管理。具体来说，其内容包括：城市规划的制定和实施，城市法规的制定和执行，城市各项基础设施的建设和管理，城市公共生活服务设施的建设和管理，城市环境管理，城市治安和公共秩序管理，城市财政、税收管理，以及城市其他公共事务管理。现代西方国家所实施的城市管理以及许多学者所论述的城市管理基本都是狭义的城市管理。广义的城市管理是城市政府以城市为对象，为实现特定的目标，对城市运转和发展所进行的控制行为和活动的总和。随着城市的发展，城市管理的内涵也处于不断拓展的过程中。城市管理的主体是城市政府，参与者还包括各相关的利益主体。广义的城市管理除了狭义的市政管理外，还应该包括发挥城市政府管理的经济职能，对城市的生产（含人口增长）实行控制，对城市精神生产与精神生活进行管理，对城市生态环境进行管理等④。

---

① 张晓燕．现代城市管理学［M］．武汉：武汉大学出版社，2012：2.

② 乌兰力沙克．城市管理论［M］．北京：人民出版社，1995：188.

③ 张跃庆，贾克诚，燕秋海．城市管理概论［M］．北京：北京经济学院出版社，1990：11.

④ 刘广珠，等．城市管理学［M］．北京：清华大学出版社，2014：22.

我们认为，对城市管理范畴的理解，应该取广义之内涵，即城市管理是对城市发展和人居环境所进行的控制和治理活动的总称，是以城市政府为主体，城市各利益相关主体共同参与的，对城市区域内事关城市发展和居民福祉的所有事务依法进行的必要的管理过程。

（2）城市管理的特征。相对于一般意义上的管理，城市管理具有开放性、综合性、动态性等特征。

一是开放性。城市对资源和产品市场的依赖迫使城市对外部区域开放，这决定了城市是一个开放的系统。城市的开放性特征要求城市管理必须是开放式的，唯此才能增强城市的发展能力。城市管理的开放性首先表现为城市内部要素的协调与互动，更为重要的是，城市要与外部互动与交流。城市管理不仅要处理好与周边农村的关系、与其他城市的关系、与国外的关系，还要与周边乡村以及其他城市进行频繁的人流、物流、信息流、资金流，以及技术、文化等全方位的输入与输出。

二是综合性。城市是十分复杂的社会综合体，随着城市的发展，其结构日趋复杂化，这决定了城市管理的综合性特征。随着社会的发展，城市管理主体由单一的政府主体演变为众多与城市公共事务有利益关系的相关主体，现代城市管理主体出现多元化的倾向。同时，城市自身具有社会、经济、人口、环境等多个既相互制约又相互影响的系统。城市管理对象的多元化，要求城市管理的手段不能仅仅依靠单一的行政手段，还需要经济、法律等管理手段多管齐下，以满足多样化的利益诉求。

三是动态性。城市是一个历史范畴，是人类社会经济发展的产物，并随着人类社会的进步而不断向前发展。城市是一个开放的复杂系统，系统内各要素之间相互作用、相互制约、相互影响，在城市内部、城市内部与外部世界不断进行物质、能量和信息的交流，推动城市处于不断运动变化的过程之中。城市自身的运动变化，要求城市管理适应城市的动态发展，不断创新城市管理的机制，改进城市管理的模式和方法。

2. 城市管理的内容

城市管理有广义和狭义之分。在狭义层面，城市管理仅仅局限于市政管理的领域，城市管理的内容就是城市基础设施建设、公共事业及公共事务的管理等，主要包括城市规划的制定及实施，城市各种法规、制度的制定及执行，城市各种基础设施的建设和管理，城市各种公共生活服务设施的建设和管理，城市环境和卫生的管理，城市治安与公共秩序的维持和管理，城市财政和税收的管理，城市人口及户籍的管理，城市社会福利及各种公益和救济事业的管理等。在广义层面，城市管理不仅仅局限于市政管理领域，随着科技的进步和居民社会需求的多样化，城市管理的内容不断拓展，包括行政管理、经济管理、社会管理、环境管理等更多方面的内容。城市管理的内容是本书的主体部分之一，在此，对几个主要方面做简要介绍。

（1）城市规划管理。城市管理首先涉及城市整体布局的管理，因此需要对城市体系进行统一的规划，对城市结构进行合理的调整，协调城市内部各要素之间、城乡之间的关系。城市规划管理是城市规划的编制、审批和实施等管理过程的总称，是指为了一定时期城市的经济社会发展目标，编制、审批城市规划，并依法安排实施、控制、指导和监督的行政管理活动。城市规划管理涉及城市的经济、政治、社会、环境、教育、文化等诸多方面和领域，在宏观和微观两个层面对城市规划加以引导和控制，实现专业性和综合性的统一、阶段性和连续性的统一①。

（2）城市公共设施管理。城市公共设施包括城市基础设施和城市公共事业设施。城市基础设施包括能源生产和供应设施系统、水资源和给排水设施系统、城市内外交通运输设施系统、邮电通信设施系统、城市生态环境设施系统、城市防灾设施系统、城市战备设施系统等。城市基础设施是保障城市存在和发展的前提，是城市经济和社会活动正常运转和发展的基础性物质条件和基本保障。城市公共事业设施包括城市公共教育、公共文化、公共卫生和体育设施等。城市公共事业设施是城市精神生活的基本物质保障。城市公共事业设施管理水平与城市基本面貌密切相关，是城市现代化的关键所在。

（3）城市生态环境管理。城市生态环境是城市自然要素与人文景观资源的总称。城市生态环境管理是指城市政府组织、引导和监督城市社会组织和居民预防、治理环境污染，以达到人与自然、城市三者和谐共进的管理活动。城市生态环境管理包括制定并组织实施城市生态环境保护规划，对重大经济和技术政策、发展规划进行生态环境影响评价，加强污染防治监督管理和生

① 张晓燕．现代城市管理学［M］．武汉：武汉大学出版社，2012：5.

态环境的保护宣传教育等。城市生态环境管理的目的在于防治污染，保护自然环境，绿化美化环境，让自然环境更美好。

(4) 城市经济管理。城市经济管理是城市管理的重点，直接关系到城市的进步和繁荣。城市经济管理不同于城市企业的内部管理，也不同于中央政府的宏观经济管理。城市经济管理的内容十分丰富，要求城市政府在国家宏观经济政策的指导下，制定和实施城市经济发展战略，合理构建和调整城市经济结构，对城市经济活动进行科学、有效的宏观控制、指导和协调，提高城市经济效益，促进城市经济发展，发挥城市经济中心的作用。

(5) 城市社会管理。城市社会管理是当代城市管理的基本职能之一。城市社会管理可以保障城市正常运转和健康发展，营造城市文化氛围，提高城市生活质量，优化城市基本面貌。城市社会管理的内容主要包括城市人口管理、城市社会治安与秩序管理、城市社会保障管理、城市社区管理、城市精神文明建设管理、城市居民的生活服务管理、城市科技文化和艺术管理等。

3. 城市管理理论

伴随着城市与城市管理的产生与发展，城市管理理论应运而生。城市管理理论旨在解决城市及城市管理中出现的一系列问题和困境，其经历了从理想到科学的演变过程。

早期西方城市管理思想比较典型的是19世纪末英国学者埃比尼泽·霍华德提出的“田园城市”设想。1902年霍华德出版了《明日的田园城市》一书，针对城市环境质量下降与城市自然生态破坏困境，从城市最佳规模入手，对城乡关系、城市结构、城市经济、城市环境、城市面貌做出创造性的构想。田园城市理论面世后得到很多人的支持，并被运用于城市管理实践，“田园城市”概念后被《大不列颠百科全书》采用。同时期的城市管理理论还有西班牙工程师苏里亚·依·马泰提出的“带形城市”理论，以及其他学者提出的“巨型城市”“线形城市”“化整为零城市”等构想。

1933年国际现代建筑协会（CIAM）第4次会议通过的《城市规划大纲》(后称“雅典宪章”)，是城市管理理论形成的标志。雅典宪章的重要立论在于都市是市民的生活空间，确立以人为本的城市规划原则和社会系统观念，促进了城市规划从单一的以城市空间形态为主体的理念向现代综合管理建设的理念过渡。

20 世纪 50 年代，研究城市管理问题的学者越来越多，并涌现出各不相同的学术观点和理论学派。美国加州大学城市社会学教授哈罗德·孔兹（Harold Koontz）在《城市社会学理论和方法》一书中曾将之归纳为六大学派：社会学派认为，城市是社会体系的一环，亦即城市社区，是整个人类社会组织的重要部分，城市管理与社会制度密不可分，故城市管理应充分考虑城市与社会的关系；经验学派认为，城市管理是基于管理者经验的累积，经验愈多，管理愈好；行为学派认为，城市管理应着重研究人性的因素，如何激励管理人员和市民自动发挥潜力是城市管理成功的首要因素；决策学派认为，城市管理的关键在于管理者所做出的决策，决策做得好，管理效果就好，相反，决策做得差，管理效果就差；数量学派认为，城市管理可以用数学的方法，对管理资料进行最佳的定量处理；方法学派认为，城市管理是以各种科学管理的方法作为城市管理的工具，从而发挥管理效能的①。

20 世纪 80 年代以后，城市管理理论获得新进展，取得了一系列的重要理论成果，如“新城市主义”思潮。该思潮剖析了第二次世界大战后城市郊区化无序蔓延的危害性，其基本理念在于：崇尚自然，城市的成长与发展要遵循自然规律；主张以人为本，要使个人在城区中感受到被关心；强调可持续性，坚持紧凑发展的原则。又如，城市营销理论。20 世纪 80 年代末和 90 年代初，美国营销学家科特勒等人系统地提出了城市营销理论。城市营销理论强调的是“需求导向”的规划方式，即首先考虑实际与潜在的消费者和目标群体的需求，并且在物质规划之前先确定城市的价值观，最后在此基础上拟定城市未来的发展目标，以确保目标符合所有“消费者”的需求。这种理念改变了传统城市规划只重视物质层面、注意力集中在各种环境功能上的“供给导向”规划方式，不仅给城市配置较好的物质环境，而且明确了城市的发展方向，满足了市民的真实需求，使城市具有未来发展性。此外，还有大都市圈理论、多中心结构理论、城市郊区化理论、生态城市理论、城市竞争力理论、数字城市理论、智慧城市理论等。

（二）城市管理学

城市管理研究伴随着城市与城市管理的发展不断深入。近代城市的迅猛

① 张晓燕. 现代城市管理学［M］. 武汉：武汉大学出版社，2012：48-49.

发展推动了城市管理的进步，促进了城市管理理论的科学化，并逐步形成了城市管理学。

1. 城市管理学的研究对象

城市管理学是研究城市中的政治、经济、社会等管理活动的一般规律的科学，简言之，城市管理学以城市管理活动规律为研究对象。国外较早的城市管理学主张将城市管理的对象界定为人、财、物、生态四大要素，后来加上了信息、时间、城市文化、管理方法等要素。我国城市管理学研究兴起于20世纪80年代初，1983年全国党校科研工作座谈会在烟台举行，会后编写了教材《城市管理学原理》，标志着我国城市管理学的正式诞生。2002年以“中国城市管理与经营”为主题的中国城市经济学会学科建设专业委员会年会在北京召开，会议中饶会林教授提出了城市管理五大职能说（导引、规范、治理、服务、经营)，标志着我国城市管理学研究的一个新阶段。

城市管理学是一门综合性的学科，其研究内容相当广泛，主要包括城市市政体制与政府组织、城市权力机关、城市社会组织、城市发展战略、城市规划与管理、城市竞争力、城市生产力、城市公共经济管理、城市公共设施管理、城市人力资源开发与市民管理、城市土地开发与经营、城市生态环境管理、城市文化管理、城市信息化建设管理、城市公共安全管理、城乡一体化建设与发展以及城市未来发展趋势等问题。有学者将城市管理学的研究内容概括为城市管理理念、城市管理主体、城市管理客体和城市管理过程四个方面[①]。首先，城市管理理念解决的是我们想怎么去管理城市，也就是以怎样的观念去指导城市管理的问题。城市管理理念决定着城市管理和发展的根本方向，现代城市管理的基本理念不再仅仅是政府对城市和居民的统治，而是以政府为主导的城市各组织、各部门以及城市居民的共同治理，是一种引导、治理与经营的理念。其次，城市管理主体解决的是谁来管理城市的问题。当今城市的管理主体不再是单一的城市政府，而是城市各级政府以及参与城市生活的企业、社会团体和居民，是多元化的城市管理主体。当然，各城市管理主体的管理地位不尽相同，至少可以分为城市管理的权力主体和非权力主体，前者如城市政府、国家权力机关、司法机关，后者如非政府组织、私营

① 张晓燕．现代城市管理学［M］．武汉：武汉大学出版社，2012：10-11.

部门和居民个人。再次，城市管理客体解决的是城市管理管什么的问题。城市管理客体来自城市居民的公共需求，是城市的公共事务，其内容十分复杂，如城市政治管理、城市经济管理、城市文化管理、城市规划管理、城市公共设施管理、城市社会管理、城市生态环境管理等。最后，城市管理过程解决的是城市管理主体如何管理城市，最终达成城市管理目标的问题。简言之，城市管理过程也就是对城市公共事务的决策、执行、监督等过程。

2. 城市管理学的研究方法

"一切理论的探索，归根到底也是方法的探索。在科学创造过程中，也往往伴随着科学方法的创新，尤其是在划时代的科学理论诞生之时。"[①] 马克思也曾说过，科学研究"不仅探讨的结果应当是合乎真理的，而且引向结果的途径也应当是合乎真理的"[②]。方法论是人们认识世界和改造世界的总的和根本的方法和理论，唯物辩证法是科学研究的根本方法论。科学的研究方法对理论研究的逻辑演绎和科学结论的获得具有重要的意义；同样，城市管理研究过程也需要选择和运用科学的研究方法，适当的研究方法是得出城市管理研究科学结论的前提。目前，在城市管理论阈，研究者比较普遍认可并采用的方法主要有比较研究法、实证研究法、综合研究法等。

（1）比较研究法。比较研究法是一种普遍运用的科学研究方法，通过与同类或不同类的、过去的或现在的不同状况的比较，从中总结出研究对象内在的、本质的普遍性与规律性。比较研究的视角具有多样性，既可以是事物或现象各自现状的比较，也可以是历史的比较，还可以是成因或方法的比较。一般地，比较研究法可以有两种模式：横向比较和纵向比较。

横向比较就是对世界各国、各城市特别是同类型城市的城市管理体系进行比较分析，研究其差异性以及差异性背后存在的普遍性、规律性的东西，总结其城市管理成功的经验与失败的教训，为我国城市管理以及城市管理研究提供借鉴。

纵向比较就是历史比较。在一些学者看来，纵向比较研究法就是历史比较研究法。列宁曾经指出："在社会科学问题上有一种最可靠的方法，它是真

---

① 朱洪文．社会科学方法［M］．北京：科学出版社，2002：II.

② 马克思恩格斯全集：第1卷［M］．北京：人民出版社，1995：112-113.

正养成正确分析这个问题的本领而不致淹没在一大堆细节或大量争执意见之中所必需的，对于用科学眼光分析这个问题来说，那就是不要忘记基本的历史联系，考察每个问题都要看某种现象在历史上怎样发生，在发展过程中经过了哪些主要阶段，并根据它的这种发展去考察这一事物现在是怎样的。"① 纵向比较研究就是要对不同时期城市管理体系进行比较分析，探索出人类发展历史中城市管理体系发展的基本规律，用以指导我国城市管理实践。

（2）实证研究法。实证研究法是基于一定的事实依据和调查资料，通过对实际情况的分析、总结和归纳，得出新的理论解释或理论体系的研究方法，包括观察法、个案法、实验法等。实证研究法被广泛运用于科学研究。城市管理学是一门实践性科学，其运用实证研究法就是要注重城市管理的现实状况和动态发展状况，通过大量调查和个案分析，在充分掌握第一手材料的基础上，进行科学的分析，并得出相应的科学结论或理论判断。实证研究法要求城市管理研究者坚持理论联系实际，注意联系世界各国相关城市管理实际，密切联系我国城市管理实际。唯此，城市管理研究才能有所创新，其研究成果才能指导我国城市管理实践。

（3）综合研究法。城市是一个复杂的系统，城市管理更是一个有众多要素和环节的庞大的系统工程。现代科学发展的一种表现就是学科交叉渗透，城市管理学是一门综合性学科，涉及政治学、管理学、社会学、人口学、社会心理学等多门学科。综合研究法就是要紧扣城市管理研究目标，综合运用政治学、管理学、社会学、人口学、社会心理学、生态学、未来学、系统论、控制论、信息论的学科知识，对城市管理的各个要素、环节进行仔细的梳理和分析，形成新的认知、新的判断、新的理论，推动城市管理研究。例如，20 世纪 70 年代后，一些发达国家在城市管理学研究中率先应用数学方法、电子计算机和通信技术，以及系统论、控制论、信息论等研究方法，取得了不少创新性成果，极大地推进了城市管理的研究工作。

3. 学习和研究城市管理学的意义

城市管理学是公共管理学科领域的一门新兴课程，尚处于成长阶段。学习和研究城市管理学可以指导城市管理实践，培养城市管理人才，推动城市

① 列宁全集：第 37 卷［M］. 北京：人民出版社，1986：61.

管理研究。

（1）指导城市管理实践。学习和研究城市管理学，有助于科学认识现代城市，发现和利用城市管理规律，以科学的城市管理理论指导城市管理实践，促进城市化进程，指导城市管理过程，及时化解城市管理难题，保障城市化健康有序发展，提升城市竞争力。比如，通过研究和学习城市管理学，指导城市管理部门建立健全城市公共服务供给机制，拓宽公共服务资金渠道，提高城市公共服务效率，提升城市公众满意度。

（2）培养城市管理人才。现代城市管理需要大量的城市管理人才。在当今社会，要做好城市管理工作，仅凭一腔热血和城市管理的感性经验，是难以为继的。现代城市管理需要一批系统掌握城市管理基本理论和基础知识，了解城市管理规律，热心城市管理工作的专业人才。接受城市管理专业系统学习和培训，努力研究城市管理学基本理论，积极投身城市管理实践，是培养大批城市管理人才的必由之路。

（3）推动城市管理研究。当今世界，无论是在国外还是在国内，城市管理学都是一门新兴学科，在整体上还不够完善，对城市管理相关要素、环节的探索还不够深入，对城市管理的规律和发展趋向的把握还不到位。学习和研究城市管理学，对于深化城市管理相关要素和环节的研究，把握城市管理规律，推动城市管理研究，完善城市管理学学科体系具有重要的意义。

阅读材料

为谁而建的“城市”？

陈振铎

城市化过程中，当发展被简化为空间的扩张时，不可避免地失去尺度，把人的日常也带入无度：超出人舒适度的通勤已经警示问题，城市本身却仍旧需要继续通过纵横的延展来维持发展动力，一座座巨型但空洞的现代城市膨胀、变成机器，与产业兴衰生死与共；空间和人都被物化，居住变成一种获得使用权的消费，人在城市的生活围绕着“工作—债务”为中心，继而甚至被异化；这种失去自我的都市生活被预制在一种固定的、缺乏生机的格子中，人享受到了使用权却无法获得自己所处的空间事务主张和行使各种权利，并在这种未获得过程中，逐渐失去了对城市空间事务参与的感知力和能力，反过来需要更多的中间者代行使，又强化了标准化的规制。

这些困境并不仅仅是中国特色，放大至世界都市发展过程中，我们看到从工业革命开始时陆续出现，但真正变成一种普遍的、结构性的问题与模式，是在以汽车和摩天大楼为基础的都市模式成为发展的样板之后。但这仅仅是表象，因为都市问题由来已久，齐美尔据此断言都市截然不同于传统社会，人的个性被货币经济以及据此构建的理性主义，压制在一个个精确的计划中，“紧张感”充斥于个体内心与社会表面，形成了都市社会不同于传统社会的各种冲突和复杂问题。

一九六七至一九六八年提出“人进入城市的权利”的法国社会学家亨利·列斐伏尔（Henri Lefebvre），为这些都市问题指向了另一种可能，即建设、工业、扩张等一切以生产为核心的城市发展，并不是真正的都市社会，它仅仅是一个过程。以生产为目的，造成了都市困境。他把问题聚焦到资本主义生产体系和城市的关系，以及城市是谁在建、为谁而建、建成什么样。他希望城市能成为市民生活的中心，以及以人（而不是生产）为纽带，使得城市变成社会主体性的都市社会（société urbaine），为理解“现代城市”提供了社会学基础理论。

列斐伏尔早年钻研马克思主义理论，“二战”结束后西欧的城市化使得其开始转向思考具体的社会问题。当时在都市主政官、精英建筑师、城市规划师中，流行着一种普遍的纽约式的“现代城市”梦（经济分工严密、以生产和效率优先的现代城市），即使柯布西耶的“光辉城市”在二十年代被否决，野心勃勃的精英人士仍试图以经济发展为名再造法国都市。他们提出的图景诱人：家家户户过上有花园的大公寓生活，高楼住宅将一劳永逸地解决所有公民，甚至包括外来者生活在城市的权利。光这两幅图景就足以打动那些活在城市边缘的公民。虽然西欧社会有强大的市镇自治传统，但战后社会民主主义迅速发展，统治者为这幅图景提供了国家保障住房权，现代城市建筑和规划技术占据主导，而从战前就已经孕育的公租房、工人住宅等属于保障性质的住房，得到了扩张和支持。一般左翼知识分子对此很难提出完全反驳的理由，仿佛阶级矛盾得到缓和，现代城市的图景正逐步实现。

对这种美好想象，列斐伏尔是审慎的，他看到的不仅是阶级斗争、平权以及人是否真正获得保障，也不仅是城市本身的扩张所带来的对乡村社会的剥夺，以及城市空间内部的不平等导致的隔离、异化等新问题，而是再回到城市的社会逻辑、人和空间的根本关系上重新进行审视，他发现，当物化的空间或者说是“城市化”本身，变为一种发展目的和终极目标时，城市最重要的主体——人的位置变得摇摆不定。

列斐伏尔发现十九世纪这场由王公贵族、精英工程师、文人主导的城市运动，虽然铸造了一个作为永恒之城的巴黎，但代价巨大，原本以各种方式离开农村进入城市的手工业者、艺术家、工人、普通市民被驱逐出巴黎，使得巴黎成为投机者、权贵的空间。而且，这成为一种世界性的榜样。“二战”后，巴黎周围市镇在中央政府的主导下，以发展为名被纳入和巴黎各条大道相连接的都市与街区网络中。列斐伏尔发现这场建设热潮，并未解决为谁而建的问题，反而一如既往地成为新的生产关系的空间制造，写字楼、商业中心等，替代了被搬离城市的大烟囱工厂和工业设施，人们获得了住房。传统的压迫、剥削等资本主义控制人与社会的特征似乎表面上消失了，但人们被带入了一种钟摆式的生活、一架精密的生产机器中，人的时间和空间都是被计划和安排好的。这种机器化的城市人会出现什么后果？列斐伏尔对此做出的诊断就是“异化”，即人为何在城市中无法建立主体性的问题。

一种异化是鼓励人民进行消费，用消费控制个体。列斐伏尔同意把商品消费作为批判对象，但抵抗消费远远不够，他转向批判空间作为生产工具对人的异化。他在《日常生活批判》中提出新型的异化特征，即人被以“现代城市”为表征的空间生产迷惑了，人仍旧被控制在无休止的生产体系中才能生存。居住权虽然得到了缓解，但这种权利是以对资本主义生产交出自己一生为支付成本的。

还有一种异化是城乡隔离。需要提及的是，在列斐伏尔那里，隔离并不仅仅是结果，还是原因。把城乡隔离视作一种当然，或者把城市化本身作为解决城乡隔离的手段，会导致另一个问题——郊区化，人停留在城市和乡村之间的边缘地带，进不了，也回不去。在这个逻辑中，根本原因仍旧是现代城市是作为基础生产机器和生产单位出现的。生产吸引了农民抛弃乡村，造成乡村的凋敝，但生产的城市即使为这些想进入城市的人提供了住房，但无法提供一种以权利为基础的城市身份，农民在现代城市只是资本主义生产体系的一部分。

基于这些问题，他判断当代城市仍旧是一张高度严密的资本主义生产体系网络。商业城市在工业革命前以农业产品为基本纽带，再经过工业化时期的快速扩张，十九世纪开始形成基本模式的建构，并在二十世纪更大规模的人口进入城市时，使"现代城市"变成根深蒂固的系统和模式。从这个意义上说，城市还是精英主义的，它是那些进行探险的技术官僚、专家、知识分子"设计"出来的，居住者的权利变成了一种代议。

从这点来看，列斐伏尔是反柯布西耶的，也就是反工业化的、功能主义的城市系统，更准确地说，反对把生产关系或者技术条件作为城市化的基本原理。柯布西耶的现代住宅和城市理论暂时缓解了一些矛盾，如资本主义国家中大量平民的住宅空间平等问题，甚至在苏联，也用柯布西耶的空间技术解决了大量进城人口的问题。但若以列斐伏尔的城市权理论来看苏联的城市实践，其以国家为动员力量把城市作为各种生产单位组合，表面上消除了资本主义要素，工人获得了权利；但这种空间营造仍旧是生产性的，最终反过来破坏的是工人作为"人"的长期福祉，包括官僚主义借助这些生产单位对人的控制、对生产和市场的机械反应导致对经济生活的破坏，这在历史中也已不断证明。

面对以工业化、资本主义为核心的城市营造和发展，如何既要让城市维护一种生产功能，又回到居民的日常生活，形成以人为中心的城市？列斐伏尔在《人进入城市的权利》中回答了这个问题。在他那里，城市分为生活的城市与现实的城市，"人接近城市的权利"，并不仅仅是政治法权本身，而是"城市主体的人—城市权"，使人回到城市的内部、中心。这并非空间意义上的中心，还是各种事务的中心，城市不是为资本或生产，而是为人来设计、建设的。同时，都市社会回归人本与人文。他认为城市的发展只有把人放在至高无上的营造法则，才能实现人进入城市内部并以主体存在、生活其中，并参与创造城市空间的过程，才能获得真正的生命主体。

虽然批判生产，但列斐伏尔把"城市权"问题指向空间生产，认为空间本身成为资本主义的商品，空间生产取代了传统的物质生产，成为资本控制人与社会的载体。在《空间生产》中，他把城市权的最终出路引向具体的空间革命中。这和他在《城市革命》提出的思想是一致的，即城市空间容量本身并不是由一个空间的承载力决定的，而是由人与人之间的关系决定的，即制度的关系决定了城市空间对人和生产的容量。因此，城市的革命需要对资本主义空间生产体系进行革命。

列斐伏尔“人进入城市的权利”等理论对欧美的城市社会学以及城市规划学科影响至深，大卫·哈维的城市权和空间理论对列斐伏尔有所继承，米歇尔·塞尔托受他启发完成两卷本的《日常的发明》，这和列斐伏尔一九六八年提出的通过日常生活和消极的现代性抗争是一致的。不同于塞尔托的是，列斐伏尔跳出了既有事物秩序的视角，在《节奏分析的要素》（一九九二）中提出都市节奏问题，在美学视角构建了日常生活批判理论的另一个维度。当然，国际情境主义理论提出了一种更虚无的可能：现代社会与城市将陷入一种更深的控制。诸如居伊·德波在《景观社会》中就认为马克思提出的商品拜物教并不过时，反而因为现代技术的发展，使得空间中真实的社会生活变得景观化。

这些问题在以工业化和信息化为特征的中国城市化进程中有着反观之意。列斐伏尔的城市理论迥异于中国自古以来的建城法则，但对于有着丰厚人文主义历史遗产、马克思主义政治实践的中国来说，六十年前“人进入城市的权利”的倡议，以及日常生活等理论，或许都为我们提供了需要反复探究的启示。

资料来源：陈振铎．为谁而建的“城市”？[J]．读书，2019（3）：106-110.

思考题

1. 什么是城市？城市出现的原因是什么？城市的发展包括哪些阶段？

2. 什么是城市化？城市化的动力有哪些？城市化的基本形态有哪几种？

3. 什么是城市管理？城市管理的内容有哪些？

4. 城市管理理论发展的基本脉络是怎样的？

5. 城市管理学的研究对象是什么？城市管理学的研究方法有哪些？学习和研究城市管理学的意义是什么？

拓展阅读篇目

[1] 刘广珠，等．城市管理学 [M]．北京：清华大学出版社，2014.

[2] 张晓燕．现代城市管理学 [M]．武汉：武汉大学出版社，2012.

[3] 马彦琳，刘建平．现代城市管理学 [M]．北京：科学出版社，2003.

[4] 秦甫．现代城市管理 [M]．上海：东华大学出版社，2004.

[5] 乌兰力沙克．城市管理论 [M]．北京：人民出版社，1995.

[6] 张跃庆，贯克诚，燕秋海．城市管理概论 [M]．北京：北京经济学院出版社，1990.

[7] 萧斌．中国城市的历史发展与政府体制 [M]．北京：中国政法大学出版社，1993.

[8] 王佃利，张莉萍，高原．现代市政学 [M]．北京：中国人民大学出版社，2011.

[9] 付崇兰，白晨曦，曹文明．中国城市发展史 [M]．北京：社会科学文献出版社，2012.

[10] 芒福德．城市发展史：起源、演变与前景 [M]．北京：中国建筑工业出版社，2005.

第二章 城市管理理论

生产的发展促使城市产生。“随着城市的产生，必然要有行政机关、警察、赋税等等，一句话，必然要有公共的政治机构。”① 第一次工业革命促使社会生产方式发生巨变，机器大生产的普遍应用与城市工业化的推进，推动了城市的快速发展。这便对城市管理提出了要求。

城市管理理论建立在城市管理的实践基础之上，为解决城市管理中的一系列问题而发展起来。现代城市管理思想是以城市社区形态、结构的重新规划与设计为发端的。英国学者盖迪斯在《演变中的城市》中首创了调查—分析—规划的城市规划程序；E. 霍华德从城市最佳规模入手，创造性地提出了田园城镇体系的设想；美国芝加哥学派创始人帕克在其著名论文《城市：对于开展城市环境中人类行为研究的几点意见》中，从不同方面阐述了对于城市的理解，对城市生态理论的最终形成起了奠基性作用②。第二次世界大战后，城市管理学出现了社会学派、管理经验学派、行为学派、决策学派、数量学派、管理方法学派、新城市主义以及城市营销理论等理论学派。纵观城市管理理论的发展脉络，就管理领域而言，城市管理是围绕着私人领域与公共领域展开的。因此，我们认为，私人部门与公共部门、市场失灵与公共管理以及城市公共产品供给是城市管理理论的核心问题。

一、私人部门与公共部门

城市管理理论的发展与经济学研究的深入密切相关。近代城市管理思想

① 马克思恩格斯选集：第 1 卷［M］. 北京：人民出版社，1995：104.

② 金经元 . 近代西方人本主义城市规划思想家：霍德华 · 格迪斯 · 芒福德［M］. 北京：中国城市出版社，1998：86.

可以追溯到亚当·斯密著名的“看不见的手”的理论。斯密认为，资本所有者通常“既不打算促进公共的利益，也不知道他自己是在什么程度上促进那种利益……他受着一只看不见的手的指导，去尽力达到一个并非他本意想要达到的目的……他追求自己的利益，往往使他能比在真正处于本意的情况下更有效地促进社会的利益”①。因此，“看不见的手”形象地阐述了个人追求自身利益会导致社会公共利益增长的市场机制。在城市管理中，政府充当“守夜人”角色，主要负责司法、公用工程等事务。由此形成了城市管理中私人部门和公共部门的界分。

(一) 私人部门界定

私人部门（private sector）是相对“公共部门”而言的，指参加市场交易活动的各类组织和个人。一直以来，私人部门被认为仅仅以追逐利润为目的。但是，英国经济学家查尔斯·汉迪认为“盈利只是某种目标的手段而不是根本目的”，企业应该“具有自己的使命”②。

私人部门有着自身的特征：第一，自主性。私人部门中的行动主体具有独立意志，在遵守市场规则的前提下，根据自身发展战略，自主开展相关活动。第二，平等性。平等性体现为私人部门在市场交易过程中，具有平等的法律主体地位。第三，互利性。私人部门在逐利过程中，因自身资源约束，寻求利益相关方的合作，从而实现互惠共赢。第四，竞争性。在完善的市场机制下，私人部门间的竞争越来越充分，从而最大限度地提高资源利用率。第五，契约性。市场经济也是契约经济，对契约的信守与执行可以有效降低交易成本，从而提高私人部门的经济效益。

私人部门参与城市管理有其自身优势：第一，私人部门分散化决策能够较有效地实现供需平衡。基于充分竞争的市场机制，私人部门根据供求弹性与走势，迅速调整自身的生产经营决策，实现供需平衡。第二，顺畅的价格传导机制有利于提高资源配置效率。私人部门根据市场价格传导机制并结合自身战略定位，研判市场走势，从而最大限度地提高资源利用率。第三，市场主体的利益驱动有利于激励创新。优胜劣汰的市场竞争机制能够激励私人

① 斯密．国民财富的性质和原因的研究：下卷［M］．北京：商务印书馆，2002：27.
② 汉迪．超越确定性：组织变革的观念［M］．北京：华夏出版社，2000：75-78.

部门持续创新，在创新中获取高额利润，进而占有更大的市场份额，以维持在市场中的有利竞争地位。

私人部门参与城市管理是市场经济发展的必然要求：第一，私人部门参与城市管理是承担社会责任的必然要求。彼得·F. 德鲁克认为："企业的目的必须在企业本身之外，事实上，企业的目的必须在社会之中，因为工商企业是社会的一种器官。"① 完整的企业社会责任包括经济责任、法律责任、伦理责任和慈善责任。第二，私人部门参与城市管理是营销创新的必然要求。一般而言，企业的社会营销分为社会责任营销和社会贡献营销两类。两类营销方式对于企业扩大知名度及其长远发展均有重要影响。第三，私人部门参与城市管理是拓宽投资渠道的必然要求。企业参与城市管理，既可以改善企业的竞争环境，又可以提高企业生产率，从而促进企业自身发展。第四，私人部门参与城市管理是拓展利润来源的必然要求。一方面，企业参与投资基础设施建设、提供公共产品会直接获得经济利益；另一方面，企业参与公益事业可以为其带来良好的社会声誉，增强企业的核心竞争力。

（二）公共部门界定

公共部门是指以维护公共利益为目标、以公共权力为基础、制定并实施各类公共政策、管理各项社会公共事务、向全体社会成员提供公共产品的组织。

城市公共部门主要包括拥有政治权力的城市管理主体。在我国，这些主体包括中国共产党城市党组织；市人民代表大会及其常务委员会；市人民政府和由市人民法院、市人民检察院组成的司法机关（简称"一府两院"），以及这些机构的下级组织机构。

公共部门也有着自身的特点：第一，价值追求的公益性。也就是说，公共部门要以公共利益为价值追求。"公共利益是个人利益的某种组合，并最终体现于个人利益。"② 公共部门的所有决策与行动都以实现社会公共利益最大化为评断标准。第二，产权处置的共有性。公共部门的产权基础是共有产权。第三，决策行动的集体性。由于公共部门建立在公有产权的基础上，公共部门的决策

① 德鲁克．管理：任务、责任、实践［M］．北京：中国社会科学出版社，1987：81-82.

② 张千帆．公共利益是什么：社会功利主义的定义及其宪法上的局限性［J］．法学论坛，2005（1）：29.

权只能通过一定的公共选择过程来集中行使①。第四，行为规则的非市场性。公共部门通过非市场的政治过程进行社会活动，产权让渡是无偿进行的。

虽然公共部门在城市管理中有其自身的特点与优势，但必须指出的是，公共部门在城市管理中难免有自身的利益诉求。以詹姆斯·布坎南和戈登·图洛克为代表的公共选择学派认为，根据政府的行为动机可以判定三种政府模式②：第一种是慈善模式，这种模式下的政府以社会利益最大化作为自身的利益追求。第二种是巨物模式，在这一模式下，政府的目标是追求自身利益的最大化，如最大的财政收入，以满足政府官员的生活和权力需求等。第三种是民主模式，该模式假定全体社会成员都通过选票的形式参与政治决策，而政府的经济行为直接受到民主投票的制约，于是政府决策的取向往往受制于公共选择这一决定性因素。政府并不是专门为了所谓的公共利益而存在的，一些以“公共利益”为名义的行为有可能在实质上损害了社会利益。

（三）私人部门与公共部门的区别

1. 价值取向不同

政府以委托人的身份提供公共产品，追求社会公共利益最大化；而私人部门的基本价值取向是实现利润最大化。公共部门的财政来源是税收，这决定了其工作人员的行为要对公共利益负责；而企业更多的是要对企业自身利益负责。因此，公共部门首先要考虑政治回应性与社会公平性，私人部门要考虑经济生活中的交换与回报。

2. 行为取向不同

公共部门的行为倾向于明哲保身，有一种不求有功，但求无过的心态；私人部门则更加趋向于富有创造性。公共部门的组织成员要受更多规章制度的限制，强调严格遵守规则，组织成员的工作具有更多的“非人格化”特征，行政人员的着眼点在于其行为是否符合规范而不是其什么行为能给组织带来最大的贡献。可以说理性官僚制的弊端在行政组织比在企业组织体现得更加明显。私人部门以“效率”为首要行为取向，对利益追求的永恒性使得私人部门成为最具创新精神的部门。

① 郭小聪．政府经济学［M］．北京：中国人民大学出版社，2003：198.

② 何清涟．现代化的陷阱［M］．北京：今日中国出版社，1998：8-9.

3. 适用法律不同

政府公务员的行为要于法有据，以行政执法为第一要义，对法律责任的关注始终居于第一位，主动性、创造性的行政行为的责任风险或法律风险会相应加大，导致公务员的行政行为趋向保守。私人部门是以追求经济效益为目标的组织，以效率为中心制定员工行为规范，有时这些行为规范可能与法律规范相冲突，当私人部门利益与法律规范相冲突时，其极易采取卸责措施。

二、市场失灵与公共管理

市场机制具有传递信息、激励竞争、优化经济、技术进步、提高效率等功能。但是，市场机制也存在失灵问题。因此，需要更好地发挥政府的作用，从而实现资源配置的最优化。

（一）市场机制及其功能

市场机制（market mechanism）是指通过自由竞争与自由交换来实现资源配置，说明了供求、价格、竞争、风险等要素之间互相联系及作用的机理。市场机制主要包括供求机制、价格机制、竞争机制和风险机制。

在市场经济环境中，市场机制在资源配置中发挥决定性作用。私人部门的运行和资源配置主要通过市场机制发挥作用。作为一种经济运行方式，市场机制具有任何其他手段和机制都不可替代的重要功能。市场机制的功能主要表现为以下五个方面。

1. 传递信息

传递信息是市场的一个基本功能。它是指商品价值、供求的变化，引起商品价格的波动，并传导给生产者和消费者。市场传递信息，就是市场发出价格信号。市场经济中信息传递的关键，在于以尽可能低的成本、便捷的信息传输渠道和方式给交易双方提供尽可能全面、客观、及时的信息，提高交易双方经济活动的效率和效益。另外，市场传递信息的及时性、客观性和分散性，还会节省经济当事人搜集、加工、整理和使用信息等各环节的成本。

2. 激励竞争

激励竞争，对企业、生产者和投资者而言是利润刺激；对消费者而言是选择最有效的消费方式和消费结构，实现使用价值最大化和最优化组合；而对作为劳动力供给者的居民来说，就是自愿接受进一步的培训和教育，不断提高自身素质和竞争能力，在激烈竞争的劳动力市场上谋求更好的职业发展；反映到宏观经济层面，就是为经济发展提供源源不断的内在动力。

3. 优化经济

优化经济是指市场机制能对经济结构（包括产业结构、产品结构、地区结构、技术结构等）起到协调、平衡和优化的作用。首先，市场机制具有协调商品供求结构，使之趋于平衡的内在功能。其次，市场机制具有优化企业效率结构和企业组织结构的功能，这主要是通过市场竞争机制和风险机制来实现的。最后，市场机制具有优化产业结构的功能，这是通过价格机制实现的，在价格和利润诱导下资源的自由充分流动，可使产业结构、部门结构趋于均衡化与合理化。

4. 技术进步

市场在推进技术进步方面具有重要作用。在市场经济条件下，竞争机制迫使供应商不断在科技投入、研究开发、引进吸收消化先进技术设备等方面努力进取，以便在竞争中以性能更好、质量更高、价格最廉、成本最低的商品扩大市场占有率，获取更多利润。此外，迫于激烈的市场竞争，供应商会持续学习、掌握和运用现代科技知识，这也有助于推进科技进步。

5. 提高效率

完全竞争的市场机制能够实现最优经济效率。尽管现实的市场还达不到完全竞争市场严格假设的要求，资源配置也达不到最有效率的状态，但是，这并不否认市场机制在提高经济效率方面的重要作用。竞争机制和价格机制可以有效引导资源合理流动和充分利用，为生产者和消费者提供及时、客观的信息，以便迅速做出应对策略。

（二）市场失灵问题

1. 市场失灵的含义

所谓市场失灵，就是指市场的无效率。也就是说，当内在功能存在缺陷和外部条件缺失引起市场配置资源出现低效或无效率时，便出现了市场失灵。因此，可以把市场失灵理解为市场不能或难以有效率地配置资源。

理论上而言，市场有效配置资源是基于以下假设：在资源配置过程中，生产者能够以最低的生产成本去生产社会最需要的产品，消费者以等于完全成本的最低生产成本购买商品，这时的产品价格、完全成本、最低生产成本、边际成本均相等。也就是说，消费者以边际成本决定的产品价格来购买该商品。只有在这种条件下，资源配置才是最有效率的①。但是，最有效率的资源配置只有在充分竞争的市场环境下才会达到，而充分竞争的市场只有在严格的假设条件下才能存在，即便是完全具备充分竞争条件的市场，也不可能在所有领域里和一切情况下都能有效率地配置资源，因此，市场失灵也就不可避免地产生了。

2. 市场失灵的表现

（1）信息不充分问题。首先，市场调节是一种自发状态下的事后调节，企业的生产经营决策完全是在彼此分散且自主基础上独立做出的，尽管这种分散化决策的基本依据是市场价格信号，但这种市场价格信号是在供求关系失衡后出现的短期变量；其次，企业只能依靠有限的微观信息进行经营管理，而过度竞争会使市场信号失真，企业有可能知道市场需要什么，但很难准确知道需要多少；最后，市场价格信号有一个时滞过程，其滞后性有可能导致国民经济的总量失衡，甚至有可能导致产业结构失衡。

（2）公共产品供给问题。市场机制的调节范围仅局限于营利性的经营活动，就产权关系而言也仅限于私人产品。由于环境保护、道路交通、公共福利和义务教育等公共产品的建设周期长、投资规模大和成本效益不对称等，市场机制很难调节，而这种公共产品的生产和供给又恰恰是经济系统正常运行所必需的。

（3）外部性问题。所谓外部性，是指某个经济主体的活动所产生的影响不表现在他自身的成本或收益上，却会给其他经济主体带来好处或坏处。为了获取最大的经济效益，应该鼓励那些能够带来正外部效应的活动，限制那些可能带来负外部效应的活动。但是，市场机制却难以达到这一目的。外部效应的存在使社会利益与私人利益发生了不一致。在存在正外部效应的情况下，生产者给社会带来了利益，他们自己却不能因此而得到报酬，这时私人利益小于社会利益。在存在负外部效应的情况下，生产者给社会带来了危害，他们自己却不一定为此支付足够抵偿这种危害的成本，这时私人利益大于社会利益。因此，在市场机制调节下，每个人只追求私人利益，没有激励去增加正外部效应、减少负外部效应的活动，所以资源配置就不会达到最佳水平。

① 胡代光，高鸿业．现代西方经济学词典［M］．北京：中国社会科学出版社，1996：74.

（4）垄断问题。垄断是指市场中只有少数几家供应商，甚至出现独家垄断局面。垄断使得厂商可以通过控制产量来提高价格，甚至成为市场价格的单方面制定者，形成远远高于实际成本的垄断价格。由于垄断厂商独家控制市场，缺少竞争压力，所以技术创新激励不强，产品和服务质量也止步不前。一些垄断厂商甚至无视消费者对产品质量和服务态度的不满情绪。垄断扭曲了价格机制，抑制了市场竞争，妨碍了经济效率的提高，不利于帕累托最优的实现。

（5）分配不公问题。市场机制调节过程中的货币选票，完全有可能导致分配不公和两极分化。市场机制所做的是把物品交给那些出价最高的人，这些人拥有最多的货币选票。“物品跟随的是货币选票，而不是最大的需要。一个富人的猫喝的牛奶，也许正是一个穷人的孩子维持健康所必需的……这样一种结果可能在政治上或道德上是不能接受的。”① 这种分化所导致的社会矛盾，既不利于社会发展的稳定，也有悖于社会发展的最终目的。

（6）产业结构不合理问题。这表现在两个方面：一是不利于实现产业结构的平衡，如仅靠市场机制不利于公共事业的发展；二是不利于实现产业结构的优化或高级化，如对新兴工业来说，起初它的生产效率低而成本高，这时由市场调节就可能窒息或延缓它的发展。单纯依靠市场机制不能实现产业结构的合理化。

（7）失业问题。失业问题内生于市场经济体系。失业现象是劳动力市场供求规律发挥调节作用所导致的基本常态，是市场经济所特有的人口规律内在调节的必然结果。由于失业的存在，大量的劳动力不仅失去了就业机会和经济收入，更重要的是失去了发展机会和社会归属。失业人口还会在心理或精神上受到伤害，并有可能导致社会发展过程中的动荡不安和矛盾加剧。经济学家、社会学家、政治学家、人口学家以及社会公众通常把失业问题作为指责市场经济的主要依据之一，失业率高低也成为政治竞选的一个决定因素，从而使充分就业成为公认的一项重要政府职能。

（三）公共管理的目标与功能

1. 公共管理的目标

既然存在着市场机制调节的失灵，那么，在城市管理过程中，就需要政

① 萨缪尔森．经济学［M］．北京：中国发展出版社，1992：83-84.

府部门的干预和调节。李克强在2014年夏季达沃斯论坛开幕式上指出，努力使市场在资源配置中起决定性作用，大力破除市场障碍，更好发挥政府作用，努力促进社会公平①。习近平指出，要处理好政府和市场的关系，使市场在资源配置中起决定性作用和更好发挥政府作用②。政府公共管理对市场的干预和调节主要是为了实现以下目标：

（1）形成市场机制充分有效发挥作用的经济环境。政府要建立并保障市场上的权利，直接提供基本公共服务，并间接地创造出信任、理解和有安全保障的环境。为此，政府要制定各种维护市场运行的制度和法律，充当裁判员，维护和强制执行经济活动的规则。

（2）补充市场机制，以解决市场解决不了的问题。在公共物品生产和存在外部效应的领域中，由于市场机制不能有效地发挥作用，就需要政府进行调节，以保证这些部门的资源得到合理配置。

（3）完善市场机制，使市场机制能够最大限度地发挥调节作用。其目的是弥补因市场机制不完善而产生的市场缺陷。为此，需要国家有计划地制定和实施以反垄断为中心的综合性生产政策。需要注意的是，政府干预的目的是完善或改善市场机制的功能，而不是取代市场机制。

（4）实现特定的社会目标。社会目标既包括经济目标，也包括非经济目标。经济目标主要是指国家要保证实现的各种宏观经济目标，如经济增长、充分就业、国际收支平衡，以及公共分配等。非经济目标主要是指政治、道德等方面的目标，如解决环境污染、保持社会稳定、推行福利计划等。

2. 公共管理的功能

（1）公共产品供给。公共产品具有消费的非排他性与非竞争性，个人不论付费与否都可以获益。因此，市场机制在公共产品供给中存在失灵，客观上要求政府补位。城市政府最基本的职能就是提供公共产品。在城市管理中，修建和维护道路、公园、机场、码头、学校、医院等设施，提供公共卫生、治安消防、基础教育等公共服务，都是城市政府的基本职责。

（2）弥补外部性的不足。在政府缺位的情况下，不论是正外部性还是负

---

① 李克强．努力使市场在资源配置中起决定性作用［EB/OL］.（2014-09-10）［2014-09-10］. http：//finance. sina. com. cn/stock/t/20140910/175420256921. shtml.

② 习近平．习近平谈治国理政［M］. 北京：外文出版社，2014：95.

外部性，都可能产生不良影响。正外部性具有利益外溢性，如果没有政府的政策支持和利益补偿机制，很容易挫伤私人部门的积极性，从而导致供给不足。对于具有负外部性的行为，如环境污染、违法犯罪行为等，需要通过行政、经济和法律措施进行制裁。

（3）维护市场秩序。市场垄断容易导致价格机制扭曲，从而抑制市场竞争，降低经济效率。因此，公共管理需要治理市场垄断问题，消除市场垄断的不利影响。同时，政府通过行政规制手段，依据法律法规和公共政策，加强对商业广告和产品质量的管制，强制生产经营者向市场提供真实信息。

（4）维护社会公正。公正是政府公共管理的基本诉求，也是衡量社会进步的标尺。公共管理涉及众多利益主体，需要兼顾不同利益群体的多样化利益诉求，维护社会公平正义。公共管理既不能以政府的利益最大化为诉求，也不能一味地偏袒强势利益集团，而是要在多元利益诉求中取得平衡。

（5）保障宏观经济稳定。在市场经济体制下，分散的个人理性选择行为，有可能导致集体的非理性。单纯依靠市场机制，难以解决宏观经济总量失衡问题，甚至会引发经济衰退和经济危机。治理市场总供求失衡问题，有赖于一定的财政、税收、货币等政策工具。一般而言，中央政府掌控着宏观经济调节的政策制定权，城市政府在本行政区内贯彻执行国家的宏观调控政策。

（6）提供制度和规则。公共管理治理市场失灵问题，主要依赖一定的制度安排和规则体系。这里所说的“制度”和“规则”，主要是指通过一定的政府过程所制定的一系列公共政策。公共政策属于一种稀缺性资源，其制定需经一定的集体行动过程，一经产生就对经济和社会行为具有约束力。公共政策不仅为社会合作提供了基本框架，而且有利于减少信息搜寻成本，降低交易费用。

（四）政府失败及其表现

1. 政府失败的含义

市场失灵导致了政府介入，“看不见的手”与“看得见的手”共同调节资源配置和经济运行，人们企望使用政府力量来弥补市场失灵的缺陷，用“看得见的手”去办好“看不见的手”办不好的事情。但是现实中，在很多方面却发现“看得见的手”并没有把事情办好，甚至办得比“看不见的手”更糟，政府决策也会失误，政府行为也会低效率、无效率甚至负效率。政府官员也是经济人，政府干预通常带有主观性，这些因素加上政府决策能力的有限性以及政府寻租行为的不可避免性等，都会导致政府失败（government failure）。

一般而言，导致政府失败的原因主要有以下四点：第一，信息有限。政府在市场信息的获取、收集、整理、分析中可能出现信息失真问题，不能反映经济运行的实际情况，因此制定的政策难免带有局限性。信息在传递中可能出现阻碍，延误政府决策的最佳时期，这种“时滞”也会导致政策失效。第二，政企博弈。政府的经济政策是否有效，往往取决于经济当事人能否看出政府的意图，并采取相应的对策。企业的趋利避害行为会抵消政策的作用，因而使政策失效。第三，利益集团影响。在政府决策中，一些大利益集团往往会在政治舞台上出面与政府“叫板”，因而能够对政府产生更大的影响。政府的最终决策取决于各个利益集团的力量对比，成为各个利益集团之间妥协的产物。第四，官僚主义。官僚机构追求私利的行为一方面导致了过多的公共产品供给，另一方面导致公共产品供给的实际成本大大增加，结果是社会资源的大量浪费，经济效益低下，社会福利受损。

2. 政府失败的表现

（1）公共政策失效。准确的公共政策必须以充分可靠的信息为依据，要有明确的公共利益目标。事实上，在公共政策制定过程中，并不存在根据公共利益进行选择的过程，而只存在各种特殊利益之间的“缔约”过程，即使现实社会中存在着某种意义上的公共利益，现有的公共决策机制也会因其自身的内在缺陷而难以达到实现这种利益的目的；加之决策信息的不完全性，以及获取决策信息总是存在诸多困难而且需要成本，因而大部分公共决策是在信息不充分的基础上做出的，这就很容易导致决策失误。

（2）政府工作低效。即使政府把握了具体问题的特质并制定了有效的公共政策，但政策执行过程中仍有可能出现政府失败，同时，官僚机构内部缺少竞争压力，公务人员绩效考核缺少明确的激励机制，且在政策实施过程中监督不完善，这些都导致了政府工作的低效率。

（3）政府存在内部性与扩张。内部性的存在意味着对于“私人的”或组织的成本和利润的考虑，很可能支配了公共决策的制定，决定了公共官僚机构的运行及官员的行为。政府部门的扩张包括政府部门组成人员的增加和政府部门支出水平的增长。布坎南指出，政府官员也是个人利益最大化者，他们总是希望不断扩大机构规模，增加其层次，扩大其权力，以相应地提高其机构的级别和个人的待遇，同时也使他们能够去制定更多的规章制度，增加自己的俸禄和享受，结果导致社会资源浪费，经济效益降低，资源配置效率低下，社会福利减少。

（4）政府寻租与腐败。政府寻租活动导致政府失败，并导致资源配置扭曲。作为一种非生产性活动，政府寻租并不增加任何新产品或新财富，只不过改变了生产要素的产权关系，把更大部分的国民收入装进私人腰包。政府寻租也导致不同政府部门的官员争权夺利，影响政府声誉，增加廉政成本，导致社会资源浪费。

三、城市公共产品供给

城市的发展离不开满足社会发展需要的优质公共产品的供给。公共产品具有非竞争性和非排他性。除了政府之外，企业、社会组织也是重要的公共产品生产与供给主体。

（一）城市公共产品的概念

"公共产品"一词最早由林达尔提出。林达尔指出，假如两个非势均力敌的政党谈判一项政府支出，结果将是各种最优的和非最优的产出。这是因为每个政党都试图打破均衡以使结局更加有利于自己。但是，假如这两个政党拥有相同的谈判权力，产出将位于一个"标准位置"，在这个位置上，一个政党的最后一个单位货币花费的边际价值将与另一个政党最后一个单位货币花费的边际价值相等。换句话说，在民主进程中，类似这样的政党间的谈判，将导致最优结果。林达尔的最大贡献是提出了公共产品供给的"林达尔均衡"思想。他分析了两个消费者共同纳税分担一件公共产品的成本问题，指出每个人在总税额中应纳份额应与他从该公共产品消费中所享有的效用价值相等。这些税收份额即为他的税收价格，这个价格就是著名的"林达尔价格"，其形成的供求均衡被称为"林达尔均衡"。

真正将公共产品与私人物品两个概念明确区分的是萨缪尔森。萨缪尔森从消费视角出发，给公共产品下了一个被公认为最经典的定义："公共产品是这样一些产品，无论每个人是否愿意购买它们，它们带来的好处不可分割地散布到整个社会里。”① 它包含了界定公共产品的两个重要标准：①非竞争性，即某人在享有一种产品的利益时丝毫不会减少其他人对该产品所带来的利益的享有，也就是说公共产品的利益可以被他人反复享用，新增的消费者扩大消费不会导致成本的增加，即边际成本为零；②非排他性，即在公共产品消费领域，不可能将那些未付费的人排除在外，因而付费与不付费在享有公共产品效用上几乎是无差异的，“所有的使用者不论付费与否都可从中获益”②。实际上，按照萨缪尔森严格意义上的技术标准，现实生活中的此种“纯公共产品”是非常少的。在萨缪尔森的基础上，马斯格雷夫和奥斯特罗姆夫妇经过理论研究，弥补了萨缪尔森定义上的不足和局限，并最终完善了现代经济学意义上的公共产品定义与特征，即同时具有非排他性与非竞争性的物品称为公共产品。城市公共产品的显著特征在于：它具有受益的非排他性和消费的非竞争性。

所谓受益的非排他性，是指城市公共产品具有共同受益的特征。它一旦被提供出来，就不可能阻止不付费者的免费消费行为，生产者或者是在技术上无法排斥那些不付费而享用该产品的人，或者因为排斥的成本很高而使排他行为不经济。

所谓消费的非竞争性，是指城市公共产品被生产出来后，就具有共同消费的特征，每个人对公共产品的消费都不会影响其他人从对该产品的消费中获得的效用，即额外增加一个人消费该公共产品所增加的成本接近于零。

必须指出的是，仅仅从消费的视角理解公共产品是不够的，如休·史卓顿认为“公共”与“私人”的划分是基于不同的供给方式而与产品本身无关，他从供给的角度认为“所有那些其供给不是由个人的市场需求而是由集体的政治选择决定的物品，即把任何由政府决定免费或以低费用供给其使用者的产品和服务，看作公共产品”③。虽然休·史卓顿对公共产品的理解有一定的合理性，认为公共管理的主体，特别是政府——不管是洛克意义上的作为人民的财产的保卫者，还是卢梭意义上的作为“主权者的执行人”④——

① 陈瑞莲，等．区域公共管理理论与实践研究［M］．北京：中国社会科学出版社，2008：41.
② 休斯．公共管理导论［M］．北京：中国人民大学出版社，2007：92.
③ 李阳．公共产品概念和本质研究综述［J］．生产力研究，2010（4）：30.
④ 卢梭．社会契约论［M］．北京：商务印书馆，2003：72.

的存在是为了提供公共产品，即对公共产品的理解不能离开供给的要素，但这是有失偏颇的。一方面，随着经济的市场化以及公民社会的成熟，政府不再是唯一的公共产品供给主体，大量的市场主体及第三部门组织日益参与到公共产品的供给之中；另一方面，不管公共产品的供给主体是谁，都必须是对公民需求的回应，只是在条件允许的范围内，基于成本—收益分析以及合法性分析，要考虑不同公共产品的合适的供给模式，即对公共产品的供给模式的考量应是基于需求导向的。因此，本书采用消费视角下或者说是需求视角下的公共产品概念，即同时具有非排他性和非竞争性的产品称为公共产品。

（二）城市公共产品的类型

根据不同标准，公共产品的分类也有所不同。曼昆根据产品是否存在消费的非竞争性和消费的非排他性将其分为私人物品、自然垄断、共有物品和公共物品。其中，私人物品同时具有消费的竞争性和消费的排他性，自然垄断具有消费的非竞争性和消费的排他性，共有物品具有消费的竞争性和消费的非排他性，公共物品同时具有消费的非竞争性和消费的非排他性①。

英国学者布朗和杰克逊亦以是否存在消费的非竞争性和消费的非排他性为分类标准，将产品分为纯私人物品、混合物品和纯公共物品，并对每类产品应该选择的生产主体、分配方式和融资（筹资）渠道等做了阐释②。

综合借鉴国内外学者对城市公共产品分类的研究成果，根据城市公共产品的技术特征，我们认为，城市公共产品可以分为纯公共产品和准公共产品。准公共产品又称为混合产品。

1. 纯公共产品

纯公共产品是指那些为整个社会共同消费的产品。严格地讲，它是在消费过程中具有非竞争性和非排他性的产品，任何一个人对该产品的消费都不减少别人对它进行同样的消费。纯公共产品的特点包括：

（1）非竞争性。首先，边际成本为零。这里所述的边际成本是指增加一个消费者对供给者带来的成本支出。其次，边际拥挤成本为零。每个消费者的消费都不影响其他消费者的消费数量和质量。例如，国防、外交、立法、

① 曼昆．经济学原理：上册［M］．北京：北京大学出版社，1999：198.
② 布朗，杰克逊．公共部门经济学［M］．北京：中国人民大学出版社，2000：35.

司法和政府的公安、环保、工商行政管理以及从事行政管理的各部门所提供的公共产品都属于这一类，它们不会因该时期增加或减少了一些人口的享受而变化。它们在消费上没有竞争性，属于利益共享的产品。

（2）非排他性。非排他性是指某些产品投入消费领域，任何人都不能独占专用，而且不可能将其他人排斥在该产品的消费之外。例如，在环境保护中，清除了空气、噪声等污染，为人们带来了新鲜的空气和安静的环境，要排斥这一区域的某人享受新鲜的空气和安静的环境是不可能的，其从技术上讲具有非排他性。

2. 准公共产品（混合产品）

准公共产品（混合产品）是兼具公共产品和私人产品属性的产品。在公共产品和私人产品之间，还存在许多不具有纯粹的公共产品或私人产品的属性，但在一定程度上又或多或少地同时具有这两种产品性质的产品和服务，通常称之为混合产品或准公共产品。

从整体上讲，混合产品不能同时具有非竞争性和非排他性，否则其就成为纯公共产品。同样，混合产品也不能同时具有竞争性和排他性，否则其就成为私人产品。既然混合产品兼具公共产品和私人产品的属性，那么根据其所具有的两种产品属性的不同组合状况，可将其分为以下三类：

（1）具有非竞争性的同时也具有排他性。这类混合产品在具有公共产品非竞争属性的同时具有私人产品排他的属性。比如，公园就是这种类型的混合产品。在游客没有超过一定人数的条件下，游客的增多并不会影响原有游客的效用水平，即公园的消费具有非竞争性；但公园可设置围墙或栏杆将不买门票者拒之门外，即其消费也具有排他性。诸如教育、影院、高速公路等都属于这种类型的混合产品。

（2）具有非排他性的同时也具有竞争性。这类混合产品在具有公共产品非排他属性的同时，还具有私人产品的竞争属性。比如，公有的草场就是这种类型的混合产品。由于草场公有，所以大家都可以到草场放牧，即草场具有非排他的属性。但是如果超过草场的载畜量，草场的使用就具有了竞争性。诸如生活小区的健身设施、公有的森林、公海的渔业资源等都属于这种类型的混合产品。

（3）在一定条件下具有非竞争性和非排他性。在一定条件下具有非竞争性和非排他性是指，只要不超过一定的限度，该产品的消费是非竞争的和非排他的，但若超过一定的限度，则具有竞争性和排他性特征。例如，不收费的桥梁，只要不产生拥挤，则具有非竞争和非排他的属性，但如果产生了拥挤，就具有了竞争性，为了解决拥挤问题，政府就采用收费的办法，于是也就具有了排他性。显然，这类混合产品与前两类混合产品是不同的，前两类混合产品同时兼具公共产品和私人产品的属性；而后者则是在不同的时间或者说在不同的条件下，要么具有公共产品的属性，要么具有私人产品的属性，判断其到底是具有公共产品的属性，还是具有私人产品的属性，应具体问题具体分析。

（三）城市公共产品供给的制度安排

1. 公共产品的“生产”与“供应”

由于私人部门不愿意提供公共产品，公共部门（特别是政府部门）有责任提供公共产品。需要强调的是，政府需要“供应”公共产品，并不等于政府直接“生产”公共产品。1959 年，经济学家理查德 · A. 马斯格雷夫就对公共需求的“供应”和“生产”进行了基本区分。1961 年，文森特 · 奥斯特罗姆、查尔斯 · 蒂博特和罗伯特 · 沃伦进一步指出，公共产品和服务的“生产”和“供应”需要区分开来，前者既可以由私人部门承担，也可以由公共部门承担，在公共产品的生产方面，要允许在生产这些产品的机构之间开展最大限度的竞争。

20 世纪 70 年代以来，公共产品的“供应”与“生产”在概念上得到了清晰界定。“供应”涉及的是一系列的集体选择行为，包括：①需要提供什么样的产品和服务，以及哪些产品和服务应留给私人部门去解决；②应对什么样的私人活动进行规制，所应用的规制制度和类型是什么；③需要筹措的收入数量，如何筹措（是以各种税收形式，还是以用户按价付款的形式）；④需要提供的产品和服务的数量和质量标准；⑤如何安排产品和服务的生产，即如何将供应和生产连接起来[①]。而“生产”是指将资源投入转化为产出的技术性过程，即制造某种产品和提供某种服务。

在实践方面，自 20 世纪 70 年代末以来，英国、美国、新西兰等西方国

---

① 奥克森 . 治理地方公共经济［M］. 北京：北京大学出版社，2005：9.

家开始在公共部门引入竞争机制，努力打破政府（公营企业）垄断公共产品生产的格局。例如，英国在撒切尔夫人的领导下，开始对政府垄断的公共领域实施私有化和市场化改革，政府出售国有资产和开放垄断市场，有意识地引进市场机制，培育竞争性市场结构。随着公共部门的权力向民间转移，私人企业通过竞争招标承担公共事务，从而形成以民间资金为主、低成本高质量的公共产品生产安排。这一安排充分利用私人领域的专业性、创造性、技术能力和管理运营能力，由民间来进行公共产品的设计、资金投入、建设以及运营。公共部门负责制订政策计划，即制定标准、安排生产以及购买私人部门生产的公共产品，而不直接介入公共产品的生产过程。

长期以来，在我国城市管理实践中，人们不仅混淆了公共产品和私人产品的区别，也混淆了公共产品"供应"与"生产"的区别。政府被认为是公共产品的天然和唯一提供者。由政府出面动员集中各种资源，组织和生产某些特殊性的公共产品，常常被认为是一种具有优越性的制度安排。随着社会主义市场经济体制的发展，当前，中国公共管理有必要借鉴这一新的理论维度，区分公共产品的"供应"和"生产"，不断提高公共产品的供给效率。

2. 公共产品的多中心供给

（1）公共产品的政府供给。政府提供公共产品有两种基本类型，即政府直接生产和政府间接生产。

第一，政府直接生产。具有纯公共产品属性的物品和服务，可以由政府直接生产。由于国情不同，城市政府直接提供公共产品的范围也不相同。一般而言，北欧国家城市政府提供公共产品的范围大一些，而崇尚自由市场的美国，城市政府提供公共产品的范围则小一些。当前，我国城市政府直接提供的公共产品种类很多，但一些由政府直接生产的公共产品并不向全体市民开放，异化成了俱乐部产品。

第二，政府间接生产。20 世纪 70 年代以来，由于政府管理面临财政赤字和信任危机，在全球范围内掀起了一股强劲的新公共管理运动。其主要理念是，将市场机制引入公共管理，政府角色从"划桨者"向"掌舵者"转变。政府间接生产是指由政府制定政策和服务标准，鼓励私人企业生产公共产品，政府部门出资购买私人产品或服务为公共所用。实践表明，政府部门最好不要直接生产公共产品，而应鼓励私人部门参与公共产品的生产，即实行政府间接生产方式。

（2）公共产品的私人供给。在现实的公共经济活动中，私人部门已经成为公共产品的重要供给者。经济学家们对私人提供公共产品已经从理论和实践方面进行了相对成熟的探讨。私人部门参与公共产品供给的前提条件有三个：首先，公共产品在技术上要能够做到有效排他。其次，私人部门所提供的公共产品只能是准公共产品。对于纯公共产品，私人部门可以参与生产，但不能有效供给。最后，私人部门提供公共产品需要赋予一定的年限和一定程度的私有产权，并在法律上予以保护。

私人部门提供公共产品主要有三种形式：第一，私人部门独立提供。私人部门单独生产某种公共产品，通过向消费者收费来获取收益。第二，私人部门与政府联合提供。政府与私人部门签订合同，私人部门负责生产，政府负责采购并提供给公众。第三，私人部门与第三部门联合提供。例如，社区为私人部门提供场地，私人部门以较低的价格向社区成员提供某种社区公共产品。

（3）公共产品的第三部门供给。从20世纪70年代开始，政府失灵现象在西方福利国家及发展中国家中普遍出现。在发达国家，经济滞胀使得政府无力维持开支庞大的公共部门和福利事业，政府提供公共产品的效率迟缓，而且供给不足。在发展中国家，人均收入逐年下降，发展问题变得严峻，社会公众无法得到基本的公共产品。同时，政府自身昂贵的运行成本以及利益集团政治也在很大程度上影响着政府提供公共产品的效率和质量。政府失灵理论解释了第三部门供给作为市场和政府之外的公共产品供给形式存在的必要性①。

第三部门可以弥补某些领域中的市场失灵。营利性企业很可能利用自己的信息优势来以次充优，欺骗消费者，谋求自己的最大化利润。而相比之下，第三部门不以营利为目的的价值取向容易赢得公众信赖，这也是第三部门广泛存在的原因之一。因此，政府更倾向于通过向第三部门提供财政支持来提供公共服务，既增加了公共产品的供给和就业机会，也削减了政府开支，还节约了供给成本。在政府失灵和市场失灵的情况下，第三部门通过拾遗补阙，

---

① 谢蕾．西方非营利组织理论研究的新进展［J］．国家行政学院学报，2002（1）：89-92.

为需求多样化的人群提供了政府和市场所不能提供的公共产品。

3. 公共产品多中心供给的选择依据

在现实生活中，公共产品的供给主体已向多元化发展，私人部门和第三部门已经成为公共产品供给的重要主体。在这种情况下，如何判定一种公共产品由谁来提供或生产，就需要有相对明确的依据。现代经济学的研究归纳出以下几个判断依据：

（1）技术依据。公共产品的属性与技术特征相关，技术分析侧重于投入—产出之间的转换。如果产品的投入产出过程中成本难以测量，则无法通过市场配置。技术依据还与收费技术相关。如果很难判断消费者对一种产品的消费量，则无法向消费者收费，也就无法通过市场机制提供产品。技术是不断进步的。技术的变化不仅会导致公共产品属性的变化，也会导致公共产品配置方式的变化。

（2）需求依据。公民以及社会团体的需求是多种多样的，采用市场还是非市场的方式提供公共产品与需求相关。这主要包括：一是需求弹性，即需求对价格变化的弹性。如果需求缺乏弹性，价格调节不会影响消费，这时采用市场方式就不行了。二是准公共产品的特点。准公共产品的特点在于当消费者达到一定数量后会产生拥挤。如果产生拥挤就应该把该产品部分或完全交给社会，由俱乐部社区或私人进行生产。三是需求差异。公共产品的效率损失取决于“偏好参数的方差”，如果消费者对某种产品消费偏好差异比较大，则应寻求多样化的供给途径，而不是由公共部门生产。

（3）伦理依据。市场配置资源追求的是效率，但经济和社会发展的目标并不是唯一的，自由、公正、民主、法治都是人们追求的目标。其中，公正是人们经常提到的伦理判断标准。公共产品的重要特征在于非排他性和非竞争性，因此，提供公共产品可以看成解决公平分配问题的一种手段。是否为了解决公正问题成为界定公共产品和私人产品的重要伦理依据。

（4）交易费用依据。交易费用理论最早由科斯提出并用以解释企业组织与市场的边界。交易费用泛指经济制度的运行成本，已成为比较制度分析的基础性概念。不同的公共产品供给方式具有不同的交易费用。采用何种提供方式需要对交易费用进行评判。政府存在失灵的根本原因在于政府是以官僚制组织起来的，政府的生产具有垄断性，缺乏衡量绩效的“基准线”和生产的终止机制。是否由政府或者社会提供公共产品必须权衡诸种提供方式的交易费用。

4. 公共产品的供给制度

根据“生产”与“供应”的区分以及公共产品多中心供给的选择依据，结合萨瓦斯（Savas）的民营化研究成果，我们认为共有10种公共产品供给的制度安排，如表2-1所示。

表2-1 公共产品供给的制度安排

<table>
<tr><td colspan="2" rowspan="2"></td><td colspan="2">安排者</td></tr>
<tr><td>公共部门</td><td>私人部门</td></tr>
<tr><td rowspan="2">生产者</td><td>公共部门</td><td>政府服务
政府间协议</td><td>政府出售</td></tr>
<tr><td>私人部门</td><td>合同承包
特许经营
政府补助</td><td>凭单制
自由市场
志愿服务
自我服务</td></tr>
</table>

资料来源：SAVAS E S. Privatization and public partnership[M]. London：Chatham House Publishers，2000：66.

（1）政府服务。政府服务（government service），即政府同时扮演公共产品的生产者和安排者的双重角色。一些政府部门亲自指挥生产并提供公共产品和服务。当前，中国城市的中小学、警务、供水等公共产品，普遍由政府部门或国有企业亲自生产和提供，服务成本或者由政府负担，或者由消费者买单。由于政府职能转变尚未到位，我国一些城市政府除提供公共产品以外，还介入私人产品的供给，客观上不利于公平市场竞争环境的营造。

（2）政府间协议。政府间协议（intergovernmental agreements），即政府之间或者行政部门之间达成的协议，由某个政府或行政部门支付费用，委托或雇用另一个政府或行政部门提供某些服务。在美国，一些学区由于高中生数量较少，常常与邻近的学区达成协议，把本学区的学生送到邻近学区的高中接受教育，并向该学区支付费用。一些城市政府还通过政府间协议，购买其他城市政府提供的消防、医疗、卫生等服务项目。

（3）政府出售。政府出售（government vending），即政府将自身拥有的一些资源，通过市场途径出售给私人部门。例如，私人部门可以从政府手中购买土地使用权、水资源使用权、矿产开发权等，私人部门还可以租赁政府部门及其附属机构的建筑物、房产、土地资源等。在美国的城市管理实践中，私人部门付费向城市政府出租警员，为举办以盈利为目的的大型活动提供安全保护。

（4）合同承包。合同承包（contracts），即政府与私人部门、第三部门签署关于物品和服务的生产合同，将公共产品的生产任务外包出去。在这种制度安排下，私人部门是生产者；政府是公共产品供给的安排者，并向生产者付费。例如，政府采购计算机、汽车、制服、办公设备等，购买建筑服务、环卫服务、社区医疗等服务项目。大量实践表明，合同承包比政府组织“内部生产”更有效率。

（5）特许经营。特许经营（franchises），即政府将垄断特权给予某个私营企业，在特定领域里提供特定服务。特许经营通常由政府实施一定的价格管制。在城市公共产品供给中，实行特许经营的主要有电力、天然气、自来水、电信、公共汽车等。特许经营与合同承包的区别在于，前者是消费者向生产者付费，后者是政府向生产者付费。

（6）政府补助。政府补助（grants），即政府对一些收费性的准公共产品的消费提供补贴。这种补贴可以通过补助和凭单两种不同的方式实施。其中，补助是对生产者的补贴，凭单是对消费者的补贴。补助的具体形式既可以是资金、免税或税收优惠，也可以是低息贷款、贷款担保等，或在土地使用、审批环节等方面给予优惠政策。

（7）凭单制。凭单制（vouchers），即围绕特定公共产品，针对特定消费者群体的消费行为所实施的专门补贴。凭单制与政府补助的区别在于，政府补助的安排者是政府，具有家长作风；凭单制由消费者自主安排，在市场上自由选择享受补贴的公共产品。领取到凭单的个人，可以自行选择所有可购买的产品和服务。私人部门手持这些凭单，可以到政府那里兑换成相应数额的货币。

（8）自由市场。自由市场（free market），即在政府基本不介入的情况下，由消费者自行安排某种服务并选择生产者。尽管自由市场也需要政府制定安全规范和其他标准，但政府并不直接介入交易过程。自由市场也可适用于部分准公共产品的供给。此外，诸如供水、供暖、医疗、教育等城市公共服务，也可以通过自由市场进行安排。

(9) 志愿服务。志愿服务（voluntary service)，即由志愿人员和慈善组织提供的公共产品项目。志愿者组织的活动受到国家强制力和经济利益分配的约束。志愿者组织可以提供某些社会服务，如慈善机构为穷人提供医疗保健、教育和食品。在传统社会里，志愿者或非营利组织提供了大量的社会服务，尤其是从事公益事业，现代福利国家的出现曾一度降低它们的重要性，但是，在当代社会中，它们仍然被广泛地当作一种处理社会问题的重要手段。在我国，随着政府职能的转变，志愿者或非营利组织作为一种政府工具的地位和作用也将日益重要。

(10) 自我服务。自我服务（self service)，即个人或家庭以自我帮助、自给自足的方式提供公共产品。在任何社会中，家庭和个人都提供了无数的物品和服务，政府也往往有意识地扩展其在达成政府目标上的作用，尤其是在提倡“小政府，大社会”的当今现实状况中。作为一个服务单位，家庭是人们住房、健康、教育、福利和养老等方面最古老也最有效的服务部门，为其成员提供了广泛而又重要的服务。个人和家庭可以做好政府无法做或做不好的许多事情，可以减轻政府的负担。

以上 10 种公共产品供给的制度安排是单一供给形式。事实上，随着公民公共产品需求多样化的提升，公共产品供给正由单一供给向多中心供给转变，政府、私人部门、第三部门逐步建立了基于互惠的公私合作伙伴关系。诚如萨瓦斯所言，“（公共）服务提供或安排与（公共）服务生产之间的区别十分重要，它是整个民营化概念的核心，是政府角色界定的基础。所谓公共服务的民营化，其实就是表明，对于那些属于政府天职的公共服务，政府应该是个安排者，决定什么应该通过集体去做、为谁而做、做到什么程度和水平、怎样付费等问题。至于公共服务的生产和提供，完全可以通过合同承包、补助、凭单、特许经营等形式，由私人机构或社会机构来完成”[①]。

① SAVAS E S. Privatization and public partnership [M]. London: Chatham House Publishers, 2000: 65.

阅读材料

网格化探索的“北京经验”

贺　勇

北京是全国网格化服务管理的发源地。十余年来，走在前列的北京市网格化工作一直未停下探索的脚步。

从2004年在全国率先推出城市管理网格化模式，到率先向社会服务管理网格化和社会治安网格化扩展，再到率先推进城市管理网、社会服务管理网、社会治安网“三网”融合，北京始终在网格化体系建设上保持领先，初步形成了具有首都特点、中国特色的网格化服务管理体系，在推动首都社会治理体系和治理能力现代化建设中的作用日益重要，已逐渐成为各级党委政府开展工作离不开的“好抓手”，广大居民日常生活离不开的“好帮手”。

目前，北京市已经实现了区、街道（乡镇）、社区（村）三级网格化体系全面覆盖，全市由31 681个格子组成了一张“大网”，15.9万名网格员活跃在每个小格子里，随时随地为百姓解决问题，及时反映和协调解决群众各方面、各层次的利益诉求。仅2015年，全市网格化信息系统共立案410万件，处置案件337.2万件，结案率达到92%。

一、“三步走”推进北京网格化体系建设不断上台阶

城市管理网格化自2004年由北京率先推广以来，经过了十余年的发展历程，迈出了三大步，取得了巨大发展：

第一步，率先推出城市管理网格化。2004年，北京市东城区率先实行城市管理网格化，主要落实市政管理责任，将市政道路等公共区域划分成1 652个“万米网格”，切实维护市政设施安全。随之，东城网格化经验迅速在全市推广，被全国各地采用。直到今天，城市管理网格化依然在首都市政市容管理工作中发挥着重要作用。

第二步，社会治安网格借鉴运用。在筹备2008年北京奥运会的过程中，网格化理念又被运用到社会治安中，作为“平安奥运”工作的一个重要举措提了出来。网格化从市政发展到治安，从管“物”发展到管“人”。社会治安网格化，为维护首都安全稳定做出了突出贡献。

第三步，社会服务管理网格化加快推进。党的十七大和北京奥运会成功举办后，随着北京社会建设工作的全面展开，网格化被引入社会服务管理体系中。2015年，在全面深化改革的大背景下，北京市委市政府出台了网格化体系建设“1+3”文件，明确提出“三步走”目标：一是2015年年底基本实现区、街道（乡镇）、社区（村）网格化体系全覆盖；二是2016年年底基本实现城市管理网、社会治安网、社会服务管理网“三网融合”；三是2017年年底基本实现全市网格“一体化”科学运行。

梳理北京网格化体系建设十余年的发展脉络，可以看到，其实施领域由城管、治安，扩展到了整个社会服务与城市管理，由简单管“物”、管“人”，发展到了所有“人、地、事、物、组织”等的服务管理。

如果说，城管网格是专业性“小网格”、社会治安网格是行业性“中网格”的话，那么，社会服务管理网格化特别是正在建设的城市服务管理网格化体系，已经是综合性“大网格”，一张全面覆盖、无缝衔接的工作网格已经形成。

二、“三网融合”推进北京网格化体系建设互联互通

及时发现问题和快速反应是网格化的最大优势，而这必须以功能完善的信息平台作为支持。北京邮电大学副教授、网格化专家熊炎认为，网格化管理在我国推行已经超过十年之久，它弥补了现有体制的不足，成为提高基层服务管理能力的有效手段。然而，在网格化管理的推广过程中，虚化现象并不罕见，少数地方的网格化管理仅仅停留在墙上的网格图上，缺乏大量数据支撑的网格化难以起到及时发现问题和快速反应的作用。

目前，北京共有16个区、150个街道、2 976个社区，需要采集海量的数据传输到信息平台，这是一个复杂的过程，需要耗费大量的人力和物力。“每个网格员在工作过程中获取的信息都能精准地体现在后方的信息平台上，通过这个平台，我们才能掌握到最真实的数据，同时针对这些数据提供更精准的服务。”怀柔区泉河街道党工委副书记、街道网格化指挥分中心主任崔波说。

43岁的王国荣是顺义区的一名网格员，她负责的“网格”位于石园北区，从石园东路到五中路口，再从顺平路绕到顺通路，加上小区里面的条条小道，推着自行车走走停停，一圈巡视下来要一个多小时。早晚各一圈，每天就要走上四五十里地。像她一样，目前北京已有15.9万名网格员每天活跃

在自己的“辖区”里，收集着最鲜活的社情民意。“通过与区职能部门共享、与科室台账对接，借助网格员以及摄像头、民生热线等渠道，我们已经梳理出 2 000 多项上亿条数据，为服务管理提供数据支撑。”西城区德胜街道智能化办公室主任赵沛说。

除了信息采集不够，很多地方网格化管理面临的另一个问题是各部门信息平台处于“条块分割”状态，政府各部门往往严守本部门信息，从而形成一座座“信息孤岛”，这也阻碍了网格化管理中信息的流通，大大降低了管理效率。

在 2015 年基本实现全覆盖的基础上，从 2016 年开始，北京市又加快推进“三网”一口登入、信息共享。网格化信息系统逐步实现了与环保监管、安全生产、扬尘污染、城管、消防、公安、民防、特种设备监管、气象、公共服务单位等 50 多个部门信息系统的横向对接和互联互通，较好地解决了过去政府部门在服务管理资源上存在的“横向协同不足”的问题，提高了问题的处置效率。大数据的广泛应用，让社会服务管理从依靠“人海战术”走向依靠科技手段，从“突击式”走向常态化。

三、“网格化+北京城市服务管理”正带来革命性变化

随着党的十八届三中全会把推进国家治理体系和治理能力现代化作为中国深化改革的总目标，“治理”开始成为政府和社会广泛使用的热门词汇，有些地方也顺势将原有的“网格化管理”改称为“网格化治理”。

首都师范大学副教授、网格化专家张静波认为，实现从“网格化管理”到“网格化治理”，并非简单的名词转换或技术升级，需要实现从“管控”到“服务”的治理理念的转变，从“维护社会稳定”到“满足公众需求”的治理目标的转变，而这恰恰与北京市较早推进“三网”融合的思路不谋而合。

一张“网”，包罗社会万象、覆盖百姓民生；众多“格”，实现责任到人、消除死角盲区。由此，北京掀开加强和创新社会治理新篇章，步入网格化管理服务的新天地，让生活在这里的每位居民都成为网格里的幸福“网民”。

市委社会工委、市社会办网格工作协调处的同志介绍，我们在全市逐步推行了网格员“一日双巡”“预约服务”“错时服务”等网格化服务模式，使“上门服务”“零距离服务”“面对面服务”成为常态，为居民提供了面对面、点对点、个性化、精细化的优质服务，全面提高了广大人民群众生活的便捷度。

互联网的广泛应用，更让网格化管理服务快速升级。“我们推出了掌上团结湖的App，今后社区居民通过一部智能手机就能在线上畅通无阻地享受各种服务。”朝阳区团结湖街道副主任张立云介绍。而随着智慧居家养老平台的建成，老人动一动手指就可以上传健康数据，终端服务器进行保存并形成个性化健康档案，医生远程监测、分析、评估数据并做出健康辅导，使居民在家中就可以享受到智能化养老。

东城区东直门街道“微生活”服务馆、丰台区马家堡街道健康管理小屋、怀柔区“乐居怀柔”……全市涌现出了一批网格化智慧服务典型，把服务送到了千家万户。

以“互联网+城市服务管理”为核心的城市服务管理网格化，是继“一站式”服务办公之后，城市服务管理领域的又一次革命。也就是说，网格化，已不再是城市服务管理工作的辅助性工具和手段，而将成为城市服务管理的主要工作方式和载体。这将带来城市服务管理的一系列体制机制性、方式方法性重大变革。“我们应当适应这一系列重大变革，转变思想观念，改进工作方法，创新体制机制，加快推进网格化体系建设，加快推动城市服务管理创新，为建设国际一流和谐宜居之都做出新的更大贡献！”北京市委社会工委、市社会办主任宋贵伦表示。

资料来源：贺勇．网格化探索的“北京经验”［N］．人民日报，2016-05-16（14）．(有删改)

思考题

1. 简述市场失灵的含义和表现。
2. 简述政府失败的含义和表现。
3. 简述城市公共产品的含义和类型。
4. 简述公共产品多中心供给的依据。
5. 试述城市公共产品供给的具体制度安排。

拓展阅读篇目

[1] 斯密. 国民财富的性质和原因的研究 [M]. 北京：商务印书馆，2002.

[2] 汉迪. 超越确定性：组织变革的观念 [M]. 北京：华夏出版社，2000.

[3] 休斯. 公共管理导论 [M]. 北京：中国人民大学出版社，2007.

[4] 奥克森. 治理地方公共经济 [M]. 北京：北京大学出版社，2005.

[5] 郭小聪. 政府经济学 [M]. 北京：中国人民大学出版社，2003.

第三章

现代城市管理体制

一个国家的城市管理体制受其政治制度、文化传统、经济发展水平等因素的影响。因此，不同城市的管理体制具有明显的差异性。国外发达国家的工业化进程远远早于我国，并在城市管理体制领域进行了长期探索和实践，形成了多种多样较为完善的城市管理体制。而 1949 年以后的相当长一段时期，我国的城市政府是城市管理活动的唯一主体，城市管理在体制上主要表现为权力控制、行政命令以及管理的非人格化等特征。改革开放以后，随着我国经济与社会体制的不断转型，城市管理体制改革也稳步推进。

一、城市管理体制概述

城市管理与运行较为复杂与系统，城市管理体制是国家政体在城市的延伸。城市管理体制具有从属性、独立性、多样性的特征。

（一）城市管理体制的概念

城市管理体制的概念来源于行政管理体制，是国家政体在城市的延伸。体制是制度具体的、外在的表现形式和实施方式，是对有关制度主体行为进行规范的总和。制度是为了减少日常生活中人们行为不确定性而制定一系列规则，因此，制度既是正式的，又是非正式的。正式制度指人为设计的正式规则，非正式制度是指特定社会的习俗、文化、惯例等非正式规范。在本书中，制度是指政府部门制定的正式的规范、程序等具有强制性约束力的规则体系。当然，正式制定的规则要获得应有成效，必定要与非正式规则相适应，也就是说非正式规则对正式制度的实施有着重要的影响。“在任何一个社会环境下，强制推行一种制度的代价都十分高昂；如果一个社会被迫依赖强制力来推行制度，它必将很快面临财政与道德的风险。”①

由于城市管理与运行较为复杂与系统，学界对城市管理体制的理解还未达成共识。就一般意义而言，城市管理体制就是城市政府的组织形式，它反映的是城市政府的组织结构、职能划分、内部权责关系，是规范城市的权力机构、行政机构、司法机构、政党等内部关系的各种制度的总称，是城市政府的组织结构、职能结构、管理方式和运行机制的总和。城市管理体制是整个国家的政治体制和行政体制的重要组成部分，在一定程度上反映了国家政权组织形式的基本特征②。

在国内城市管理学界，对城市管理体制较有影响的概念界定来自张永桃教授。张永桃教授认为，城市管理体制是城市政权的组织形式，是规范城市内代议机构、行政机构和司法机构之间，城市的政党组织与国家机构之间，以及城市的国家机构上下级之间关系的各种法律、规章和条例的总称③。

理解城市管理体制的首要前提是理解城市公共权力的概念。权力是社会存在和发展的必要管理要素，体现了领导与被领导之间的职位和支配力的差异。权力的实质是一种控制力和支配力。公共权力是一种普遍的社会现象。“公共权力就是社会公共领域中由公众所赋予和认同，并能够给公众带来保护和幸福的集体性权力。”④ “它的生成来自公共利益的要求，这是因为公共利益的存在及维护总是以利益差别和资源稀缺为背景和前提的，需要强制性的限制和约束，公共权力正是适应了这一要求而产生和存在的。”⑤ 作为与社会相对应的一个概念，公共权力的特征主要有：第一，公共权力来源于社会，是从属于人民和社会的。“首要的权力不管来自何处，只能归于人民”⑥。一切权利属于人民，人民在自愿的基础上，基于共同的目的如自我保存，将一部分权利让渡出来，形成了公共权力。而这种让渡是“一种结合的形式”，这

① 罗西瑙．没有政府的治理［M］．南昌：江西人民出版社，2006：201.

② 杨宏山．市政管理学［M］．北京：中国人民大学出版社，2009：6.

③ 张永桃．市政学［M］．北京：高等教育出版社，2006：96.

④ 王照东．政治文明视野中的权力问题研究［M］．北京：中国社会科学出版社，2006：108.

⑤ 臧乃康，宋超，季燕霞．功能拓展与范式创新：政府治理研究［M］．北京：新华出版社，2006：20.

⑥ 汉密尔顿，杰伊，麦迪逊，等．联邦党人文集［G］．北京：商务印书馆，2009：240.

种结合能“以全部共同的力量来卫护和保障每个结合者的人身和财富”①，使不同的利益得以“调和”。第二，公共权力的应然主体是全体人民。也就是说，公共权力天然的所有者是人民，这是从公共权力的应然层面上来讲的。但在实然层面上，公共权力往往是交由政府来行使的。人民通过委托—代理，赋予政府行使公共权力的资格，以期政府能够在“利益差别和资源稀缺”的背景下履行使命。第三，公共权力具有强制性。公共权力承担着社会共同体内不同利益整合的重任，而要实现这种利益的整合，公共权力必须要对共同体内的每个个体具有普遍的约束力，任何一个损害公共利益的个体都要受到惩罚，任何一个个体都要受公共权力的指导（公共权力代表着公共利益），对于异议者，要迫使其服从。第四，公共权力的目的是保护和增进公共利益。公共权力的产生乃是基于人民权利的让渡，而人民之所以让渡部分权利，乃是为了解决共同体的普遍性问题，即“利益差别和资源稀缺”问题。公共权力正是通过解决公共问题调整公共利益，来证明其存在的必要性的。第五，公共权力本质上是公共利益的集中体现。一切权力的出发点和归宿都可归结为利益。一方面，公共利益既是公共权力存在的前提条件，也是公共权力的归宿所在；另一方面，公共利益本身既为公共权力的范围提供了界限，又明确了公共权力的作用领域。第六，公共权力具有抽象性。与其说公共权力是一种强制性的权力，倒不如说公共权力为其“受托人”职责的履行提供了评判的标准。这种评判标准可以是社会共同体的“善”，也可以是稳定的社会秩序，抑或是公共利益。不管具体的标准是什么，它针对的是抽象的整体或者“人民”，而不是具体的个人。

一般而言，城市中各种利益的平衡与社会关系的调节、正常的经济秩序的维护、公共安全和社会稳定的维系、公共服务和公共产品的供给等，构成了城市自身的公共事务，有赖于城市公共权力的有效运转。城市公共权力的有效运转也是城市管理体制所面临的最为紧迫的问题，这涉及城市的立法机构、行政机构、司法机构和政党组织、社会团体等诸多部门。

不同的城市管理体制下，城市权力的配置方式亦有所不同。西方国家的城市管理体制主要解决城市议会、市政府、市场和司法机关四方面的权力分

---

① 卢梭．社会契约论［M］．北京：商务印书馆，2009：19.

配问题，在不同的城市管理体制下，四方面的权限各有差异，它们彼此之间也通过一定的法律法规建立了相互协调和相互监督的管理机制。在我国，城市管理体制主要涉及城市执政党委员会、市人民代表大会、市政府三方面的权力配置问题。因此，我国城市管理体制所要规范的关系表现为：中国共产党的市委与市政府之间的关系（通常称之为党政关系）、市政府与中央政府之间的关系（通常称之为中央和地方的关系）、城市政府内部各部门之间的关系（如街区关系等）。这些关系是否得到明确的规范，直接影响到城市政府的效能。

（二）城市管理体制的特征①

1. 从属性

城市是整个国家的有机组成部分，它的法律地位由国家有关法律法规确定，城市管理活动必须在国家法律法规的框架内实施，城市的有关法规、法令也必须符合有关规定。因此，从属性是城市管理体制的一个重要特征。

几乎所有国家的宪法都有专门的条文对国家内部整体与部分、中央与地方的权限关系予以明确规定，我国亦是如此。《中华人民共和国宪法》（简称《宪法》）明确规定，中华人民共和国的一切权力属于人民，人民行使国家权力的机关是全国人民代表大会和地方各级人民代表大会。地方各级人民政府都是国务院统一领导下的国家行政机关，都服从国务院领导。地方各级人民政府是地方各级国家权力机关的执行机关，是地方各级国家行政机关，负责组织和管理本地区的行政事务。各级人民代表大会是各级国家权力机关，按照民主集中制的原则，由选民或下一级人民代表大会定期选举产生，其他国家机构由各级人民代表大会产生。

2. 独立性

城市既是一级地方政府，又是一个自治团体。城市政府的职权、职责与内部的权力配置既具有一般地方政府所具有的共性，也具有自身的特性。因此，良好的城市管理体制应针对这种特殊性在体制上予以规范和界定。西方国家城市管理体制中出现的议会市长制、市长议会制和议会经理制等不同样

① 孙荣，徐红，邹珊珊．城市治理：中国的理解与实践［M］．上海：复旦大学出版社，2007：33-35.

式的管理体制都是针对城市这些特性确立起来的，城市管理体制的多样性是城市政府管理独立性的集中反映。此外，针对城市在各方面所面临的特殊问题，西方不少城市都建立起相对独立和完整的特殊法律体系，如城市组织法、城市规划法、城市环境保护法、城市政府机关工作法规等，这些也是城市管理体制独立性的重要表现。

3. 多样性

不同特性的城市和处于不同历史时期的城市，以及不同政治制度和国家政治经济发展策略的调整变化，都会要求设立与之相适应的城市管理体制。由于政治和历史的缘故，世界各国的城市管理体制在形式上和内容上都存在较大区别。这种差异与区别不仅存在于不同政治制度的国家之间，也存在于同一政治制度的国家之间。例如，美国的城市管理体制更倾向于分权，英国的城市管理体制带有明显的城市自治色彩，法国的城市管理体制则有着更多的集权特点。在不同的历史时期，各国的城市管理体制也在不断地发展和变化。例如，美国的城市管理体制就有市长议会制、议会经理制、市委员会制等多种形式，一些城市在不同的历史时期也采用不同的城市管理体制。

二、中国城市管理体制

随着中国经济社会的不断发展，中国的城市管理体制亦日益完善。中国的城市管理行政等级制与中国的政治体制相适应，具有鲜明的中国特色。

（一）中国城市管理体制的历史沿革

中华人民共和国成立之初，全国共设 131 个建制市，其中 12 个直辖市。除直辖市外，其他市均由省、自治区或行署区领导。1949 年 12 月颁布的《市各界人民代表会议组织通则》和 1950 年 1 月颁布的《市人民政府组织通则》规定：城市行使权力的机关是人民代表大会或市各界人民代表会议和市人民政府；市人民代表会议闭会期间，市人民政府即为行使政权的机关。市各界人民代表会议代表不完全由选民选举，其权力来自人民政府的授权，主要起咨询、监理作用。城市人民政府实行委员会制，市长为委员会主席。

1954 年的《中华人民共和国宪法》和《中华人民共和国地方各级人民代表大会和地方各级人民政府组织法》等，对各级地方政权机构的建设做了法律规定。市和市辖区人民代表大会是市和市辖区的国家权力机关，市人民政府既是市人民代表大会的执行机关，又是市国家行政机关，市人民委员会对本级人民代表大会和上一级国家行政机关负责并报告工作；城市行政、审判、检察机关都由人民代表大会产生，对它负责，受它监督。这就从法律上确定了议行合一的市政机构设置原则。市辖区和不设区的市的人民政府在必要的时候，经上一级人民委员会批准，可以设立若干街道办事处，作为它的派出机关。1954 年 12 月，我国颁布了《城市街道办事处组织条例》和《城市居民委员会组织条例》。此后一段时间内，城市管理体制处于相对稳定阶段。

20 世纪 50 年代初，为了保证城市蔬菜副食品供应，少数大城市开始实行市领导县体制，如旅大市于 1950 年管辖了旅顺市（县级）、金县和长山县，本溪县于 1952 年由辽东省划归本溪市管辖。1958 年 1 月，上海市实行市领导县体制，领导了 11 个县。随后，北京也管辖 4 个县，1960 年增至 9 个县。1959 年 9 月，第二届全国人民代表大会常务委员会第九次会议决定，直辖市和较大的市可以领导县和自治县。从此，市领导县体制在全国大规模推行。1960 年，河北省撤销全部专区，在全省范围内实行市领导县体制。当时，全国市领导县数达 243 个，占全国县总数的 1/8①。

1958—1961 年，我国经济发生严重困难。1961 年，中央决定调整市镇建制，缩小城市郊区，市领导县体制停止推行。当年，河北省恢复了全部专区，不再实行市领导县体制。1962 年，中央调整了市镇建制标准，撤销二类 10 万人以下的市建制。至 1965 年年底，城市的总数由 1961 年的 108 个减少到 68 个，4 年间共减少 40 个，直辖市仍保持 2 个，地级市由 80 个减为 76 个，县级市由 126 个减为 90 个。到 1966 年年底，全国只有 25 个市继续实行市领导县体制，总共领导 72 个县②。

1966 年“文化大革命”爆发后，各级国家机关受到严重冲击，我国城市管理体制遭到空前破坏。市人大和区人大名存实亡，市政府和市辖区政府被革命委员会取代。革命委员会由无产阶级革命派代表、领导干部代表和军队代表“三结合”组成。原来的许多市级机关和市辖区机关被撤销，各项日常

① 杨宏山．市政管理学［M］．北京：中国人民大学出版社，2009：111.

② 杨宏山．市政管理学［M］．北京：中国人民大学出版社，2009：111.

工作处于停顿和半停顿状态。

党的十一届三中全会以后，中国进入了改革开放新时期，城市管理体制逐步得到健全和发展。1979 年 9 月，全国人民代表大会常务委员会（简称“全国人大常委会”）决定，将地方各级革命委员会改为地方各级人民政府。同年，市委和市政府机构开始分署办公。1982 年 12 月，全国人大通过了新宪法和新的《中华人民共和国地方各级人民代表大会和地方各级人民政府组织法》（简称《地方组织法》），规定市和区设立人民代表大会和人民政府。市和区人民代表大会是地方国家权力机关，市和区人民政府是地方国家行政机关。市和区人民政府实行首长负责制。直辖市和设区的市的人民政府每届任期五年，不设区的市和市辖区人民政府每届任期三年。《地方组织法》还规定，直辖市人大根据本行政区域的具体情况和实际需要，在与国家宪法、法律、政策、法令、政令不抵触的前提下，可以制定和颁布地方性法规，并报全国人大常委会和国务院备案。市辖区、不设区的市的人民政府，经上一级人民政府批准，可以设立若干街道办事处，作为它的派出机关。

1982 年，中共中央、国务院决定在经济发达地区改革地区行政公署体制，实行地市合并、市领导县体制。当年年末，江苏、辽宁两省率先试点。1983 年，全国已有 126 个市领导 524 个县，辽宁、江苏两省全部取消地区，实行了市领导县体制。进入 20 世纪 90 年代，全国除海南省和台湾地区外，其他各省和自治区都在实施市领导县体制。

1986 年 12 月，全国人大常委会修改《地方组织法》，对地方各级人大和人民政府的组织、职权等做出更明确的规定。该法赋予省、自治区人民政府所在地的市和国务院批准的较大的市的人民代表大会及其常务委员会拥有制定地方性法规的权力，可以根据本市的具体情况和实际需要，在不与宪法、法律、行政法规和本省、自治区的地方性法规相冲突的前提下，制定地方性法规，报省、自治区的人民代表大会常务委员会批准后实行，并报全国人大常委会和国务院备案。直辖市以及省、自治区的人民政府所在地的市和国务院批准的较大的市的人民政府，可以根据法律和国务院的行政法规制定规章。1995 年 2 月，全国人大常委会再次对《地方组织法》进行修改，将不设区的市和市辖区的人民代表大会和人民政府的每届任期由三年改为五年。

2015 年 12 月，《中共中央国务院关于深入推进城市执法体制改革　改进城市管理工作的指导意见》印发①。该意见旨在理顺城市管理执法体制，解决城市管理面临的突出矛盾和问题，消除城市管理工作中的短板，进一步提高城市管理和公共服务水平。该意见共 8 条、36 款，明确了深入推进执法体制改革和改进城市管理工作的指导思想、基本原则和总体目标，并从理顺管理体制、强化队伍建设、提高执法水平、完善城市管理、创新治理方式、完善保障机制等方面，系统提出了改革的主要任务和具体措施，部署了组织保障和落实机制。根据部署，到 2017 年年底，实现市、县政府城市管理领域的机构综合设置。到 2020 年，城市管理法律法规和标准体系基本完善，执法体制基本理顺，机构和队伍建设明显加强，保障机制初步完善，服务便民高效，现代城市治理体系初步形成，城市管理效能大幅提高，人民群众满意度显著提升。

（二）中国城市管理体制的行政等级制度

根据宪法、法律和有关规定，我国城市的行政等级有四个层次。

1. 直辖市

直辖市是直接隶属于中央政府的地方行政建制。直辖市在城市行政区中的地位最高、规模最大。从理论上讲，直辖市的行政级别上与省和自治区平级，但在实际政治中，直辖市的政治地位要高于省和自治区，在国家政治生活中居于十分重要的地位。目前，我国共有 4 个直辖市，即北京、上海、天津、重庆。直辖市政府下辖的区政府、县政府的行政级别，比一般的区政府、县政府要高出一级，与地级市政府级别相同。

2. 副省级市

副省级市在隶属关系上仍由所在的省政府领导，但在制定和执行国民经济和社会发展规划方面，享有相当于省级的权限。目前，我国共有 15 个副省级市，即广州、武汉、哈尔滨、沈阳、成都、南京、西安、长春、济南、杭州、大连、青岛、深圳、厦门、宁波。其中，国务院对大连、青岛、深圳、厦门、宁波这 5 个副省级市实行计划单列，这 5 个城市也称为“计划单列市”。副省级市的市直工作部门为副厅级，内设机构为处级；市辖区及其工作

① 中共中央国务院．关于深入推进城市执法体制改革　改进城市管理工作的指导意见［EB/OL］.（2015-12-24）［2015-12-31］. http：//politics. people. com. cn/n1/2015/1231/c1001-27997277. html.

部门的级别比照市直机关相应的级别确定；市辖县和代管的县级市的级别仍为处级。

3. 地级市

地级市是指行政级别介于省与县之间，行政地位与地区行署相当的地方行政建制。地级市在法律上属于省（自治区）辖市的范畴。经国务院批准的较大的地级市，有权制定地方性法规和规章，在管理上享有较大的自主权。

4. 县级市

在我国城市管理体制中，县级市属于基础城市，它在行政级别上相当于县。县级市接受地级市的领导，不再下设区，下辖有若干乡镇。伴随着改革开放和经济发展步伐的加快，我国的县级市迅猛发展。近年来，一些大中城市的经济实力不断提高，城市规模不断扩大，其周边的一些县级市开始陆续地被并入市区，成为市辖区的建制。

2014 年 11 月 21 日，国务院发布《关于调整城市规模划分标准的通知》，明确新的城市规模划分标准以城区常住人口为统计口径，将城市划分为五类七档：城区常住人口在 50 万人以下的城市为小城市，其中 20 万人以上 50 万人以下的城市为Ⅰ型小城市，20 万人以下的城市为Ⅱ型小城市；城区常住人口在 50 万人以上 100 万人以下的城市为中等城市；城区常住人口在 100 万人以上 500 万人以下的城市为大城市，其中 300 万人以上 500 万人以下的城市为Ⅰ型大城市，100 万人以上 300 万人以下的城市为Ⅱ型大城市；城区常住人口在 500 人万以上 1 000 万人以下的城市为特大城市；城区常住人口在 1 000 万人以上的城市为超大城市。截至 2014 年年末，六座超大城市为北京、上海、天津、重庆、广州、深圳。

（三）中国城市管理体制的特征

1. 中共市委的领导核心地位

习近平在党的十九大报告中指出，“党政军民学，东西南北中，党是领导一切的”①。中共市委虽然不是城市国家机构的组成部分，但在城市治理中处于领导核心地位，其领导作用表现在：第一，市委依法确定城市国家机构之

① 习近平．决胜全面建成小康社会　夺取新时代中国特色社会主义伟大胜利——在中国共产党第十九次全国代表大会上的报告［EB/OL］．［2017-10-27］．http：//www.china.com.cn/19da/2017-10/27/content_41805113.htm.

间的职权划分；第二，市常务委员会讨论决定城市国家机构工作中的重大问题；第三，市委向市人大及其常委会推荐市政府、法院和检察院的领导干部候选人；第四，市委通过设在市人大常委会、市政府、市法院和市检察院的中共党组织，领导城市国家机构的日常工作；第五，市长兼任市委副书记，从组织上保证直接贯彻市委的决定；第六，市委的若干工作委员会分别对口领导政府相关部门的工作，如政法委员会领导和协调法院、检察院、公安局、安全局和司法局的工作。

2. 城市政府组织设置的同一性

我国城市管理体制是人民代表大会的政体在城市的延伸。市人大及其常委会是城市的权力机关，市政府、法院和检察院由市人大及其常委会产生，对市人大及其常委会负责并报告工作。市人大及其常委会监督“一府两院”，市辖区的基层政权按照人民代表大会制度设置。从城市的纵向政权系统看，市级政权机关全面领导区、县政权机关的工作。其中，中共市委全面领导区委和县委的工作；市人大指导区、县人大的工作；市政府领导区、县政府的工作；市法院监督区、县法院的工作；市检察院领导区、县检察院的工作。

3. 城市政府法律地位的非自治性

根据《宪法》和《地方组织法》的规定，我国地方各级政府都是国务院统一领导下的国家行政机关，都服从国务院的统一领导。建制市不是独立自治的政治实体，而是享有一定自主权的地方行政单位。在西方国家，市是设置在城市化地区的地方行政建制，一般不辖有大片农村地区。目前，我国实行市领导县体制，城市行政区域包括大片农村地区，城市人口中农业人口比重较高，有些城市农村人口比重更是高达80%。

4. 城市管理职能的全能性

城市政府职能是指城市政府根据国家赋予的权力，为实现国家意志、维护城市安全和社会稳定、推动城市各项事业发展而承担的责任和发挥的功能。我国城市政府的职能范围较为广泛，既要管理城区经济发展和社会事业，还要管理农林牧副渔等。这种全能主义的管理模式使得政府对微观经济干预过多，从而导致政府职能的越位与错位。市场经济呼唤有限政府。随着市场经济的深入发展，城市政府应从具体的经济建设和社会事务中解脱出来，集中精力做好公共产品供给。

（四）中国城市管理体制的纵向结构——以市管县体制为例

市管县体制又称“市领导县体制”，是指以经济比较发达的中心城市作为一级政权来管辖周边的一部分县、县级市的体制。这种体制的形成是中国城乡经济一体化和政府管理一体化两个过程同步进行的重要结果，是中国由一个典型的农业国逐步转向一个工业国的重要标志。

1949年年底，我国就有无锡（领导原无锡县）、徐州（领导原铜山县）、兰州（领导皋兰县）实行市管县体制。此后，北京、天津、旅大（今大连）、本溪、杭州、重庆、贵阳、昆明等市曾实行过市领导县体制。当时实行市领导县体制的出发点主要是为了保证大城市的蔬菜、副食品供应。领导县的市仅限于部分直辖市、省会城市和个别大城市。除旅大市领导过两个县外，一般一个市只领导一个县。从1958年开始，实行市领导县体制的范围迅速扩大，至1958年年底，已有29个市领导118个县、2个自治县，代管2个县级市，几乎所有的直辖市、省会城市、大城市都实行了市管县体制。1959年9月，全国人大常委会通过了《关于直辖市和较大的市可以领导县、自治县的决定》，以法律的形式肯定了市领导县体制，并指出实行市管县体制是为了适应我国社会主义建设事业的迅速发展，密切城市和农村的结合，促进工农业的相互支援，便于劳动力的调配。到1960年年底，全国共有48个市领导234个县、自治县，代管6个县级市。60年代初经济困难时期，市领导县体制进入低潮。1965年年底仅剩25个市领导78个县、1个自治县。70年代后，市领导县体制又逐渐复苏。至1981年年底，共有57个市领导147个县、自治县。

1982年，中共中央51号文件向全国发出了改革地区体制、实行市管县体制的指示。当年先在江苏试点，1983年开始在全国试行。到1994年年底，除海南省外，内地各省、自治区、直辖市都试行了市管县体制，共有196个市领导741个县、31个自治县和9个旗、2个特区，代管240个县级市。

这次改革有以下特点：第一，改革的目的是将大中城市周围的农村地区划归城市统一领导，以充分发挥中心城市的辐射作用，加快城乡一体化建设，逐步形成以大、中城市为依托的经济区，并使经济区与行政区的范围基本一致。第二，市制改革与地区体制改革相结合。我国国土面积辽阔，省级行政区数量明显偏少且管辖幅度偏大，我国在省以下划分地区，每个地区下设若干个县级行政区，设置地区行政公署，作为省政府的派出机构，代表省政府管理该地区的社会公共事务。在实际运作过程中，地区行政公署实质上发挥了一级政府机构的作用。但由于地区一级不是正式的行政区划，地区领导机构不是一级政权机构，没有地区人民代表大会建制，不利于地方公共事务管理和地方民主政治的发展。在不增加省级行政区数量的情况下，由地级市领导地区行政公署的辖县，就成为解决上述问题的一条较为可行的途径。第三，改革的方式以“地市合并”或“撤地建市”为主。“地市合并”是将原来的地区与原有的地级市合并，由新组建的地级市政府领导市区和原来地区行政公署的辖县。“撤地建市”是指撤销地区行政公署，将某一县级市升格为地级市，由新组建的地级市政府领导市区和原地区行政公署的辖县。

市管县体制在实施过程中也出现了以下一些问题：

一是“小马拉大车”。除少数大城市外，实行市管县体制的地级市往往不具备中心城市的实力和功能，对周边地区的辐射与带动能力不足，不能真正发挥组织和推动区域经济一体化发展的作用。人们把这种现象称为“小马拉大车”。

二是市管县政区范围的划分不尽合理。市管县的范围，有些是原有地区行署的辖县，有些则是地级市政府和省政府讨价还价的结果，没有充分考虑到中心城市的辐射范围及市县经济联系的密切程度。结果，有些实力较强的中心城市管辖的县偏少或不辖县，而不具备中心城市实力的地级市则管辖较多的县；经济上很少联系的市县被纳入一个行政区，经济关系密切的市县则被从行政上分隔开来，经济区与行政区的范围不一致，不利于区域经济的发展。

三是某些地级市的市区范围偏小或市县同城（地级市与其辖县同处于一个城市连续建成区中）。这既限制了中心城市的发展空间，又容易导致重复建设和引发市县矛盾。

四是市管县体制改革不同步，政府职能没有根本转变。市县关系没有理顺，有些地级市政府仍然用计划经济体制下传统的行政管理方式管辖下属各县，影响县域经济的正常发展。

在借鉴国外地方治理经验的基础上，我国改革市领导县体制的基本思路是，逐步把地级市的行政和经济管理权进行上收下放，逐渐实现城乡分治、市县分治，即地级市政府只管城市和郊区，县改由省政府直接领导。在这一体制安排下，市和县在法律上处于平等地位，不存在领导与被领导的关系。一方面，对中心城市有解脱的作用，中心城市政府不再需要把大量精力用在农村区域管理上；另一方面，对县域经济和社会发展有松绑的作用，县级政府将拥有更大的自主权。

市场经济体制下的城乡分治，不同于计划经济体制下的城乡分治。计划经济体制下的城乡分治不允许人口和职业自由流动，实行严格的身份制度和户籍管制。而在市场经济体制下，在拆除户籍管制及相关福利壁垒之后，城乡人口可以自由流动，人们有权自由选择职业和居住地域。

地方政府的使命在于执行地方公共意志，行使地方公共权力，制定地方公共政策，管理地方公共事务，提供地方公共产品，满足本地居民的公共需求。实行市县分治以后，市政府专门负责城区和近郊的治理；县政府直接掌握县域公共事务管理权，专门负责农村区域的治理，把握着地方经济和社会发展自主权。两者居于平等的行政地位，既有利于城乡发挥各自的优势，也有利于区域治理的和谐发展。

当然，随着市域经济的集聚发展和城市规模的不断扩大，一些大都市也可以兼并周围的县，将其变为“市”管理的“区”。同时，有些县随着经济的发展和城镇化水平的提高也可以“撤县设市”；一些经济和人口规模较大的建制镇，随着基础设施和城市功能的不断完善，也可以升格为“县级市”。

与此同时，还需要相应改革一些单项管理体制，如司法体制、金融体制等。就司法体制而言，在撤销地级管理层后，为解决两级终审制的问题，可以在省高级法院、省检察院之下设立派出机构，负责几个县（市）的案件复审复查工作。另外，域外一些国家的巡回法庭制也有可取之处。

改革市领导县体制面临的更重要问题是，如何安排和消化地级市党政机构中的大量干部。可行的思路是，现行“市”的行政级别可以暂时保持不变，原地级市可继续保留行政级别，虽然在法律上与县平行，但在职能、职权、机构、编制、干部待遇等方面应与县有所不同，这样可以避免因体制改革引起个人利益的重大变化，有利于体制改革过程中的稳定，更有利于促进中心城市的发展。

改革市领导县体制，需要对现行行政区划进行重大调整，涉及政治、经济、行政管理等多个方面，应坚持全面规划、积极稳妥、逐步推进的工作原则。鉴于市领导县体制改革涉及面广，可以先行试点，根据试点发现的问题完善方案，取得一定经验以后再全面推广。

三、外国城市管理体制

西方国家的城市管理体制处于不断演变之中。与中国不同，西方国家的城市管理体制具有多种类型，且呈现出不同的特点。

（一）外国城市管理体制的演进历程

第二次世界大战以来，随着世界经济的发展，西方发达国家的现代城市发展步伐加快。现代化的浪潮不仅极大地更新了发达国家城市管理体制，也剧烈地改变着发展中国家的城市面貌，使城市管理体制的推广空间得到最大限度的延伸。

在西方发达国家中，随着第三次工业革命的迅速普及，第三产业迅猛发展，各国的产业结构和职业结构深刻调整。由于城市密度不断加大，城市与城市之间已不再呈现为典型的乡村田野形态，而是由现代化的高速公路或铁路、新兴的工业或科研点、安静舒适的公寓和别墅群以及现代化的娱乐服务设施交叉连接而成的“过渡地带”；由城市和这些“过渡地带”共同构成了广大的城市区域，形成了“城市带”，如美国的纽约—东北新泽西、洛杉矶—长滩、芝加哥—西北印第安纳，日本的东京—横滨、大阪—神户，德国的莱茵河—鲁尔等。

与城市带的发展密切相连的一个现象是，大城市市区的居民纷纷外迁，使旧城衰落。由于人口过分集中，城市超负荷运转，地价上涨、交通堵塞、环境污染、犯罪、失业等问题接踵而至。为了避开这些问题的干扰，以中产阶级为主的一批城市居民将居所迁到市郊，寻求安静舒适的生活环境。这是在生活和居住方式上体现出来的由集中到分散的趋势。

由于第三产业的发展，城市的人口流动量和流动速度、物资和信息的流通、消费量、消费速度是以往时代的城市所远远不能比拟的。与此相适应，西方国家的城市管理体制在 20 世纪 70 年代以后发生了重要转型，从以往强调城市自治是城市管理的核心转到以多中心治理为城市管理的核心，城市政府的组织结构和管理职能也发生了重大变化。

在20世纪早期，城市自治是西方国家城市管理体制的核心特征。所谓城市自治，是指中央政府或上级政府依法将涉及城市利益的治理权力，交给经市民选举产生的城市自治机关，由该自治机关对本市自治范围内的公共事务进行自主管理的城市管理制度。在城市自治制度下，自治机关并不拥有主权地位，其行使权力需要国家授权或依据国家法令，且必须接受中央政府和上级政府的监督。

20世纪末，都市化的迅速发展使城市人口猛增，不少发达国家的城市人口已占到总人口的3/4以上，超大型城市的不断兴起使传统上适应于中小城市管理模式的城市自治体制出现了一些问题，由城市政府单独行使管理权的传统体制遭到了更多的质疑。因此，欧美国家的“新公共管理浪潮”使城市管理体制的面貌发生了巨大变化，以多中心治理为主题的城市管理体制被越来越多的国家所采纳。

关于城市治理的概念见仁见智。一般认为，城市治理反映了政府并不完全垄断一切合法的权力，政府以外的市民社会还有一些其他机构和组织同时参与经济和社会的调节，管理城市公共事务。政府不再垄断指挥和仲裁，而是由政府、市民社会等共同管理。协调和对话机制，使各个利益集团得以密切协作，采取联合行动，共同推进社会进步的持续过程。

20世纪末，改善城市管理体制成为一项引起国际社会关注的全球运动。2000年5月，联合国人类住区中心在肯尼亚首都内罗毕发表《健全的城市管理：规范框架》宣言草案，旨在发起一个“健全的城市管理全球运动”，借以在日趋城市化的世界中实现建设可持续的人类住区目标。该运动的目的是通过改进城市管理而使“包容性城市”付诸现实。“包容性城市”是指城市中的每个人不论财富、性别、年龄、种族或宗教信仰，均得以参与城市所能提供的生产。因此，包容性既是一个目标，也是一个过程。参与式的决策过程就是实现包容性城市的重要手段。该运动的具体目标是：第一，提高地方政府和城市利益相关者进行健全的城市管理的能力；第二，在全世界提高认识和提倡健全的城市管理。宣言草案提出了健全的城市管理的标准：可持续性、权力下放、公平性、效率、透明度和责任分明、公民参与和公民作用、安全保障。宣言草案进一步提出，称得上“健全的”城市管理，必须能够确保每个人都平等分享到城市生活的利益①。

当代各国城市管理体制改革的基本趋势是走向现代城市管理。现代城市管理与传统城市管理最大的区别在于，在传统城市管理中，城市政府是唯一的管理主体，而现代城市管理是城市中包括政府在内的各类组织和全体社会成员都发挥管理主体作用的管理活动。但不可否认的是，政府依然在现代城市管理活动中扮演着非常重要的角色。

(二) 外国城市政府的地位和城市管理体制的主要类型

1. 外国城市政府的地位

城市政府的地位受国家结构形式的制约。一般而言，国家结构形式有单一制和联邦制之分。不同国家结构形式下的城市政府亦有所不同。

单一制国家是由若干行政区域组成的主权国家，全国所有地方政府都必须接受中央政府的统一领导。在单一制下，地方与中央的关系是命令与服从的关系。包括城市政府在内的所有地方政府，都必须执行中央政府的政策，接受中央政府统一领导。当然，不同的单一制国家，由于历史文化传统不同，城市政府的行政地位也不同。

法国是高度中央集权的单一制国家。法国全国分为 26 个大区、100 个省、约 3.6 万个市镇。市镇是地方政府的基本构成单位，它的数量极多，面积和人口相差悬殊，人口少的不足一二百人，多的则有数十万人，超过 100 万人的市镇有 3 个，即巴黎、马赛和里昂②。市镇由选举产生的市议会进行管理。然而，市议会的自由度是有限的，因为中央政府和省长有权监督市议会的活动。英国也是单一制国家，但与法国不同，英国的地方政府有着悠久的自治传统。英国议会于 1835 年通过了《市自治团体法》。该法明确规定了市政府自治权的范围及其与中央政府的关系。通过法律形式赋予城市政府以自由主权，有利于规范政府间关系，保障各级政府依法自主治理。

联邦制国家是由若干政治实体（州或共和国）经过联合而形成的统一的主权国家。联邦制国家的各成员政府具有相对独立的立法、行政和司法机关，实行法定分权。从法律上而言，联邦政府无权直接干预各成员政府所管辖的

① 钱振明．城市管理：从传统到现代的转化［J］．中国行政管理，2005（3）：37-40.

② 徐红．比较政治制度［M］．上海：同济大学出版社，2004：198-199.

地方政府，其中包括大大小小的城市政府。由于设立市政府是各成员政府的专有权力，不同成员政府的制度选择取向不同，因此，联邦制国家的城市政府管理体制具有多样性的特征。

美国是典型的联邦制国家。在美国，地方政府由各州设立，联邦政府无权管辖和干预。在州之下设立有县、市、镇，以及特区、学区，政府的总数有87 000多个。美国的任何地方政府都不能相互管辖。美国人认为："凡是能够收税的都是政府。"这样，在一个地区里就有很多政府机构，一个政府机构也可以管辖很多行政区域，如纽约行政管理局可以管 2 个州、7 个县，它是一个跨行政地域的政府机构，而在纽约大都市中，约有 1 500 个政府单位。因此，美国素有"地方政府的试验室"之称①。许多州政府通过立法或颁发特许状的方式，授予城市政府高度的自治权。美国城市自治体的建立需要社区居民提出申请并经过地方全体居民公决，要获得多数居民的同意，由州政府通过立法颁发特许状。

2. 外国城市管理体制的主要类型

（1）市议会制。市议会制（council form）由市议会兼行议决权和行政权，实行立法和行政相结合的体制，市议会就是市政府。英国各城市普遍实行这种体制，加拿大多数城市也采用市议会制。

在英国，市议会制的基本特征有：

第一，由城市市民直接选举市议员组成市议会，市议会议员可以由预选会提名，也可以由本人申请。不论是有党派还是无党派的选举，都由公民投票选举产生。议员的任期一般为 4 年，除了若干小城市以外，议员都给予薪金。市议会每年选举一名议长（即市长）主持工作，执行行政性和礼仪性工作。

第二，市议会任命各种委员会作为自己的执行机构，负责某一方面事务的具体管理。委员会既拥有审议议决权，又行使行政决策权。议会的委员会分为得设委员会和应设委员会。属于市议会行使的主要权力包括立法权、议决权、人事任免权、政府预算权、监督行政权等。

第三，市议会的委员会主要由市议员组成，他们难以有精力处理城市管

① 徐红．比较政治制度［M］．上海：同济大学出版社，2004：196.

理的日常事务，因此需要任命若干行政长官和行政职员，与议会委员会共同行使行政执行权。行政长官对市议会负责，与议会委员会分工协作，单个市议员无权对行政长官和行政职员发号施令。

（2）议会市长制。议会市长制（council-mayor form），通常被称为“弱市长制”，其议决机构和行政机构分设，市议会在与市长的关系上处于优势地位。市长通常只有一些礼仪性的职权，包括主持议会会议、出席重要庆典活动、会见重要宾客、授予荣誉称号等。日本各城市都实行这种城市管理体制。美国部分小城市和少数大城市（芝加哥、洛杉矶等）采用此制，德国黑森州的部分城市也采用此制。

“弱市长制”的基本特点有：

第一，市议员和市长分别由市民选举产生，市长不得兼任市议员。市长除了作为礼节上的行政首长外，并无其他实权。有些国家的市长拥有任命各行政部门首长及监督行政部门工作的有限权力，但此项任命权受到议会的部分限制。

第二，市议会的组织通常较为庞大，经由各委员会处理相关工作。市议会除了行使立法权以外，对行政部门还拥有监督权。一般情况下，市议会拥有对市长任免市政府工作部门首长的同意权，拥有不顾市长反对而通过预算、地方性法规和决议的权力。

第三，所有属于市政府工作部门序列的行政机关，对市长和市议会实行双重负责制。例如，教育委员会、人事委员会、公安委员会等部门的行政首长由市长提名，经市议会表决同意后，再由市长任免。行政机关有责任向市议会报告工作。

（3）市长议会制。市长议会制（mayor-council form），一般被称为“强市长制”，其议决机构和行政机构分设，市长在与市议会的关系上处于优势地位。法国所有的城市都实行市长议会制，市长在每次市议会选举后由议员选举产生，市长不仅是议会的议长，也是中央政府在地方的代理人和代表。市长虽然由议会选出，但市长一旦任职，议会便无权罢免，只有中央政府有权撤销市长的职务。虽然美国和德国的许多城市也都实行市长议会制，但市长的权力都不及法国市长的权力大，法国市长具有相当高的权威和权力。在美国，如纽约等许多大城市实行市长议会制。

市长议会制的主要特点有：

第一，市长和市议员分别由市民选举产生，市长和市政府工作部门的首长不得兼任市议员。市长是城市的行政首脑，负责有效执行法律以及规章制度。市长的任期通常为两年或四年；市长必须为本地居民。市议会有权制定规章制度和当地法律，制定具体的发展规划，对市政府的各类活动进行拨款。市长拥有一定的立法权，市长有权向市议会提出立法草案。市长可召集议会特别会议，并指定会议目的。

第二，市长可以任命各机构首长，如检察官、征税员等以及几个委员会的委员，他们只对市长负责。有很多城市规定市长任命的人员必须获得市议会的同意。但这种制度常常会使市长与市议会之间推诿责任，并可能出现因这两个部门的政治交易而造成任命不当的情形。

第三，城市的财政预算权主要掌握在市长手中。市长和市政府的财政部门具有预算的起草权和执行权。市长监督行政各部门的预算编制，提出修改意见，并提交议会。议会对于市长提出的预算，可以加以审议，但市议会审议和通过预算时不能增加项目，只能减少项目或数额。一般而言，市长在管理城市财政中被允许的自由裁量权依据拨款法案列举的程序及控制支出与分配款项的法定权力而定。

（4）议会经理制。议会经理制（council-manager form）起源于美国弗吉尼亚州的斯丹顿市。1908 年该市议会制定了一项法案，决定设立“总经理”一名，全面负责城市管理工作。1914 年俄亥俄州的代顿市为处理特大洪灾，也采用了议会经理制。议会经理制是 20 世纪美国发展最快的城市管理体制。目前，美国人口在 1 万~50 万人的城市中，一半实行这种城市管理体制①。该体制在组织结构上与私人公司相似，由市议会聘任一位市经理，把行政权授予市经理行使，市经理负责草拟城市预算及监督各行政部门的工作，对城市公共事务进行专业化管理。

议会经理制的主要特点有：

第一，由市民选举市议员组成市议会，负责制定城市法令、拟定政策并

① 罗森布鲁姆，克拉夫丘克．公共行政学：管理、政治和法律的途径［M］．北京：中国人民大学出版社，2002：123.

控制城市财政，行使立法权、议决权与监督权。市议会的人数很少，一般为5~12人。市议会不直接从事行政管理工作。

第二，市经理是专任的、不具有政治性且受过训练的城市管理专家。市经理对市议会负责，必须执行市议会通过的地方性法规和决议。作为市政府的行政首长，市经理拥有领导市政府工作所必需的全权，主要包括：有权任免市政府各部门的负责人，各部门的负责人只对市经理负责；统一指挥和协调市政府各部门的工作；编制预算草案并负责执行；向市议会提交地方性法规和决议的议案等。

第三，有些实行议会经理制的城市还同时设有市长职务。市长由市议会选举产生或由议长亲自兼任，也可以由选民选举产生，不过市长只是一个荣誉性职务，既没有实际指挥权，也无权干预市经理的工作。

（5）市委员会制。市委员会制（commission form）类似于市议会制，即由市委员会兼行城市管理的议决权和执行权。市委员会制与市议会制的区别在于，市委员会的成员并不都由市民选举产生，也可能由上级政府任命产生。美国城市政府委员会体制的采用，以1901年得克萨斯州的加尔维斯顿市为开端。目前，美国有3%的小城市采用这种体制，人口在25万~50万人的城市只有3个采用此制，人口在50万人以上的城市都没有采用这种形式①。

在委员会的城市管理体制下，没有权力或职能的分立。除教育委员会、图书馆委员会、计划委员会等特例外，所有的城市立法与行政权都是由一个3人或5人或7人组成的小委员会掌握，这些委员会以全市为选区选出。委员们集体履行市议会的职责，定期举行会议，通过决议，制定城市的政策和规章，征税和拨款。执行市长或议长职务的委员，在委员会开会时担任主席，但除了行使一个委员应有的权力外，很少有其他权力。每一个委员通常担任一个行政部门的首长。因此，委员会成员具有双重的资格：在集体方面，他们构成城市的立法团体；在个人方面，他们是行政部门的首长。②

市委员会制的主要特点有：

第一，由市民选举或州政府任命产生市委员，组成市委员会。委员会集

① 杨宏山．市政管理学［M］．北京：中国人民大学出版社，2009：86.

② 吴开松．比较城市管理［M］．北京：科学出版社，2004：52-53.

体对选民负责。委员会既制定政策，又执行政策，实行集体领导和分工负责制。每个委员通常会分别兼任一个或几个行政部门的行政首长，就本部门的工作对市委员会负责，并对本部门工作享有独立指挥权。市委员会表决任免若干个较重要的行政长官，如市秘书、市司库、市审计、市检察官等，他们对市委员会负责。市委员有权任免自己任首长的工作部门的行政长官和职员。

第二，市长既可以由选民直接选举产生，也可以从委员会成员中推选产生。市长是委员会主席和市政府的代表，他主持委员会会议，并在一些重要场合代表市政府。但市长在立法和管理方面并不比其他委员享有更大的权力。有些城市的委员会实行轮流主持会议和轮流担任市长的制度。

（三）外国城市管理体制的特征

1. 城市管理法制化

法制化是一个社会文明进步水平的重要标志，也是当前西方国家在城市管理体制方面的一大特色。在发达国家，城市政府始终坚持依法治市，通过严格、严密的法律法规实现对城市的有效管理。城市的众多社会事务以及人们的行为规范都有法律进行严格规定，法律规章制度具有较强的可操作性。例如，新加坡城市管理的最大特点就是法制化，并且强调执法力度。公民一旦违反了城市管理方面的有关规定，必将受到严惩。在新加坡，政府对城市中建筑物、园林绿化、广告牌等方方面面的管理都有法律保障，做到“无事不立法”，使城市执法人员的每项工作都有法可依。同时，它也建立了一套严格的罚款制度，采用高额罚款，使其不敢再犯。此外，培养公民的法制意识也是发达国家城市管理体制的重要特点。一方面，政府行政人员的法制意识很强，价值观一致，因此降低了内耗，提高了效率；另一方面，普通公众在日常生活中都会自觉遵守法律法规，从而在一定程度上降低了城市管理成本。

2. 城市管理市场化

20 世纪 80 年代以来，随着全球化、信息化的深入与知识经济的到来，西方各国政府相继掀起了行政改革浪潮，“新公共管理”应运而生，出现了诸如“企业型政府”“以市场为导向的公共行政”等。新公共管理强调在公共产品供给中引入市场竞争机制，允许私人企业或社会团体参与服务竞争。也就是说，新公共管理主张公共领域的市场化，把更多的传统上由政府管理或提供的公共产品推向市场，让企业和非营利组织来经营。在新公共管理理念的影响下，城市政府的角色由“划桨者”向“掌舵者”转变，政府不再是公共产品唯一的供给主体，社会在城市管理中发挥了越来越重要的作用。特别是在城市基础设施建设领域，市场化管理已经成为当前西方国家的普遍做法。例如，英国政府从 1984 年开始就相继对电信、煤气、自来水、铁路运输等主要基础设施产业进行市场化探索与实践。在美国纽约，市政府不直接运营公交、供水、道路、电力、垃圾处理等大型基础设施，而是吸纳企业参与管理，采用市场化模式经营。

从国外城市基础设施融资、建设、管理市场化的经验来看，私营部门参与城市基础设施服务的方式主要有两种：一是所有权（股权）参与，即通过将现有企业股份化的形式，将部分或全部资产的所有权移交给私营部门，或者私营部门通过特许经营、投资的方式参与新建项目；二是管理权参与，即通过签订各类承包合同，包括经营业绩协议、管理合同、服务承包合同、租赁合同等，形成公共部门和私营部门共同承担某项服务的责任。必须指出的是，国外公共领域的市场化改革并不意味着政府责任的减少，相反，政府在城市管理中的监管职能在不断加强。例如，英国对英格兰和威尔士的所有供水和污水处理机构实行私有化后，除了设有中央级的环境、交通和地区事务部之外，还专门成立了环保局、水务办公室及饮水稽查处这三家独立的监管机构，以加强政府监管。

3. 城市管理多元化

西方城市管理体制在实践过程中呈现出多元化的特点，强调城市管理的公众参与，或者说是一种城市治理体制。在城市规划领域，西方国家非常重视公众广泛、积极的参与。以费城为例，其 1943 年成立了市民议会，负责审查、协商有关费城的每一项重要规划提案，这个议会的工作主要按以下三个层次来进行：第一，在邻里这一级设立邻里改良协会；第二，在较大地域组织内，市民议会则采取“全镇会议”的方法来召集众多机构的代表参与规划；第三，涉及全市范围内的，则采用顾问小组的形式让公众参与，即请一些市民代表同有关机构一起来编制规划。此外，费城还设立了“规划代表会议制”，来自全国各个市民机构及商会的代表们每月召开一次会议，就某一规划问题，如费城的市政系统、新区划法规、快速干道的选线及进城安排以及各区的停车设施等进行讨论，以便更深刻地认识该问题，从而找出更恰当、更符合民众利益的解决方法。

英国在其城市更新过程中同样非常重视公众的意见，市民可以通过协商努力维护邻里和原有的生活方式，并利用法律同政府和房地产商进行谈判。1978 年英国政府推行了内城伙伴关系计划，该计划试图促进中央政府各相关部门之间以及中央与地方政府之间的公—公伙伴关系以及政府部门和商业组织之间的合作。纵观 20 世纪六七十年代的英国城市更新政策可知，这一时期政府就已经开始逐步允许和鼓励民间社会在城市发展中的参与，且在一定程度上存在着公私合作①。

阅读材料

城市文化旅游融合发展开启新局面

张 力

近年来，随着人们对精神文化生活品质需求的不断提升，文化旅游呈现蓬勃发展的态势。据联合国世界旅游组织统计数据显示，全世界旅游活动中约有 37%涉及文化因素，文化旅游者以每年 15%的幅度增长。文化旅游融合发展已成为全球旅游业发展的必然趋势，以学习与体验为主的“文化深度游”逐渐取代“走马观花游”而更为人们所青睐，集聚了自然与人文双重资源的城市文化旅游迎来了新的发展机遇。

2017 年，联合国世界旅游组织在全球范围内挑选出 15 个旅游最佳实践样本城市，我国北京、杭州、天津凭借文化旅游融合发展为城市社会生活带来的深远影响入选其中。对于一座城市而言，发展文化旅游能够促进城市经济发展、文化振兴和国际化发展进程。纵观国外许多享誉全球的世界一线城市，不乏从推动城市文化旅游融合发展上获益的例子，城市文化旅游融合发展已经成为一种城市发展策略。

一、贯彻城市文化旅游融合发展理念

当前我国城市文化旅游融合发展拉开了大幕，正是顺应了社会经济发展

① 张更立．走向三方合作的伙伴关系：西方城市政策的演变及其对中国的启示［J］．城市发展研究，2004（4）：26-32.

中文化和旅游互为依托、彼此成就的内在发展规律。现代人重视旅游中的文化体验，旅游的过程通常也是文化消费、文化传播的过程，在一座城市中人们所见所闻所体验到的东西都与这座城市的文化氛围和文化品质相关，这些细节感知组成了人们对于这座城市的文化印象。毋庸置疑，城市文化是城市旅游的资源支撑，城市旅游又是城市文化传播的途径，二者之间存在着不可分割的天然联系，彼此难分你我。2018 年联合国世界旅游组织发布的最新报告《旅游与文化协同作用》，强调了旅游与文化之间相互依存的共生关系。文化旅游融合发展对文化遗产保护、城市社会经济增长、文化理解力增强、文明交流互鉴具有积极推动作用。

过去的城市旅游更多被看作是纯粹的商业行为或娱乐活动，其中也有打文化牌的旅游项目，但是文化意蕴匮乏，文化与旅游两者是被割裂的。如今我们所提倡的城市文化旅游融合的理念，其核心就是城市、文化和旅游三者是不能被割裂而存在和发展的，要依循它们之间相互交织、相互渗入、互为支撑、协同并进的内在联系，找准城市文化旅游融合发展的增长点，为城市发展不断注入活力和创造力，促进城市、文化与旅游和合共生。

二、加强城市文化建设与公共文化服务

城市文化旅游融合发展的根基在于城市自身文化建设与发展。人们喜欢和向往一座城市，大多数情况下是因为这座城市给人们留下的美好印象和散发的精神气质。一座城市只有植根于文化，并将这种文化脉络体现在城市的道路、建筑、公共空间以及市民行为中，才能真正呈现出一座城市的文化内涵，从而成为人们关注、喜欢和憧憬的城市，因此要重视城市自身的文化建设，提升城市文化内涵与品质，使城市形成浓厚的文化氛围。这就需要做好城市文化建设工作，包括加强公共文化设施建设、提高公共文化服务水平、提升市民人文素质等，这些都是一座城市具有文化魅力、吸引外来游客的重要因素。

享誉全球的旅游目的地城市英国伦敦通过加强城市文化建设、实施惠及民众的公共文化政策，鼓励市民更多参与城市的文化生活，提高市民文化艺术修养。据统计，每年有 50% 左右的伦敦市民会参加各种文化艺术活动，伦敦图书馆每年接待 5 000 万人以上的读者，参观博物馆和美术馆的人数平均每年有 3 000 万人左右，整座城市从内到外散发着迷人的文化气息，在国际大都

市中标志鲜明，长时间以来深受外国游客青睐。

二、整合优势资源，打造城市文化旅游品牌

城市文化旅游品牌既是市场运作的结果，也是城市文化内涵的真实呈现，它是城市文化特色风貌的反映。打造知名文化旅游品牌有助于开拓文化旅游市场，提升文化旅游产品竞争力，推动城市文化旅游融合发展走向深入。

美国加州迪士尼乐园是文化创意产业与旅游业融合发展的成功范本，数据显示，2017 年加州迪士尼乐园的游客量为 1 830 万人次，在全球主题乐园中排名第二。它主要通过创意设计将文化与旅游完美结合，利用先进的科技手段把出奇制胜的创意设想转化为文化旅游产品、文化旅游项目，放大创意 IP 价值①，开发融合业态的多元化内容产品，形成一条成熟的文化旅游产业链，将迪士尼创意文化、主题乐园游与所在城市阿纳海姆紧密联系起来，打造出驰名世界的创意型文化旅游品牌。

打造成功的文化旅游品牌，首先，要植根于城市自然人文历史，梳理整合优质特色资源，通过开发文化旅游产品和文化旅游项目把自然景观与人文历史由点到线再到面进行打造，逐步扩大城市文化旅游品牌的知名度和吸引力；其次，要推动文化创意产业与旅游业之间的融合，重视开发旅游产品的文化价值，提升旅游产品的文化内涵与品质，将文化资源进行创意转化和提升，开发打造具有 IP 价值的文化旅游品牌；再次，要了解游客文化需求，在此基础上研发多元化文化旅游产品，对接市场不同层次的需求，逐渐形成完善成熟的文化旅游产业链条，构建起品牌的市场体系；最后，城市文化旅游资源的开发与文化旅游产品的生产，要凸显城市文化特色，将城市最具特色的文化资源转化为文化旅游产品，创新发展具有优质内涵的新型文化旅游产业，避免文化旅游产品的同质化生产。

四、构建多元投资主体，突破城市文化旅游业瓶颈

政府在推动文化旅游融合发展过程中具有重要的引导与推动作用，但是文化旅游融合发展不能完全依赖于政府，要充分发挥社会资本与市场资源的配置作用。

---

① IP，是 Intellectual Property 的缩写，可译为“知识产权”，特指具有长期生命力和商业价值的跨媒介内容运营。一个具有可开发价值的真正的 IP，至少包含 4 个层级，我们称之为 IP 引擎，它们分别是价值观、普世元素、故事和呈现形式。

从目前来看，资金不到位是限制文化旅游融合发展的一个重要原因，除了政府的财政投入外，还要借助社会资本的投入和参与，构建多元投资主体，协调各方力量，引导和鼓励多种形式的社会资本进入文化旅游产业，共同推进文化旅游融合发展。此外，还要解决文化旅游产业融资难的问题，可以通过政策引导、构建文化旅游产业融资平台等措施解决这一难题。

伦敦在推行“创意伦敦”的过程中也曾遇到类似瓶颈，解决之道是协调从国家到伦敦市各个涉及文化发展的部门与机构，形成通力协作、相互配合的合力机制，一同将伦敦打造成为“一个富含卓越性与创意的世界级文化旅游中心城市”。政府的财政投入可以解决一部分资金来源问题，除此之外，还通过私营企业和基金会募集资金，并发行文化特种彩票筹集资金。伦敦借助社会力量、社会资本的举措有力地促进了伦敦文化旅游的长足发展和伦敦城市文化的国际传播。

城市文化旅游融合发展的空间很大、前景广阔，深入推进城市文化旅游融合发展不但能推动城市经济发展、文化繁荣、对外交流，还能促进城市环境再造，实现城市生态环境和人文环境双提升，在优化城市产业结构、完善城市功能、打造城市形象方面发挥提升和促进作用。据世界旅游组织预测，中国在2020年将成为世界最大的旅游目的地国，而文化旅游业也将发展成为我国支柱性产业之一。城市集聚了丰富的自然人文资源，其文化旅游市场潜力巨大，尤其对于文化底蕴深厚的城市而言，深入推动城市文化旅游融合发展，同时对接城市的国际化发展，将城市文化底蕴开发转化为高质量的文化旅游产品、文化旅游项目，不但能使外国游客更好地了解中国文化、体验中国文化、亲近中国文化，而且可以带动整个城市的全面发展，对于增强城市软实力和国际竞争力都具有重大意义。

资料来源：张力．城市文化旅游融合发展开启新局面［N］．中国文化报，2019-04-20（07）．（有删改）

思考题

1. 简述城市管理体制的概念。

2. 简述城市管理体制的特征。

3. 简述中国城市管理体制的特征。

4. 简述外国城市管理体制的主要类型。

5. 简述我国市管县体制的特点以及实施过程中产生的问题。

拓展阅读篇目

[1] 罗西瑙．没有政府的治理［M］．南昌：江西人民出版社，2006.

[2] 罗森布鲁姆，克拉夫丘克．公共行政学：管理、政治和法律的途径［M］．北京：中国人民大学出版社，2002.

[3] 张永桃．市政学［M］．北京：高等教育出版社，2006.

[4] 陈振明．公共管理学［M］．北京：中国人民大学出版社，2005.

[5] 臧乃康，宋超，季燕霞．功能拓展与范式创新：政府治理研究［M］．北京：新华出版社，2006.

第四章
现代城市管理模式

与传统的城市管理不同，现代城市管理是建立在新的治理模式基础上的。在城市转型发展过程中，城市管理相应进行新的制度构建，亦呈现出各具特色的城市管理模式。

一、城市管理模式概述

城市管理模式是对特定城市管理形态的概括。因政治、经济、社会、文化等方面的差异，城市管理模式具有不同的类型。治理理论是城市管理模式的理论基础。

（一）城市管理模式的概念

许多学者将“模式”的概念引入城市管理领域，提出了自己关于城市管理模式的见解。有观点认为，城市管理模式是城市政府进行城市管理的行政组织体系及其运行机制①。有观点认为，城市管理模式可以视为城市政府在经验基础上形成的关于城市管理的理论图式和思维方式②。还有学者将城市管理模式定义为“对不同类型城市在各具特色的管理体制、管理机制的组合基础上，实现城市高效有序运行目标的形象概括，是城市发展历程和管理经验的总结，有着共性和个性的统一”③。

事实上，城市管理模式是对不同类型城市在各具特色的管理体制、管理机制组合的基础上，实现城市高效有序运行目标的特定方式的形象概括。城

---

① 林崇建，陈蔡志．宁波城市管理体制的重构［J］．宁波经济，2001（4）：15-17.

② 尤建新，陈强．以公众满意为导向的城市管理模式研究［J］．公共管理学报，2004（5）：51-57.

③ 叶南客．城市管理模式比较论［J］．学海，2000（11）：73-79.

市管理模式要解决谁来管、管什么、怎么管的问题，它是管理主体、管理内容、管理机制的有机组合。城市管理模式是城市发展历程和管理经验的总结，是个性与共性的统一。就个性而言，城市管理模式取决于城市的文化、历史和区位、行政隶属等因素，因而每座城市都会形成别具一格的管理风格；就共性而言，现代城市不论其管理要素如何调整和优化，其管理过程都要具有科学性和民主性，目的都是提高城市居民生活质量，促进城市现代化发展。

（二）城市管理模式的类型

中外学者对城市管理模式类型的解读见仁见智。美国经济学家爱丽丝·瑞林恩在20世纪70年代初概括了改善城市管理的三种模式：分权式、授权式、市场式。英国学者弗莱归纳了四种新公共管理模式：效率驱动模式、小型化与分权模式、追求卓越模式以及公共服务取向模式。盖伊·彼得斯提出了有别于传统治理模式的四种新模式：市场式、参与式、弹性化以及解制型①。我国学者踪家峰等人从城市管理的内涵出发，结合城市管理的实践，将城市管理模式分为四类：企业化城市治理模式、国际化城市治理模式、顾客导向型城市治理模式、城市经营模式②。

一般而言，城市管理模式有以下六种典型类型③：

1. 企业化模式

企业化模式强调要将市场和竞争机制引入公共部门，以企业精神重塑政府。一方面，通过内部竞争、人造市场等方式创造公共部门的激励约束机制，从而改进公共产品供给。另一方面，借鉴企业管理方法来管理城市，如目标管理、全面质量管理、人力资源管理、会计核算、客户关系管理、品牌管理等。

2. 服务型模式

服务型模式的重要特征是建立顾客导向型的政府，将政府服务对象视为顾客，推行顾客关系管理，争取政府顾客的最大满意度。因此，要对传统的城市政府理念、职能和作用进行充分反思，大规模精简政府机构，大量减少

① 王枫云．城市管理学新编［M］．北京：高等教育出版社，2010：43.

② 踪家峰，王志峰，郭鸿懋，等．论城市治理模式［J］．上海：社会科学院学术季刊，2002（2）：115-123.

③ 冯云廷．城市管理学［M］．北京：清华大学出版社，2014：80-81.

甚至废除红头文件，实行一站式服务，创造新的适应时代要求的游戏规则，建立政府运行新模式。

3. 共同参与模式

共同参与模式的实质是政府与其他组织和市民共同参与城市管理，它突破了城市管理只是以政府为主体的管理模式的局限。城市的兴衰与城市“利益相关者”紧密联系。因此，好的城市治理，不仅要求政府具有高效率，也要求非政府部门全面提高服务水平，以及市民广泛参与。共同参与的方式有很多，如将某些公共服务承包给营利性组织、建立内部市场和其他相似的竞争机制、与非营利性组织进行合作等。

4. 社团模式

社团模式强调利益集团作为城市治理参与者的重要性。该模式的主要目标体现在分配环节中，即确保以集团成员的利益为出发点来提供城市服务和制定政策。因此，要使所有主要的行为人及利益相关者参与城市的决策过程。社团模式削弱了财政平衡，因为利益集团强调各种公共开支，却几乎没有采取有力的手段去增加公共税收。社团主义也不断地在利益集团与其他社会群体之间制造不平等。

5. 支持增长模式

支持增长模式的主要参与者是商界精英和地方官员，他们在推动城市经济发展的过程中实现利益共享。该模式的目标是实现长期和可持续的经济发展，实现目标的手段包括城市规划、运用来自中央政府的资源发展基础设施，以及塑造良好的城市形象以吸引投资等。该模式以制度化的公共部门与私营机构的伙伴关系为基础。

6. 福利模式

福利模式的主要参与者是地方政府和国家官僚机构。其短期目标是确保国家基金的流动性以维持地方的活动，长期目标则不甚明了。该模式的实现主要依赖地方与较高层政府的网络关系，可以是政治上或行政上的，或者两者兼而有之。

（三）城市管理模式的理论基础——治理理论

城市管理模式是治理理论在城市管理领域中的应用。“治理”是一个内涵丰富的词汇。不同学科都在使用“治理”一词，赋予“治理”以不同的内涵。

起初，指导（govern）、统治（government）和治理（governance）这三个词有同样的词源，表示主导、驾驭某事物。船舵是其最原始的意思，后来引申出“选择航向，以及根据不断变化的自然环境持续调整整修”的比喻义。“1976年，在詹姆斯·马奇和约翰·奥尔森合著的《组织中的二重性与选择》中，有一篇文章的题目第一次用到了治理这个词：大学治理”[①]。1989年，世界银行用“治理危机”来描述非洲国家在现代化进程中所面临的困境。在这里，“治理指的是为了发展而在一个国家的经济与社会资源的管理中运用权力的方式”[②]。詹姆斯·N. 罗西瑙认为，“治理是由共同的目标所支持的。治理既包括政府机制，同时也包含非正式、非政府的机制，随着治理范围的扩大，各色人等和各类组织得以借助这些机制满足各自的需要，并实现各自的愿望”[③]。全球治理委员会认为，“治理是或公或私的个人和机构管理共同事务的诸多方式的总和，它是使相互冲突或不同利益得以调和并采取联合行动的持续过程”[④]。

治理理论的代表人物罗茨归纳了治理的六种形态[⑤]：①作为最小政府的治理。这一形态试图重新界定政府的范围与限度，以及采用公私合作的方式来提供“公共产品”。②作为公司的治理。虽然这一用法专指“指导和控制组织的体制”，但是认为私人部门的管理方法对于改善公共部门管理有重要的启示。③作为新公共管理的治理。这是说将私人部门的管理方法引入公共部门，强调明确的绩效标准和结果导向。罗茨指出，新公共管理的核心是掌舵，而掌舵则是治理的代名词。④作为“善治”的治理。合法、法治、负责、透明、有效构成善治的基本要素。⑤作为社会调控制度的治理。这一用法强调预期政策结果的取得要处理好地方政府、志愿部门、私人部门等之间的相互关系。这就是说，社会是多中心的，行动者之间相互依存。治理成了互动式的社会—政治管理方式。⑥作为自组织网络的治理。网络不仅涉及公共部门，而

---

① 戈丹. 何为治理［M］. 北京：社会科学文献出版社，2010：15.
② 陈振明. 公共管理学［M］. 北京：中国人民大学出版社，2005：78.
③ 罗西瑙. 没有政府的治理［M］. 南昌：江西人民出版社，2006：5.
④ 陈振明. 公共管理学［M］. 北京：中国人民大学出版社，2005：82.
⑤ 王诗宗. 治理理论及其中国适用性［M］. 杭州：浙江大学出版社，2009：38.

且是一种广泛存在的社会协调方式。作为网络管理重点的组织间关系是自主和自我管理的。罗茨对治理六种形态的归纳实际上是治理理论运用于不同领域的具体表现。

让-皮埃尔·戈丹认为，可以从三个层次上来理解治理[①]：第一个层次，治理是对现实谈判最直接的呼吁。这种谈判与市场一同进行，并且融入市场规则。第二个层次，在道德层面上，现代治理是一个对责任感的呼唤，但却是为了更好地保证效率。无论是在面对变化中的公共部门运行模式时，还是在促进正在现代化的地方政权参与方面，加强各个层面的责任感变得很重要。第三个层次显得最具有理想主义色彩，治理变成了世界新人道主义原则和全球政治秩序原则，让人感到重读联合国宪章的味道。戈丹认为，治理就是网络化的公共行为，是一种非预先设定的和历久弥新的关于合作的关系实践，它与过去的行政等级架构和因循守旧的程序有很大的不同。根据这一新的公共行为原则，如果中央和行政上级的指挥缺少谈判程序，各行为主体之间的调整也并非不必要。网络谈判作为一种行动之间的协调方式出现，这种方式需要确定目标和手段、价值观体系和利益逻辑。而这就要通过互动的程序和系统的谈判来确定[②]。由此观之，戈丹对治理的理解，强调了在确定行动目标和手段、价值观体系和利益逻辑方面，不同行动主体间的协调具有前置性作用。

斯托克认为治理包括五种内涵：①治理指出自政府，但又不限于政府的一套社会公共机构和行为者；②治理明确指出在为社会经济问题寻求解答的过程中存在的界限和责任方面的模糊点；③治理明确肯定涉及集体行为的各个社会公共机构之间存在的权力依赖；④治理指行为者网络的自主自治；⑤治理认定，办好事情的能力并不在于政府的权力，不在于政府下命令或运用其权威。政府可以动用新的工具和技术来控制和指引，而政府的能力和责任均在于此[③]。

斯莫茨论述了治理的四种特征：①治理不是一套规章条例，也不是一种活动，而是一个过程；②治理的建立不以支配为基础，而以调和为基础；

---

① 戈丹．何为治理［M］．北京：社会科学文献出版社，2010：74-75.
② 戈丹．何为治理［M］．北京：社会科学文献出版社，2010：26.
③ 俞可平．治理与善治［M］．北京：社会科学文献出版社，2000：34.

③治理同时涉及公、私部门；④治理并不意味着一种正式制度，但确实有赖于持续的相互作用①。

20 世纪 90 年代中后期，国内学者也开始关注治理理论。在《西方政府的治道变革》一书中，毛寿龙将“governance”翻译成治道，认为“治道是在市场经济条件下政府如何界定自己的角色，如何运用市场方法管理公共事务的道理。治道变革指的是西方政府如何适应市场经济有效运行的需要来界定自己的角色，进行市场化变革，并把市场制度的基本观念引进公共领域，建设开放而有效的公共领域”②。俞可平从政治学的视角来解读治理，认为“治理一词的基本含义是指在一定的范围内运用权威维持秩序，满足公众的需要。治理的目的是在各种不同的制度关系中运用权力去引导、规范和控制公民的各种活动，以最大限度地增进公共利益。从政治学的角度看，治理是指政治管理的过程，它包括政治权威的规范基础、处理政治事务的方式和对公共资源的管理。它特别地关注在一个限定的领域内维持社会秩序所需要的政治权威的作用和对行政权力的运用”③。陈振明则认为，“治理就是对合作网络的管理，又可称为网络管理或网络治理，指的是为了实现与增进公共利益，政府部门和非政府部门（私营部门、第三部门或公民个人）等众多公共行动主体彼此合作，在相互依存的环境中分享公共权力，共同管理公共事务的过程”④。

综观国内外学者对治理内涵的界定，可知治理涉及以下几个核心元素：①多元主体或者多中心主体。治理更加注重政府、市场和公民社会的关系，强调公共事务的治理主体不仅仅是政府部门，还包括私人部门、志愿部门和市民，从而寻求更广泛的合作，发展更有效的网络治理体系。②多元利益。在网络治理体系下，多个独立的治理主体同时向公民提供公共物品和服务的组合，而不同单位之间通过合作、竞争、冲突可实现一种准市场环境下的竞争利益，或者多元主体基于共同的目标而开展合作以实现公共利益。③多元权力。多中心理论强调，不同的权力中心和组织机构之间不存在上下级的隶

---

① 俞可平. 治理与善治［M］. 北京：社会科学文献出版社，2000：271.
② 陈振明. 公共管理学［M］. 北京：中国人民大学出版社，2005：79.
③ 俞可平. 治理与善治［M］. 北京：社会科学文献出版社，2000：7.
④ 陈振明. 公共管理学［M］. 北京：中国人民大学出版社，2005：82.

属关系，它们同时向某一群体提供公共服务。“在这种体制中，众多政府官员和决策机构分享着有限的且相对自主的专有权，来决定、实施和变更法律体系，没有一个机关或决策机构对强力合作的合法行使拥有终极性的垄断。”①

基于以上认识，笔者认为治理就是网络化的公共行为，即通过国家、市场与社会的合作与非零和博弈，来实现权力共用、利益共享和责任共担。网络治理的主要特征有：第一，治理主体多元化。网络治理认为公共事务的治理主体既包括政府部门，也包括市场主体，还包括第三部门等其他社会组织。只要获得公众的认可，各种或公或私的机构在其所处层面都可以成为权力中心。第二，治理结构扁平化。网络治理之中的政府部门与其他主体实际上处于互动之中，这种互动关系打破了传统的“命令服从”关系，政府从社会之上的政府转变为社会之中的政府。在特定范围内，政府与其他治理主体之间维持平等的合作关系。第三，治理方式丰富化。网络治理主要通过树立共同的网络目标而凝聚价值共识，采取建立合作伙伴关系等方式聚集资源以解决公共问题。治理工具箱中的合同承包、特许经营、政府补贴、凭单制、自由市场、志愿服务等各种手段，在条件具备的情况下，都可以加以选择。

值得一提的是，从某种角度而言，网络也是一种关系结构。在这一结构之中，不同的治理主体处于不同的结点，扮演着不同的角色并发挥不同的功能。关系结构形塑了治理主体的角色。“人们期望某个人扮演某种角色，是通过他或她与其他人的关系而确认的”，“一个角色就是一种规则化的行为模式，它是通过人们自己的和他人的期望和行动而建立起来的”②，这描述了网络治理的结构，也就是明确了各治理主体的角色，而角色的确立则意味着其应具有相应的功能。虽然“明确的结构—功能研究方法的主要优点是能使我们避免混淆结构的正式目标和结构实际执行的政治功能”③，但结构的确立并不必然意味着实际功能的发挥。网络在发挥其应有作用的同时也面临着一些困境。

首先是网络的稳定性问题。网络结构强调的是相关主体的自主与自愿，而不是靠政府的等级权威。虽然各治理主体基于共同的目标而结成网络，但集体目标的一致并不必然意味着行动上的一致。集体目标与个体目标、集体

---

① 王诗宗．治理理论及其中国适用性［M］．杭州：浙江大学出版社，2009：106.

② 阿尔蒙德．比较政治学：体系、过程和政策［M］．北京：东方出版社，2007：56.

③ 阿尔蒙德．比较政治学：体系、过程和政策［M］．北京：东方出版社，2007：58.

行动与个体行动之间的张力将导致网络结构的不稳定，从而影响网络目标的实现。

其次是协调与合作问题。一方面，虽然网络治理并不排斥等级制，并且政府在网络治理中发挥着主导作用，但由于网络治理的结果具有公共物品属性，集体中的个人和组织不可避免地会有“搭便车”的冲动，所以会导致一系列的卸责行为，从而加剧协调与合作的困难；另一方面，网络中的各利益主体基于其“职业精神”而具有较强的责任感，但责任共担的前提是利益共享，而利益共享的保障是成本收益曲线的逻辑清晰。由于网络治理结果具有公共物品属性，要准确衡量出各相关主体的成本与收益曲线是较为困难的，这对本就困难的协调与合作而言，无疑是雪上加霜。

最后是信任问题。阿克塞尔罗德认为，合作的重要基础是长期关系的建立，即合作各方的相互信任是因为各相关主体都意识到了他们关系的长期性以及基于卸责将会受到惩罚的预期，这些构成了网络主体相互信任的基础。然而由于网络治理强调多中心主体的自组织管理，过度的自主性会强化对自身利益的意识，因此，多元主体在面临卸责问题或者眼前利益与长远利益之间张力的问题时容易产生信任危机。

总之，城市管理模式是城市发展中的一种制度安排，是协调城市利益相关者之间关系的运行机制，并决定了城市利益相关者之间的利益分担以及参与城市决策的能力；城市管理模式是一个体系结构，该结构形塑了市民与城市政府的关系、城市政府内部科层组织的关系、城市政府在多层级政府体系中的关系、城市体系内城市间的关系、城市与跨国公司的关系等，特别是在经济全球化与信息化的背景下，这些关系是城市发展必须考虑和要解决的问题；城市管理模式是一种城市治理机制，包括政府的职能治理、组织治理和对行政团队的激励及约束机制，城市市民参与城市政府的决策机制，城市政府与非营利组织间的运行机制，城市政府在多级城市政府中的运行机制，等等。当前，重塑与市场经济发展要求相适应的具有中国特色的城市管理模式，是转变政府职能、实现国家治理体系和治理能力现代化的一项紧迫任务。

二、中国城市管理模式

中国城市管理模式变革是时代发展的必然要求。民主、高效能、可持续发展是中国城市管理模式的创新取向。中国城市管理模式的创新应从形塑城市政府新型职能与创新城市政府绩效考核机制两方面着力。

（一）中国城市管理模式变革的时代要求

1. 城市化进程加速要求中国城市管理模式变革

国家的现代化离不开城市化。改革开放前，我国城市化进程缓慢。改革开放后，我国的城市化水平有了较大提高，城镇化率已从1978年的17.92%增长到2019年的60.60%。随着我国市场化的全面展开、工业化的进一步升级和国际合作向纵深扩展，我国城市化水平将在未来几十年达到一个新的高峰。城市化的快速发展既推动了我国经济社会发展，也考验着当前我国的城市功能和管理机制。

（1）城市基础设施等公共物品供应滞后。城市政府的重要职责便是提供城市发展所必需的公共设施。改革开放后，经济的快速发展和城市化进程的加速使得基础设施成了制约城市发展的瓶颈。据统计，全国因城市交通堵塞造成的损失每年高达上千亿元。从大城市到小城市，交通堵塞成了普遍现象，城市的功能没有得到真正发挥。

（2）不合理的产业结构、资源利用方式造成环境污染，减弱了城市生态系统的调节功能。“如何合理利用城市资源，使城市生产和生活对自然资源的影响被限制在生态环境的自净能力之内，这是新世纪城市公共管理与治理的重要课题。”①

（3）城市形态演进的规模化、群组化，导致城市功能边界与制度边界的冲突。这一方面使得城市发展超出了城市政府管理和服务的范围，带来了区域协调的压力；另一方面引发了中心城区与周围区（县）政府间基于不同利益范围的纷争。

2. 经济全球化和市场化转型要求中国城市管理模式变革

（1）经济全球化要求城市管理模式变革。自我国加入世界贸易组织（WTO）以来，我国的城市经济更多地融入世界经济网络。经济全球化在提升城市地位、赋予其更多资源的同时，也给城市发展带来了新的压力。过去企业间的竞争正在转变为城市间的竞争（尤其是城市政府间的竞争）。此外，城

① 饶会林，郭鸿懋，王明浩．中国城市管理新论［M］．北京：经济科学出版社，2003：9.

市发展对资本的依赖性，也增加了城市结构性失业的压力和非稳定增长的预期。如何创新城市管理和政府治理机制，提升辖区魅力和持久竞争力，已成为城市政府必须解决的紧迫课题。

（2）市场化转型要求城市管理模式变革。中华人民共和国成立后，我国实行的是高度集中的计划经济体制，国家对各种经济和社会资源高度垄断。在这种体制下，政府成为万能政府，城市政府及其各个经济管理部门对微观经济活动的行政性干预，不仅扼杀了企业的活力，而且造成资源配置的扭曲和低效。在社会领域，政府以其行政权威追求“全社会利益一致”，带来的却是人们对政府的过度依赖和市民社会的萎缩。政府功能的边界由特定的经济背景下社会对政府的需要来决定。我国经济体制转型和市场经济的全面发展要求城市政府转变职能，注重城市公共产品供给和良好市场环境培育。

（二）中国城市管理模式的创新取向

随着中国特色社会主义进入新时代，城市的发展要求创新城市管理体制、加快和深化行政管理改革。城市管理模式的创新取向是推动城市发展的关键。当前，中国城市管理模式的创新取向主要表现在以下几个方面：

1. 民主取向

城市管理中的民主取向是指在城市管理过程中，私人部门、第三部门作为相对自主的力量参与到公共决策中，参与城市公共事务管理。也就是说，公共部门、私人部门与第三部门以平等的身份参与决策，并在相互监督、相互制约中推进城市公共管理。城市管理模式民主取向的实质是各阶层以参与来影响公共决策，从而实现合法利益诉求。民主取向下的平等“协商谈判”机制的建立，改变了过往市民、企业等城市利益相关者被排除在公共决策之外的局面，降低了政府决策与执行成本，弥补了政府信息与能力的不足。此外，民主取向也是其他创新取向实现的基础和前提，如果没有利益相关主体的参与、监督和约束，我们面对的只能是一个“利维坦”政府。

2. 效能取向

改革开放前，我国的政府是“全能政府”，既“掌舵”又“划桨”。由于缺乏其他城市主体的监督、制衡和参与，政府在实现其经济、社会职能时，不计成本且缺乏效率；此外，从中央到地方各级政府的行政审批项目过多、事项设置随意和部门间争权等现象仍然存在，这不仅会严重制约政府效能的发挥，而且极易导致寻租腐败。在经济全球化的背景下，我国愈加紧密地融入世界经济中，政府效能已成为影响政府治理能力及城市竞争的重要因素。一个提供优质服务并以顾客满意为导向的政府，必然是一个廉洁的政府，最终也将是一个有竞争力的政府。在政府间竞争日趋激烈的背景下，城市政府只有精简职能，增强服务意识，降低运行成本，才能提升城市竞争力。

3. 可持续发展取向

可持续发展的城市是一个规划布局合理，配套设施齐全，住区环境清洁、优美、安静，居住条件舒适的城市。“城市是每一件事都影响着其他事的地方，是外在化因素错综交织的地方，这些外在化因素超乎一切之上，使城市所以成为城市。”① 城市中的问题在很大程度上是由具有强“外在性”关系的城市主体在追求自身利益时所产生的负外部性造成的。城市主体间不协调所产生的“集体非理性”削弱了城市的承载能力与功能发挥，使城市难以可持续发展。为了建设一个具有良好工作和居住环境的城市，必须在城市治理中坚持可持续发展取向，做到政治、经济、社会、生态、文化协调发展。因此，要通过机制创新协调、规范各相关利益主体间的关系。

（三）中国城市管理模式创新的路径选择

1. 形塑城市政府新型职能

（1）强化政府本有职能。它强调的是通过政府职能的有效行使，实现经济社会的全面发展。“在一些新的条件下，市场并不是帕累托有效的……不完美信息和不完全的市场也会使市场经济产生问题。”② 政府除了要尊重市场在资源配置中的决定性作用之外，还应该强化以下三方面的职能：一是保护产权。产权的界定与保护是市场发挥资源配置决定性作用的前提条件。“产权制度的基本功能是给人们提供一个追求长期利益的稳定预期和重复博弈的规则。”③ 因此，政府必须要为市场主体提供公平透明的规则体系，以减少市场交易的不确定性。二是解决信息外部性问题。信息不完美存在于所有的经济中④。信息具有公共物品的属性，具有消费上的非竞争性。对企业而言，信息

① 赫希．城市经济学［M］．北京：中国社会科学出版社，1990：2.
② 斯蒂格利茨．发展与发展政策［M］．北京：中国金融出版社，2009：379.
③ 何显明．市场化进程中的地方政府行为逻辑［M］．北京：人民出版社，2008：513.
④ 斯蒂格利茨．发展与发展政策［M］．北京：中国金融出版社，2009：379.

的收集和处理成本异常高昂。但是信息一旦形成，允许一个企业分享既得信息的边际成本为零[①]。正因如此，政府可以利用大数据技术，建设开放的云平台，提高数据的利用率与共享度，为企业的发展提供便利。三是激励创新。创新是改革的第一动力，是稳增长、调结构、促转型的关键。政府应该充分发挥创造性，支持基础研究和溢出效应的研究，激励市场主体通过创新来获得较高的相对价格，从而形成鼓励创新的报酬递增机制，不断改善经济绩效。

（2）清除政府附加职能。这是指政府应缩小干预的范围，降低干预的限度。“市场的缺陷并不是把问题转交给政府去处理的充分条件”[②]，政府也存在失灵。多数情况下，政府失灵所产生的负效用要远甚于市场失灵。

一般情况下，政府更倾向于将有限的资源投入到容易出政绩的领域之中。所以，人们经常看到政府像一个企业家那样投入到经济增长过程之中。以房地产业为例，“土地开发、土地征用等圈地行为虽然消耗了宝贵的土地资源，却能够在短期内为地方政府聚敛大量的财政收入，又能带动房地产发展，继而直接拉动居民居住消费和社会投资，因此地方政府大都乐此不疲”[③]。这便造成了一边是房地产业的飞速发展，另一边却是房价飞涨等现象。政府通过支配金融资源进行全覆盖式的行业投资，结果便是经济增长与产能过剩和重复建设相伴随。虽然政府间的趋利性竞争在客观上促进了产权的保护，但是，“对经济资源的行政支配权不但会造成经济效率的损失，还会造成政治上的破坏”[④]。因此，必须深化简政放权，弱化政府对市场的干预，建立政府“权力清单”与“责任清单”，限制政府直接参与到竞争性经济领域，特别是限制政府对企业经营活动的干预，把政府的权力关进制度的笼子里。

（3）回归政府社会职能。这是指政府要把原本不该管也管不好的事项归还给社会，做到有所为有所不为。这里的社会包括非政府组织、公民志愿性团体等公民社会组织。政府向社会放权已有很多实践。例如，上海浦东新区在 2007 年提出“黄页标准”，即电话黄页上找得到的社会服务职能，政府都

① 林毅夫．新结构经济学：反思经济发展与政策的理论框架［M］．北京：北京大学出版社，2012：138.

② 布坎南．自由、市场和国家［M］．北京：北京经济学院出版社，1988：282.

③ 容志．激励与行为：地方机会主义及其制度分析：简论地方服务型政府建构的动力问题［J］．上海行政学院学报，2008（11）：53-59.

④ 吴敬琏．中国增长模式抉择［M］．上海：上海远东出版社，2006：6-7.

应逐步退出，引导社会组织来承接①。

应充分发挥社区与志愿者组织在承接政府转化职能方面的重要作用。社区治理具有低成本、公民参与性强以及受欢迎度高等优点。社区治理可以充分开发和利用社区文化资源、人力资源，通过在社区内建立各种敬老院、康复中心、幼儿园等设施，对老年人、儿童和残疾人等实行社区照顾；在清洁环境、强化治安管理方面，社区都发挥着重要作用。同时，要发挥志愿者组织的功能。虽然志愿者组织的活动范围在一定程度上受到政府管控，但是志愿者组织在为穷人提供医疗保健、教育等服务方面具有比较优势。

2. 创新城市政府绩效考核机制

（1）优化地方政府绩效评估流程。地方政府绩效评估是一项系统性、复杂性很强的工作，评估的环节众多、内容广泛、信息量大，需要大量的资源投入。我国的行政文化没有程序至上的传统，政府绩效评估中存在轻过程、轻程序的问题。优化地方政府绩效评估流程，首先，要确立政府绩效评估的目的，在此基础上，需要确定评估的范围，制订评估方案，确定评估的内容及其评估体系中指标的权重，规定评估要求的标准并制订评估计划。其次，要选择评估工具，包括经济与效率评论、成本效益分析、绩效测量、标杆管理，以及平衡记分卡等。合适的评估工具能够将政府部门与社会公众之间，以及绩效评估者与政府公共部门、社会公众之间的信息收集、传递与反馈功能体现出来，消除地方政府绩效评估的信息失真、通道堵塞的障碍。最后，要提供能预测、可期待的工作环境，使得评估主体在工作过程中减少需要传输、获取、加工、处理的信息量，引导评估组织实现目标。要对现有的政府绩效评估流程重新进行考量，最终实现流程程序功能的最大化。在和谐社会的视域下，要从投放→管理→产出流程上进行考量，采取切实办法，推动政府绩效评估的进程。

（2）推进地方政府绩效评估主体的多元化。评估主体多元化是保证政府绩效评估信度的重要条件，因为任何一个确定的评估主体都有着其本身特有的优势和视角。企业管理领域中的360度全方位评估技术，是指由顾客、主

① 杨欣．政府·社会·市场：论中国政府职能转移的框架［J］．经济体制改革，2008（1）：30-34.

管领导、员工和外部专业机构从不同视角对组织绩效进行评估的技术和方法。在地方政府绩效评估过程中引入这一技术，能够推动建立多元化评估主体体系，即由顾客（公众或行政相对人）、组织领导（行政首长）、员工（下级）、外部机构（非政府组织、第三方评估组织）形成的评估主体体系。

多元评估主体能够弥补单一评估主体的不足与缺陷，特别是当地方政府绩效评估本身存在难以避免的自利性时，健全的评估主体系统能够成为政府与公众沟通的桥梁，保障绩效评估的公平公正。在评估主体的结构设定中，必须增加社会公众和社会组织的评估权重，提高其与地方政府对话的地位和能力。这不仅仅因为社会公众或社会组织是地方政府的主要服务对象，是地方政府施政行为的直接受体，而且因为社会公众和社会组织的广泛参与，对于凝聚共同的社会主流价值，提高社会的参政能力、评政能力具有重要意义①。

三、外国城市管理模式

西方发达国家积累了丰富的城市管理经验。不同的城市管理模式造就了不同的城市管理案例。对外国典型城市管理案例的借鉴有助于促进我国城市管理的健康发展。

（一）“城市创造力”的探索②

在欧洲，70%以上人口已经生活在城市。为确保经济、文化和社会长久繁荣，使得欧洲城市在未来更适宜于工作、居住与休闲，英国文化协会、文化教育处联袂青年基金会发起了“城市创造力”（creative cities & breakthrough cities）系列研究项目。其研究表明，欧洲城市需要企业家精神和创新精神，而文化和创造力是解决城市面临挑战的核心所在。因此，该项目是一个适时的拾遗补阙性工作。“城市创造力”项目目前已经在英国、乌克兰、丹麦、挪威、芬兰、捷克、匈牙利，以及波罗的海三国等 15 个国家开始试验，而欧洲之外的澳大利亚、美国、加拿大、新加坡、韩国等国也相应成立了负责城市管理创新工作的办公室。

① 臧乃康．地方政府绩效评估的悖论及其消解［J］．北京行政学院学报，2007（5）：6-10.

② 李敢．城市，如何让生活更美好：欧洲城市管理创新经验与资鉴［J］．国外社会科学，2013（2）：22-29.

“城市创造力”设置的目的在于，以不拘一格的社会管理创新去创建可以用于协同工作的新网络体系，努力寻求建立一个强有力且富有创意的知识经济发展模型，以及寻求有关气候变化和跨文化对话等共同挑战的解决之道。

“城市创造力”项目共有三条主线：一是“城市创意烘焙炉”（Urban Idea Bakery，UIB），通过向年轻专业人士提供可以密切合作、共同发展并付诸实施的工具平台，解决欧洲城市发展所面临的诸种挑战，其主旨在于倡导政府明智地汲取“外来人员”的建言，激发文化创意，实现资源整合，使得城市更有创造性地解决所面临的挑战（代表为文化创意）；二是“未来城市游戏”（Future City Game，FCG），通过新思维和新行动创造设计的团队协作，提升城市生活品质，致力于解决欧洲城市的一些特定问题，如城市社区邻里的团结协作（代表为社区建设）；三是“探索性活动”（Exploratory Activities），主要致力于提供一个关于创造力、企业家精神和创新在社会发展中所扮演的角色和作用的论辩平台，这个平台也是一个展示与服务平台（代表为社会企业）。

（二）英国的城市管理

1. 健全的社会保障体系

近年来，英国在进行社会保障改革时，始终把握的原则是：对穷人提供基本的生存保障。英国目前的社会福利制度主要包括国民保险、国民保健、个人社会福利、住房和教育等五个方面。

英国政府通过高税收调节收入分配，有较为完善的社会福利体系。英国全体公民享受免费医疗，低收入者和失业人群享受数目可观的政府补贴，即使没有工作，也能够维持基本的生活需要；城乡差异、地区差异不明显，很多人更愿意到自然条件好的小城市或乡村居住。近年来，英国正呈现逆城市化进程。而我国目前正处于经济社会转型、城市化进程加速发展、社会矛盾集中凸显阶段，城乡二元结构突出，社会保障制度不健全，流动人口过快增长，给城市建设带来了极大的压力和挑战。

2. 完善的政府管理体系

英国是单一制国家，实行君主立宪制度。议会是立法机关，负责制定或者修改、废止城市建设和管理方面的法律，行政机关依照法律规定行使城市管理权。英国中央政府设立环境运输和地区事务部，负责城市的建设和管理。英国是最早实行城市自治的国家。英国的城市政府管理体系主要有以下几个特点：

第一，权限明确。英国中央与地方立法权限和管理权限的划分较为明确。中央政府主要负责制定城市管理方面的政策、起草有关法律，并提供城市建设和管理所需要的资金。在立法上，国家主要规定城市管理的原则和要求。按照法律规定，城市政府结合本地的实际情况，就其所管理的事务，制定具体实施办法。

第二，规划为先。规划在英国城市建设和管理中具有极其重要的地位。按照《乡镇规划法》的要求，进行城市建设都必须以规划为依据。英国规划系统包括三个层次：一是全国性规划导则。其主要确定规划的原则。二是区域性规划导则。中央政府在全国设有 9 个区域性政府事务办公室，作为环境运输和地区事务部的分支机构，主要任务之一是根据全国性规划导则，结合本区域的特点，制定本区域的规划导则。规划期限一般为 15～20 年。规划的内容主要包括住宅建设、土地利用对环境的影响、交通运输、基础设施建设、经济发展、垃圾处理等。三是地方发展规划。地方发展规划由地方政府根据全国性规划导则和区域性规划导则的要求，结合本地实际情况制定。地方发展规划主要是对土地利用的规划，如居民区、工业区、商业区的选址布点等。

第三，财权与事权匹配。在英国，地方政府的财政收入主要来自四个方面：地方税、中央补助金、杂项收入和借款。地方税主要是由地方政府征收的财产税，这部分收入占地方收入的比例为 10%～20%，因此，地方政府的财政资金更多的是中央政府补助金。中央政府对地方政府拨付补助金主要考虑以下因素：一是中央政府支持的建设项目，如教育、公共交通、城市环境卫生等公益事业；二是平衡地方政府收入贫富不均现象；三是帮助地方政府解决因社会服务、交通费用等而支出较大的问题；四是当地方政府税收收入受到法律限制而减少时，中央政府给予补助以弥补其损失。中央政府对地方政府的财政补贴越多，对地方政府的控制权就越大，这有利于强化中央对地方的管理。

第四，城市公用事业民营化。英国的城市公用事业原来都是由政府统一管理和经营的。自经济滞胀以来，之前由地方当局控制的公用事业，如城市自来水、供电、供热、污水和垃圾处理、公共交通等，由政府制定产品质量标准，通过公开招标，以特许经营的方式，交私人部门负责经营。

第五，立法与执法相分离。英国的环境运输和地区事务部只负责城市建设和管理方面的立法工作，不直接参与法律的具体执行。法律的具体执行，由地方政府和有关法定的专门机构负责。地方政府在执行法律的过程中，可结合当地情况将法律规定具体化，以保证法律的贯彻实施。英国还有很多法定机构，如环境署、自然保护署等，负责具体的执法工作，都是依法成立的相对独立的执法机构。

3. 高效的公民参与体系

在英国城市管理过程中，公民参与体系十分高效。对英国政府而言，扩大公民参与是政府治理现代化的中心内容。现代化进程使得地方政府的民主实践正在发生变革，为民主参与创造了新的机会。英国的《地方政府法》和《城镇和乡村规划法》规定，公众有咨询和参与环境事务的法定权利。同时，英国城市管理的公民参与程度高，还得益于非政府组织作用的发挥。以布里斯托市为例，该市是英国第六大城市，人口只有 41 万人，但该市的公民社会组织却超过 1 000 个，公民社会组织的自我管理能力十分强大。除了政府和公民社会组织外，普通民众对城市管理政策的制定也有着重要影响，政府非常重视公民意见的收集和反馈。

4. 先进的科技支撑体系

英国良好的城市管理还得益于高水平的信息化应用，这使其能够及时发现并处理城市管理中的各类问题。在英国，闭路电视监控系统无处不在，城市管理中出现的任何问题都能第一时间被发现。同时，英国政府积极将科学技术应用到城市管理具体问题的解决上。以伦敦世纪圆顶的雨水收集利用系统为例：泰晤士河水公司为了研究不同规模的水循环方案，设计了英国 2000 年的展示建筑——世纪圆顶示范工程，在该建筑物内每天回收 500 立方米的水用以冲洗该建筑物内的厕所，其中 100 立方米的水为从屋顶收集的雨水。这是欧洲最大的建筑物内的水循环设施。

（三）新加坡的城市管理

1. 规范高效

新加坡在 1965 年独立以后，高度重视城市规划，把规划作为一切发展的起点。高质量、高标准地编制了综合而全面的规划系统，形成有机统一、多层次的城乡规划、都市或区域规划、环境规划、交通发展规划、土地利用规划、基建规划和新镇规划，构建起完善的城市发展策略和形态，为新加坡发展提供了战略指导。新加坡城市管理机构设置科学，编制配备合理，层级管理明确，分工具体细致，制度规范严谨，协调配合有力。没有机构重叠、交叉管理和部门之间的推诿扯皮现象，其运行模式基本上是“建管统一，管养分离”，上下“一盘棋”。四次经济转型，使新加坡成为世界上最大的集装箱码头，世界上第二大钻井平台生产基地，世界上第三大炼油中心，世界上第四大外汇交易中心和亚洲第二大金融中心，发达的现代化城市国家和“小国中的大国”。

2. 权责明确

管理人员精心，管理方法精细。“建管分离”是城市精细管理的一个重要原则，新加坡在这方面做得十分成功。新加坡城市管理工作主要由国家发展部下的公园及康乐局和市镇理事会以及环境部下的环境卫生局负责。市镇理事会是新加坡城市管理的主体，它负责新加坡城市管理中绝大多数的日常管理工作。它的职责类似于城市社区物业管理，主要负责对公共环境进行日常清洁、园林保养、日常与周期性的维修、社区改进计划、中期翻新、建筑物日常管理与定期维修等，而与物业管理不同的是它属于法定机构。“新加坡政府像管家一样管理城市，市民像爱家一样爱护城市”。政府管理的触角延伸到每个角落、每个家庭。例如，在树木保护方面，不仅发布专门的法令，而且给树木建立了电子信息档案，详细记录每棵树的地点、种类、年龄、每段时间的施肥、修剪、喷药及管理责任人的情况。

3. 以人为本

人性化设计无处不在。例如，在公交系统中，设置带有空调的室内公交候车室，候车环境非常舒适；在步行系统中，到处可见路与楼宇之间、公交与地铁接驳处既可遮阳又可防雨淋的有盖连廊。其设计充分体现出“以人为本”的理念。城市管理中的公民参与正发挥着越来越重要的作用。新加坡在城市管理中采取了多种促进公民参与的方法。例如，在市镇理事会中吸纳了很多普通居民。市镇理事会每 2 个月召开一次理事会会议，理事与居民共同商讨城市管理中的具体问题。

4. 法制严格

完备的法规体系是新加坡法制化城市管理的基础。新加坡城市管理方法中最根本的是建立了一整套严格、具体、周密、切合实际、可操作性强的法律体系。国家对城市中建筑物、广告牌、园林绿化等城市管理环境的方方面面都做了具体的规定。其特点包括：一是具有完整性。政府对城市管理的各个方面都进行立法，做到了“无事不立法”，使执法人员每项工作都有法可依。二是可操作性强。城市管理法规对规定的内容、制定办法以及惩罚措施都做了详细而具体的规定，既避免了执法的随意性，又增加了可操作性。仅与城市规划建设管理有关的就有《土地征用法令》《规划法令》《环境污化控制法令》《环境公共卫生法案》等数十种法令、条例、条规和准则，覆盖到城市规划建设管理的各个方面、各个环节。执法中，各有关部门严格依法行政、依法管理，法不容情、严刑峻法。罚款范围广，罚款程序明确具体、可操作性强，罚款数额大，足以惩戒受罚者。

(四) 瑞典斯德哥尔摩的城市管理

斯德哥尔摩是瑞典第一大城市。作为瑞典首都，斯德哥尔摩是全国的政治、经济、文化和交通中心，全市面积 186 平方公里，分为 18 个行政区划，约有人口 78.3 万人①，其中一半住在中心城区，另一半住在环绕市中心的卫星城镇，整个城市集古典和现代于一身。

斯德哥尔摩城市管理模式主要体现为以下几点：

(1) 在城市管理体制上，斯德哥尔摩市实行市议会—市政委员会制，市议会和市政委员会是该市的最高领导，其中市议会进行决策和制定政策，而各行政执行官和政府部门负责实施②。议会每月举行两次大会，对涉及城市发展的各种议案进行讨论并做出决定。在市议会大会上，市民可以列席旁听，就相关问题发表意见和建议，政府必须在规定时间内向市民有所交代。这种开放的决策模式使政府在做出重大决定时能够充分考虑民意，保证城市的建设与发展符合人们的期望。

(2) 在城市规划与建设上，和北欧国家的多数城市一样，斯德哥尔摩非常注重城市风格的同一性。在城市现代化建设的过程中，坚持对老建筑只进行内部设施和结构的改造，而建筑的外形保持不变，同时，新建筑也必须同

---

① 陈劲 . 绿色首都：斯德哥尔摩［J］. 信息化建设，2011（1）：49.

② 孟钧，李绍纯 . 北欧、西欧国家行政区划及政府运行机制［J］. 北京规划建设，2004（6）：129-131.

所在地区历史时代的建筑特点相符合，从而实现旧城改造与新区建设的相互融合。与此同时，斯德哥尔摩在城市规划与建设中也特别强调“以人为本”的理念，为后续管理的顺畅运行奠定了基础。例如，马路上的信号灯设在2米左右的高度，正好与行人目光平视。更为有趣的是，如果马路上暂时没有汽车，行人在横穿马路时就可以按一下信号灯旁边的按钮，将红灯转换成绿灯。同时，人行横道线也非常醒目，并且间隔不远，行人过往十分方便[①]。正是这些人性化的道路交通设计，使斯德哥尔摩的道路交通管理井然有序。

（3）在城市管理方式上，斯德哥尔摩综合运用法律、经济、行政、科技等多种手段，城市管理卓有成效。首先，斯德哥尔摩非常重视依法治市，在城市管理领域有着完善的法律体系，大到城市规划、建设、市政设施配套，小到日常环境保护、环境卫生管理、疾病防治等，都有详尽具体的管理法规。其次，斯德哥尔摩强调城市管理中社会化、企业化运作。例如，斯德哥尔摩市的公交运输就采取了特许经营的模式，即按照合同把经营权授予特许经营者，每期合同的经营期限通常为5年，并可以续签5年。在该模式下，斯德哥尔摩地方运输局负责制定服务质量目标，通过竞争确定的特许经营者必须达成这些目标[②]，这使斯德哥尔摩市的公共交通得到了极大改善。最后，在城市管理中运用高科技，大力推进电子政务建设。例如，居民可在网上申请停车许可，整个办理流程简化为：递交申请、通知缴费期、变更缴费期、访问停车处。又如，在电子交通方面，政府也建立了许多智能系统，典型的就是速度测量系统。通过该系统，驾驶员可以及时知道路况，并适时调整速度，实现安全驾驶。

可见，作为世界上可持续发展城市的一个典范，斯德哥尔摩市优美、整洁、有序的城市环境，有赖于市政府卓有成效的城市管理，这种管理既体现在精简高效的管理体制上，也体现在“以人为本”、保护环境的管理理念上，更体现在规划、建设与管理的有机统一、市场化运作及高科技运用上。

---

① 李忠东．斯德哥尔摩：“以人为本”的交通理念［J］．城市公共交通，2006（5）：92-93.

② 高红斌．斯德哥尔摩：轨道交通发展的典范［J］．世界轨道交通，2008（1）：50-51.

阅读材料

如何推进文化大都市建设？——伦敦的经验

张剑涛

在伦敦，文化是城市的核心竞争力。伦敦的文化战略建立在现有的多元文化、引领世界的文化创意产业、聚集的国际文化人才的基础上，目标是保持城市长期的文化竞争力，并以文化引导和协调城市发展、空间建设和环境营造。

一、保持伦敦世界文化之都的地位

（一）保持伦敦国际文化中心的地位

伦敦是全球文化的动力源和标杆之一。伦敦有着比巴黎更多的博物馆，比纽约更多的剧院，每年举办超过200个节庆活动。伦敦是全球当代艺术和文化创意产业的中心，文化范畴从古典到草根，以多元化和兼容性称冠全球。文化已经成为伦敦的核心竞争力之一，维持伦敦文化的全球领先地位是伦敦市政府的战略重点。伦敦文化规划的核心是保持伦敦文化的竞争力、吸引力和创新力，通过良好的环境设施和强大的资金实力，促进文化财产和文化活动持续发展。以市场机制为主，扶持创意产业和项目，繁荣文化市场，推广伦敦的文化产业和品牌，以吸引全球受众和资金。

（二）分析伦敦文化发展所面临的挑战和经济环境

可能对伦敦的世界文化之都地位产生重大影响的长期不确定因素是世界经济形式和结构的根本性转变。同时，互联网、电子和数字技术的飞速发展对伦敦的文化创意产业是巨大的挑战和机遇。伦敦市政府的策略是与各种文化机构合作，提升城市对于新的技术、环境和经济挑战的理解和应对能力，大力推广“高科技城市（Tech City）”，吸引数字科技类和文化创意类小微企业在伦敦东部形成新兴产业集群。同时，伦敦市政府还推广“智慧伦敦（Smart London）”，吸引专业人士和学者利用新技术和数据开发各种应用，使伦敦成为更为优质的生活和工作城市。

（三）向世界推广伦敦

伦敦享誉全球的文化设施每年吸引了数以千万计的海外游客，不仅产生了巨大的经济效益，更为伦敦的城市形象和品质提供了核心要素。例如，

2007 年泰特现代艺术馆（Tate Modern）的参观者超过了 500 万人，超过了世界任何一家现代艺术馆。同年，大英博物馆（The British Museum）的参观者超过了 800 万人。

伦敦的节庆活动也是城市文化的核心要素之一。例如：2008 年的诺丁山嘉年华（Notting Hill Carnival）吸引了超过 100 万人的游客；2012 年伦敦奥运会期间，仅海外游客在伦敦的消费就有约 30 亿英镑。

伦敦市政府有专门的机构负责伦敦的文化发展，2012 年之前伦敦发展局（London Development Agency，LDA）负责伦敦的重要国际节庆活动，如伦敦时装周、伦敦电影节等。通过细致的规划、周密的组织和充分的投入，向全球推广伦敦文化正成为强化伦敦国际竞争力的主要途径之一。现在伦敦市政厅全面接管了伦敦发展局的文化职能。

（四）鼓励文化创意产业的发展

文化是伦敦产业升级和吸引海外投资的主要途径之一。其中，文化创意产业更是伦敦吸引全球高端人才和投资，保持可持续的国际竞争力的关键。伦敦市政府的策略是设立“推广伦敦委员会（Promote London Council）”，通过与各界各行各业的合作，在全世界范围内推广伦敦的文化产业，给伦敦的整体经济带来积极效果。伦敦文化创意产业的重点在影视、时装、设计等领域。文化创意产业已经成为伦敦经济的支柱之一，吸引了大量的专业人才，输出了高质量的产品和服务。伦敦的文化创意产业在过去 20 多年发展迅猛，就业人口超过 50 万人，是为伦敦提供大量就业岗位的主要行业之一，而且未来有潜力创造更多的就业机会。

在过去几年中，伦敦市政府审查和修正阻碍文化发展的政策法规，创造一个轻松和谐的政策环境以鼓励文化发展。政府通过机构调整、资金投入等多方措施，在支持文化创意产业发展方面取得了显著成效。例如，伦敦市政府对电影产业加大投入，确保伦敦作为欧洲电影产业中心和世界电影产业主要基地。伦敦市政府推动成立了伦敦企业委员会（London Enterprise Panel），其下属的数字、创意、科技小组（Digital，Creative，Science and Tech Group）负责协调和沟通伦敦文化创意产业的规划、资金、就业等综合事务。

（五）为文化创意人才提供机遇

能够源源不断地吸引来自全球的人才是伦敦文化创意产业的发展和成功

的关键之一。为了保证伦敦文化创意产业的可持续发展，政府与社会组织如创意与文化技能协会（Creative and Cultural Skills）、文化领导力计划（Cultural Leadership Programme）等，以及企业一起，为吸引创意人才提供了多种措施：为在校学生提供职业培训和就业信息，为人才创业提供资金和专业信息，为有志于创意产业的人才提供培训和实习机会，为海外人才在伦敦就业和定居提供信息和帮助。

（六）规划和投入新的文化项目

过去几年的资金紧缩使政府和社会对于伦敦文化的焦点更多地关注已有项目。为了更好地推动伦敦文化的发展，伦敦市政府的策略是通过政府支持、规划引导和多方投资，举办更多的项目以促进伦敦的文化、社会和经济发展。因此，政府会积极鼓励和支持规划细致、影响良好的文化项目、活动和产业。伦敦文化事务目前主要由伦敦市政厅负责。

虽然英国政府对文化事务的财政资助大幅减少，但是伦敦市政府对于重要的文化事务的财政支持力度不减。例如，伦敦当前最重要的文化项目之一伦敦博物馆，收藏了超过 100 万件藏品，每年游客超过 60 万。其他项目如泰特现代艺术馆等也得到了伦敦市政府财政的重点支持。

（七）吸引公私资金投入文化事业

伦敦文化可持续发展的关键之一就是保障资金投入。政府的公共财政投入是有限的，而且受全球经济形势的影响，政府的财政支出在削减。社会赞助和捐赠同样受全球经济不景气的影响而减少。政府的策略是积极鼓励和引导社会和私人资金通过各种形式持续投入文化事业。

目前，伦敦主要通过文化创意产业的快速发展吸引全球范围的投资，同时伦敦文化品牌和形象吸引到全球范围内针对文化事业和活动的赞助和捐赠。政府克服财政困难，保持对主要文化活动和行业的启动资金的投入。伦敦的文化组织得到的社会资金自 2011 年以来缓步持续上升。伦敦市政府也在为扶持本地文化创意企业和吸引海外企业而努力。例如，伦敦市政府鼓励本地企业开拓中东市场，吸引印度电影业来伦敦，这些为伦敦的文化创意产业吸引到了大量的海外投资。

（八）文化制度化和规范化

伦敦市政府致力于精简政策法规，规范行政流程以扶持文化发展。伦敦市政府努力使欧盟、英国和伦敦地方的政策法规、行政管理协调一致，为伦敦的文化发展提供一个宽松和有竞争力的环境。相应的举措包括：为伦敦每年众多的文化和节庆活动提供快捷的政府行政许可流程，提供适宜的户外集会、停车及其配套服务；放宽对街头表演和行为艺术等户外艺术形式的行政许可；放宽海外艺术人士和文化创意人才来伦敦工作、定居、短期停留的签证和出入境管理，并为他们提供便利条件。

二、拓展伦敦文化的领域

（一）消除文化领域中的壁垒

伦敦文化领域的发展壁垒主要体现在三个方面：中心城区与周围地区的文化区域发展不均衡，不同行业的文化领域发展不均衡，不同人群的文化群体发展不均衡。伦敦市政府鼓励文化机构、政府部门和基金组织协同努力，消除文化领域中的各种壁垒，促进融合；鼓励中心城区周围地区的文化发展，缩小区域差距；鼓励影视、时尚、设计之外的其他文化行业和产业迅速发展，推动文化更全面地发展；扩大文化受众群体，加强文化发展的基础，拓展文化消费的市场。

（二）吸引和培养文化受众

伦敦文化发展的定位是全球文化之都，需要吸引全球范围内的受众，使文化品牌和形象得到世界范围内的认可。伦敦市政府与社会组织、行业机构合作，支持举办高质量的文化活动，吸引来自全世界的观众和参与者；真正做到文化的多元化，不断拓展文化的受众和市场，吸收融合全球范围内的有益文化因素和形式。

（三）以交通促进文化发展

伦敦文化的发展与其高水准的公共交通和交通管理密切相关。伦敦市政府积极改善伦敦交通，为文化发展提供良好的环境。政府致力于不断改善城市交通体系，使之更加安全、舒适、便宜、便利、环保、高效。例如，伦敦市政府积极推进环伦敦的自行车出行和旅游项目，连接伦敦大部分文化景点和区域。政府的目标是把交通系统建成促进文化发展的关键设施，同时成为展示伦敦文化的重要环节。

（四）发展与文化相关的服务

如何在财政紧缩的环境下维持甚至提升伦敦的文化水准，是伦敦市政府面临的一个重大问题。政府鼓励与文化相关的服务业快速发展，以满足人们对生活品质和相关服务的需求。伦敦市政府鼓励伦敦各地区政府通过文化设施联网和强化管理，以及运用高新技术，提升文化设施的普及率并减少开支。此外，伦敦市政府将更多的文化设施对公众开放，同时鼓励和吸引志愿者参与服务和管理，既能更好地普及文化，也能减少人员和开支。

（五）强化文化的参与和普及

提升本地文化资源的活力是推广和普及文化的一条主要途径。伦敦许多公立文化设施和场所，如大英博物馆等，已经免费对公众开放，这对普及和提升大众文化有着重要的作用。但是不少文化设施和场所，特别是私人所有的，仍需要收费进入，其中部分费用对大众而言还是不菲的支出。一些文化机构和场所，如皇家歌剧院、国家大剧院等，在政府的支持和鼓励下，努力降低收费，普及文化艺术。同时，不少剧院、影院还推出了免费户外放映项目，同步播放剧院、影院内的演出节目，吸引和推广文化。对于行动不便和无法出行的文化爱好者，政府和文化组织提供免费参观券以供他们方便时参观。

（六）提升周围地区的文化发展

伦敦大部分文化机构和活动举办地都在中心城区，但是60%的伦敦人口居住和生活在中心城区之外的区域。为这些伦敦居民提供匀质的文化服务和推动伦敦范围内更广泛的文化发展是伦敦文化发展的一个重点。其主要途径包括：在中心城区之外的区域提供更多的文化设施，举办更多的文化活动；鼓励和推动这些地区的文化组织和文化产业的发展；组织和吸引更多的游客去这些地区进行文化观光。

（七）支持草根文化

多元化是伦敦文化的鲜明特质。来自市民阶层的平民文化是伦敦文化的一个主要组成部分，也是伦敦文化不断发展和更新的主要动力。许多民间自发形成的非正式的文化艺术形式正是伦敦文化形象的生动代表和体现。政府鼓励和推动草根文化的发展，积极使其融入伦敦城市形象，主要途径包括：鼓励平民文化的表现形式，发展民间文化组织，为民间文化提供表现场所、资金和其他帮助。

三、文化教育与技能培训

（一）青少年与文化

高质量的教育对于伦敦文化和文化创意产业的发展至关重要，同时也是伦敦城市竞争力可持续发展的基础。伦敦市政府鼓励和引导文化活动，以吸引青年和儿童参加，培养他们对于文化的兴趣。伦敦市政府2013年发布了教育规划，其中特别强调了音乐和艺术的教育培训，同时在学校教育中最大限度地利用伦敦的世界级文化资源。

伦敦市政府和英国政府合作设立了伦敦优秀学校基金（London Schools Excellence Fund），用以奖励教学优良的学校、课程和教师，同时鼓励学生毕业后在伦敦工作和定居。这个基金促生了一系列针对学生的职业培训计划，其中包括多个文化艺术和创意产业的培训计划。这些项目帮助教师提升教学水准，同时帮助学生提高就业技能。

伦敦市政府对于学生和年轻人的文化培训体现在多方面。伦敦市最负盛名的青少年文化竞赛是第四基座学校竞赛。这项竞赛允许全伦敦的学校和青少年参与，目的是鼓励青少年学习和掌握多种文艺技能，如绘画、雕塑、数码影像等。竞赛的所有入围选手将会在市政厅举办公开的才艺表演。2013年该项竞赛共有超过1 600名入围选手，他们来自伦敦的各个不同的区。

（二）课外培训

制订计划鼓励青少年参加课外的文化培训，是伦敦市政府强化青少年文化培训的策略之一。课外学习和培训可以很大程度上弥补不同群体的青少年在学校学习的差距，提升他们的素质和能力。政府鼓励社会组织和团体开办针对青少年的课外补习学校，为青少年提供提高自身学识水平和能力的机会。

（三）音乐培训

作为世界文化之都，伦敦所拥有的一个重要元素就是多样化的音乐：从古典歌剧、交响乐到现代歌舞剧、流行音乐。伦敦市政府针对青少年开展培训的一个重点就是音乐教育。政府的策略是制定专门的青少年音乐培训策略，提升青少年的音乐素养。

2011年的伦敦第一次音乐教育普查发现，总数超过20万人的青少年接受过乐器培训，其中75%以上是在社区接受的学习，但是90%的青少年对乐器的掌握水平只处于入门阶段，其中的主要原因是学校和教师数量不足。伦敦市政府对此高度重视，鼓励成立了6个社区音乐培训和专业音乐组织，得到25万英镑的赞助。政府还设立了市长音乐基金，专门为青少年学习音乐提供资助。

(四) 就业和技能培训

伦敦市政府针对青少年文化培训的政策需要确保是针对实际需求，能够产生切实效果的。在最近金融危机之后的复苏过程中，伦敦的文化创意产业起到了重要作用，创造了超过20万个就业岗位。但是文化创意产业也是高度竞争和设高技术门槛的行业，因此，青少年需要接受更多的专业培训，及时更新自身技能，以应对就业竞争。伦敦市政府要确保针对文化就业和技能的培训能够切实满足伦敦文化创意产业的实际需求。

为青少年创造和提供实习机会和场所是提高他们就业能力的重要途径之一。实习可以为青少年教授学习技能，强化知识，开阔眼界，增加人脉机遇。通过实习，他们可以获得进入行业的初次机会。伦敦市政府鼓励文化机构、组织和企业为青少年提供更多的实习机会，并提供更多的专业技能岗位给实习生，以使他们切实提升自身能力，同时为实习生提供更好的薪酬和福利，以缩小他们和正式员工之间的薪酬差距。

四、文化设施、环境和公共领域

(一) 文化与城市改造

伦敦市政府明确指出，城市的规划和空间建设应以鼓励文化发展和繁荣为前提。城市的文化与物质空间密不可分，城市空间的细节如街道、广场、雕像、公园等和各种设施无一不体现了城市文化的品质。政府的策略是确保文化创意产业成为城市改造和开发规划中的重要环节，同时对当地社区的建设有实质性影响。

伦敦市政府推进城市改造的主要理念之一就是通过文化来提升城市品质，优化城市环境，繁荣城市氛围。政府和投资商越来越认识到文化对于城市空间和品质的重要性，其与艺术家、设计师、创意组织、文艺社团等密切合作，将文化项目作为城市建设和改造的核心，以此吸引公众的积极参与，提升项目和城市的品质。

伦敦市政府对城市的重要地区进行重新规划设计，以期提升城市品质和形象，展示城市文化。例如，对市中心狭窄和交通拥堵的街道进行改造，使其变得宽阔和舒适，为伦敦每年数以百万计的游客提供良好的环境。又如，对城市的公共空间进行改造，增加交往、共享、休憩、购物、驻留等多种功能，形成具有文化意义和功能的空间。

（二）创意空间

伦敦市政府将住房、改造、环境、经济等重要议题做综合处理，以文化为路径贯穿伦敦的发展策略和规划。政府进行专门的研究和规划，为艺术家提供合适的创作空间和场所。伦敦作为全球文化创意产业的中心和视觉艺术的中心，吸引艺术家并让他们发挥各自的才能是关键要素。伦敦市政府在2011年专门邀请艺术家、文化学者以及文化组织、文化创意产业代表，探讨伦敦规划、改造、建设中如何保持文化优先，减少城市改造对文化创意产业和文艺工作者的影响。

伦敦市提供了多种保持城市创意场所的方法。其中之一是为艺术家提供创作场所的专业组织，如“顶点工作室（Acme Studios）”，与地方政府、开发商合作，通过专项计划，为艺术家提供工作室或创作场所。伦敦市政府的文化部门与经济、建设、商务等部门密切合作，以确保相关政策和规划能够充分考虑和结合伦敦的文化创意空间的需求。

（三）遗产和城市景观

伦敦丰富的历史遗产及其城市景观是城市文化和形象的重要组成部分。伦敦市政府不仅通过规划保护伦敦的历史文化遗产，同时希望它们通过规划能被伦敦市民所了解和珍惜。为此，政府邀请专家、学者、社会团体、居民等共同商讨城市历史保护策略和规划。

伦敦市许多文化项目和活动以城市的历史遗产为基础和重要组成部分。例如，在著名的文化创意活动“礼帽秀（Hatwalk）”中，对男女礼帽进行了回顾和演示，推广了伦敦的时尚设计行业。同时，这项活动，为伦敦的历史名人塑像设计和戴上礼帽，既宣传了伦敦的历史文化，也突出了伦敦的文化创意产业和时尚特色。政府大力支持此类宣传推广伦敦历史文化的项目和活动，鼓励居民和游客发现和了解伦敦的历史、人物和风貌。

（四）公共艺术

伦敦文化发展繁荣的一个重要因素就是公共艺术的蓬勃发展，这也促使伦敦成为全球现代艺术的中心，而且现代艺术与伦敦的文化氛围、城市形象有机融合、相得益彰。政府扶持公共艺术的策略是通过规划和推出专门项目，鼓励发展高品质的公共艺术，以提升伦敦的城市生活品质。伦敦已成为全球视觉艺术的中心，这很大程度上归功于伦敦众多的艺术人才、著名的艺术院校、高品质的艺术机构和繁荣的艺术市场。伦敦的艺术市场已占全球30%的份额。

英国最大的雕塑竞赛2012年在伦敦的特拉法尔加广场举办。这个竞赛以高品质、趣味性和争议性闻名，引起媒体和公众的集中关注和广泛讨论。调查显示，超过70%的伦敦市民了解这项竞赛，3/4的市民赞同在公共空间举办艺术竞赛是对公共空间的有益利用，提升了城市空间的品质，使伦敦更为宜居。这项竞赛十分成功，引发了一系列后继文化活动。其中之一就是收集所有竞赛作品举办了一个展览和召开了关于公共艺术的公众研讨会。超过4.5万名观众参观了这个展览，并且和众多知名艺术家和评论家一起热烈讨论了公共艺术的作用和价值。这显示公共艺术得到了全社会的关注和支持。

（五）节庆活动和公共空间

伦敦的节庆活动和公共空间密不可分。伦敦每年大量的节庆活动带动了城市活力，推动了社区融合，提升了城市形象，吸引了海外游客。政府的策略是计划资助相当一部分文化节庆和活动，同时鼓励社会各界举办、投资和参与各种文化活动。

伦敦市政府在2011年支持并赞助了一项关于阿拉伯当代艺术和文化的节庆活动，意在彰显阿拉伯移民对于伦敦的重要性，鼓励他们融入伦敦社会。2013年这项活动再次举行，几乎全部经费来自英国国内和海外的阿拉伯组织赞助。同时活动的组织和举办水准大幅提升，设立了专业的投资和运营团队，举办了超过50场的展览、演出、研讨会和系列活动。这给活动举办地、阿拉伯社区和伦敦市都带来了积极的影响。

另一项节庆活动的例子是伦敦市政府推出的“十个文化轨迹（Ten Culture Trails）”活动，旨在宣传推广伦敦众多的文化项目。这项活动为市民和游客提供了感受和体验伦敦文化精髓的机会，引导他们参观游览伦敦众多的知名景点，以及很多鲜为人知的文化场所。活动中涉及的各景点都备有专门的明信片供游客留念，此外还设计有专门的手机App软件供游客下载使用。

（六）文化和城市空间

伦敦的城市空间显示着不同种族、文化、宗教带来的文化多元性和不同时代积淀的历史多样性。伦敦城市物质空间所呈现的文化特色对市民和海外游客有强烈的吸引力。政府的策略是通过文化引导城市规划和建设，对城市进行合理的保护、改造和重建，将文化与城市空间环境有机融合、互相衬托。

伦敦市政府与英国遗产组织（English Heritage）、英国遗产彩票（Heritage Lottery Fund）、伦敦遗产基金（Heritage of London Trust）等多个文化遗产组织紧密合作，积极发现并更新历史文化遗产的保护方法，同时政府推动保护更多不知名的、地处偏远的历史遗迹和历史建筑。历史建筑和空间保护的重点是为历史遗产提供具有生命力的改造规划。

在保护的同时，伦敦市政府认识到在城市的不断发展中，新建筑和空间既要体现时代特征和活力，又要与城市历史环境协调融合。城市规划在尊重和保护历史环境的同时，赋予新建筑充分的自由和弹性，以展现伦敦文化的多样性、时尚性和活力。

（七）文化和社区更新

社区更新需要有地方政府和地方组织的主导，同时吸引有经验的专业人士和社会组织积极参与，多方充分协商讨论后产生综合性的政策和规划以及便利的投资计划，并能协调资金和规划。这些政策规划需要有长远的文化视野，以提升社区建筑、空间、生活品质为主要目标，吸引社区居民积极参与。社区更新需要有能持续发展的文化内涵，对现有文化设施进行合理改造利用是核心，并重塑本地文化服务体系。

增加文化多元化是社区更新的有益补充，同时要鼓励和增强社区内多元文化、种族和宗教的融合，在此基础上提升本地文化资源的活力。在社区内普及文化教育和培训，提升整体文化素质，强化社区文化特征。

资料来源：张剑涛．如何推进文化大都市建设？——伦敦的经验［EB/OL］．［2020-06-12］．http：//cszl. urban - china /. org demo25001/index. php/news/news - 01/news - 01c/1619-2017061205.（有删改）

思考题

1. 简述城市管理模式的概念。
2. 简述城市管理模式的类型。
3. 简述治理理论及其特征。

4. 简述中国城市管理模式的创新取向。

5. 简述斯德哥尔摩城市管理模式的特点。

拓展阅读篇目

[1] 戈丹．何为治理［M］．北京：社会科学文献出版社，2010.

[2] 阿尔蒙德．比较政治学：体系、过程和政策［M］．北京：东方出版社，2007.

[3] 斯蒂格利茨．发展与发展政策［M］．北京：中国金融出版社，2009.

[4] 俞可平．治理与善治［M］．北京：社会科学文献出版社，2000.

[5] 何显明．市场化进程中的地方政府行为逻辑［M］．北京：人民出版社，2008.

第五章
现代城市管理主体

要提升城市管理的实效，需要以一套合理、高效的城市管理模式作为支撑。本章主要讨论现代城市管理的主体，也就是市政组织体系。市政管理主体是市政活动的载体，这个载体是多元的，既有集体形式的组织，也有相关公益团队，还有个体市民。其中，市政组织体系是城市管理主体的主要组成部分，市政组织体系的核心主体是公共权力机关①。权力行使的过程是管理意志的体现，城市管理是城市中各种管理主体开展管理活动的过程。根据是否拥有正式直接决定和执行城市公共政策的权力，城市管理体系可以分为两大系统：城市权力系统和城市非权力系统。由此可见，城市管理由两大系统来组织，一是城市管理权力系统，二是城市管理非权力系统。这两种系统所发挥的城市管理的作用，一般都需要城市政府的参与。一般而言，城市政府的权限来自法律的授予，取决于代表国家的中央政府的意愿。通常情况下，中央政府只可能把那些需要或必须分地域治理的地方社会事务，而且必须是不致影响国家统一和政治统治的那些社会事务，交给地方政府去处理。本章主要从城市管理权力系统和非权力系统出发来论述现代城市管理的主体。

一、中国城市管理权力系统

城市管理是城市发展的客观要求。随着人类社会的进步，管理思想和管理理论也逐步发展起来②。马克思指出："一切规模较大的直接社会劳动或者共同劳动，都或多或少地需要指挥，以协调个人的活动，并执行生产总体的

① 王佃利，张丽萍，高原．市政管理学［M］．北京：中国人民大学出版社，2015：5.
② 杨善林．企业管理学［M］．北京：高等教育出版社，2009：7-8.

运动——不同于这一总体的独立器官的运动——所产生的各种一般技能。"①近代管理思想的形成可以追溯到18世纪的欧洲产业革命。这一时期产生的管理思想不仅继承了古代管理思想的精华，也意味着早期管理思想的萌芽。"物质劳动和精神劳动的最大的一次分工，就是城市和乡村的分离。城乡之间的对立是随着野蛮向文明的过渡、部落制度向国家的过渡、地方局限性向民族的过渡而开始的，它贯穿着全部文明的历史并一直延续到现在。随着城市的出现也就需要有行政机关、警察、赋税等等，一句话，就是需要有公共政治机构。"② 这些公共的机构就是城市的管理主体。

在我国，城市管理权力系统包含中国共产党组织、权力机关、行政机关、司法机关。中国共产党是执政党，权力机关主要是人民代表大会，行政机关是人民政府，司法机关由人民法院和人民检察院组成③。城市权力政治系统是指拥有某种正式直接行使城市公共政策制定和执行权力的各种组织有机结合的总体。当今社会主义国家，城市权力政治系统又包括两部分：第一，以国家名义和强制性方式出现的城市国家权力政治系统，包括城市的各级国家权力机关、行政机关、司法机关，即通常所谓的城市国家政权系统或广义的城市政府系统。第二，以执政党名义和督导性方式出现的城市非国家权力政治系统，包括共产党的市委员会、区委员会及街道委员会等。由于在市政管理的实际运作过程中，权力交叉、因素交融、互相影响，本章对相关管理主体做了系统的分重点、分层次的解析。

（一）中国共产党概述

自1840年鸦片战争后，古老的中国遭受了巨大的灾难，蒙受了巨大的屈辱，勤劳勇敢的中国人民奋起抗争，但屡遭挫折与失败，而自从有了中国共产党，这种局面就从根本上改变了④。中国共产党经历血与火的考验，它的思想的先进性、组织的严密性、经验的丰富性决定了其具备极强的系统性与战斗力，使得中国共产党这一先进性组织不仅是国家政权的一部分，而且居于

---

① 马克思．资本论：第一卷［M］．北京：人民出版社，1975：2-20.

② 林文益．马克思恩格斯论城市发展与市场、流通、商业的关系［J］．北京商学院学报，1993（2）：1-6.

③ 黄光毅．执政党与人民代表大会关系探讨［D］．成都：西南交通大学，2007：78-79.

④ 中国近现代史纲要教材编写组．中国近现代史纲要［M］．北京：高等教育出版社，2015（8）：120-121.

国家权力系统的核心位置。中国共产党的领导是人民的选择，是历史的选择，是中国近现代社会发展的必然选择①。

作为执政党，中国共产党居于城市权力的核心地位②。长期以来，党的市委一直是我国城市拥有全权的领导机构，对城市重大事务拥有决策权力，并可直接或与市政府联名向社会发布决定，因而实质上是城市权力政治系统的核心或中枢。随着我国政治体制改革的不断推进，即使实行党政职能分开，市委也并不从权力中心消逝，而是改善了这种领导地位，仍然决定着城市的大政方针、重大的人事安排，并对市的人大、政府、法院、检察院等机关起着领导和监督作用。因此，党的市委仍将是市权力政治系统的组成部分，同时又是非国家权力政治系统的领导核心。

党的十六大报告指出，发展社会主义民主政治，最根本的是要把坚持党的领导、人民当家作主和依法治国有机统一起来③。改革和完善党的领导方式和执政方式，对于推进社会主义民主政治建设，具有全局性作用。

（二）中国共产党的领导

党的领导主要是指政治、思想和组织领导，通过制定大政方针，提出立法建议，推荐重要干部，进行思想宣传，发挥党组织和党员的作用，坚持依法执政，实施党对国家和社会的领导④。

1. 政治领导

政治领导是指政府、政党、政治集团以及政治领袖等政治管理主体运用权力和权威，通过对政治管理客体施加政治影响力，确立社会政治生活的性质和目的，实现与政治统治相关的原则和方向的过程。政治领导在政治过程中起着主导作用，在形式上表现为政治领导人的活动。从政治领导行为的角度讲，政治管理可以看作国家政权对社会公众政治生活的根本性问题的权威指导过程。

---

① 姚红．毛泽东思想和中国特色社会主义理论体系概论［M］．北京：中共党史出版社，2014：229.

② 王佃利，张丽萍，高原．市政管理学［M］．北京：中国人民大学出版社，2015（6）：57.

③ 刘春盈．坚持党的领导、人民当家作主与依法治国的有机统一［J］．新东方，2002（6）：67-69.

④ 顾肖荣．省级地方党委如何加强对地方立法工作的领导［J］．毛泽东邓小平理论研究，2004（12）：35-36.

2. 思想领导

思想领导是指用马克思主义、毛泽东思想、邓小平理论、“三个代表”重要思想、科学发展观，习近平新时代中国特色社会主义思想，以及共产主义理想和社会主义思想道德素质来教育党员和人民群众，不断提高他们的思想觉悟，使其懂得党的纲领和路线，懂得国家的法律和政策，并自觉地贯彻执行。

3. 组织领导

组织领导即充分发挥各级党组织的战斗堡垒作用，以广大党员的先锋模范作用来带动和影响人民群众，从组织上保证党的纲领和路线，国家的宪法、法律付诸实践；培养、选拔、考核和监督干部，并向国家机关推荐德才兼备的干部，以成功地推进中国特色社会主义事业的发展。

按照中国共产党总揽全局、协调各方的原则，规范党委与人大、政府、政协以及人民团体的关系，支持人大依法履行国家权力机关的职能，经过法定程序，使党的主张成为国家意志，使党组织推荐的人选成为国家政权机关的领导人员，并对他们进行监督；支持政府履行法定职能，依法行政；支持政协围绕团结和民主两大主题履行职能；加强对工会、共青团和妇联等人民团体的领导，支持它们依照法律和各自的章程开展工作，更好地成为党联系广大人民群众的桥梁和纽带。

（三）中国共产党的城市党组织

中国共产党是市政管理的政治性主体①，在城市建有完整的组织系统，对城市国家权力进行统一领导。中国共产党的城市党组织主要由以下四大部分组成。

1. 市党员代表大会

市党员代表大会是党的市级领导机关，每年召开一次，会议具体内容和议程由市委常委会提请市委全委会决定②。会议主要任务是：听取和审议市委、市纪委工作报告；讨论全市政治、经济、文化、社会发展和党的建设方面的重大问题并做出决议；对市委委员、市纪委委员的年度工作进行民主评

① 秦冠宇．建国初期中国共产党的政治整合问题研究［D］．济南：山东大学，2014：25-27.

② 张富田，杨晓明．如何理顺地方党委全委会和常委会之间的工作关系［J］．党的建设，2011（8）：43.

议；选举代表出席上级党的代表大会，增补市委委员、市纪委委员；收集、处理代表提案，并报告上一次代表大会提案、意见、建议办理情况；讨论决定市委提请的其他重要事项。

2. 中共市委员会

中共市委员会简称“中共市委”或“市委”，是市党员代表大会闭会期间党的常设领导机关，由党代会选举产生，每届任期为 5 年①。市委由委员和候补委员组成，当选者必须具有 5 年以上的党龄。在市党员代表大会闭会期间，中共市委执行中央和上级党组织的指示以及党代表的决议，领导本市的各项工作，定期向上级党委报告工作。中共市委员会全体会议每年至少举办一次。中共市委设有办公厅（室）、政策研究室、组织部、宣传部、统战部、教育工委、经济工委、政法委员会等工作部门。中共市委按照中国共产党总揽全局、协调各方的原则，规范党委与人大、政府、政协以及人民团体的关系。

3. 市常务委员会

市常务委员会简称“市常委”，是市委的核心机构，主持市委的日常工作。市常委在市委全体会议闭会期间，行使委员会的职权，贯彻委员会全体会议的决议。市常委由市委员会全体会议选举产生，其组成成员包括书记、副书记和常务委员。其组成人数一般为单数。

4. 市纪律检查委员会

市纪律检查委员会简称“市纪委”，是中国共产党在城市维护和执行党的纪律的专门机关，负责对党员干部的违法乱纪行为进行监督、调查和处理，在市委和上级纪律检查委员会的双重领导下开展工作。市纪委设书记、副书记和常务委员，都由市纪律检查委员会全体会议选举产生，由市委员会通过上报上级党委批准。市纪律检查委员会每届任期为 5 年。其职责主要包括：维护党的章程和其他重要的规章制度；协助市委整顿党风；检查党的路线、方针、政策和决议的执行情况；经常对党员进行遵守纪律的教育，做出关于维护党纪的决定；检查和处理党的组织和党员违反党章和国家法律的比较重要的或复杂的案件；决定或取消对这些案件中党员的处分，并向市委和上级

① 万银峰．对实施市、县级党的代表大会常任制的思考［J］．领导科学，2005（20）：11-12.

纪律检查委员会报告；受理党员的控告和申诉[①]。

中国共产党在城市权力政治系统中，乃至在城市社会政治生活中，起着核心领导作用：在政治上，拥有大政方针的决策权；在思想上，握有导向权；在组织上，享有重要人事安排的推荐与提名权。党的城市组织从市委书记、副书记、市委常委最高层，到各行各业各界最基层的党支部，构成了强有力的、纵横交错的、金字塔形的组织体系。不忘初心，方得始终，中国共产党始终把为人民服务牢记在心，不断实现人民群众对美好生活的向往。

（四）城市权力机关

依据《地方组织法》，市人民代表大会是市的国家权力机关，在城市的行政区域内代表人民行使国家权力[②]。市人民代表大会（简称“市人大”）在整个城市国家机关中处于首要地位，城市行政机关、司法机关都由它产生，并对它负责，接受其监督，向其报告工作。

城市权力机关的代表由人民直接或间接选举产生，一般没有职业限制，而且要体现不同民族、种族、性别、宗教、教育程度、职业在会议机构中的代表性。市人大代表一般是兼职的，在市人大会议结束后，市人大代表回到自己的工作岗位上，并要在生产和工作第一线表现出代表性，保持同人民群众的密切联系。市人大代表享有在市人大会议上的发言和表决不受法律追究的权利，并享有人身特别保护的权利。直辖市和设区的市人民代表大会由下一级人民代表大会选举的代表组成，通过间接选举的方式产生。不设区的市和市辖区的人民代表大会由选民通过直接选举产生。市人大会议每年至少举办一次，经过五分之一代表提议，可以临时召集市人大会议。每届第一次会议应在本届市人大代表选举完成后两个月内进行。市人大会议由市人民代表大会常务委员会（简称“市人大常委会”）负责召集。市人民代表大会和区人民代表大会之间的关系不是领导与隶属的关系，而是法律上监督、业务上指导和工作上联系的关系。

市人大通过召开会议的方式集体行使决定权、人事任免权、监督权和地

---

① 叶青纯．深入开展党风廉政建设和反腐败斗争　为建设中国特色世界城市提供有力保证：中国共产党北京市纪律检查委员会向中国共产党北京市第十一次代表大会的工作报告［J］．前线，2012（z1）：24-28.

② 晨钟，于晶娜．人大代表：人民代表大会的主体［J］．吉林人大，1998（7）：30-32.

方立法权[①]。值得注意的是，这四种权力中的地方立法权只有直辖市、省和自治区政府所在地城市以及国务院规定的较大的市拥有。其职权具体体现在以下几个方面：①在本行政区域内，保证宪法、法律、行政法规和上级人民代表大会及其常务委员会决议的遵守和执行，保证国家计划和国家预算的执行。②审查和批准本市的国民经济和社会发展规划、预算及其执行情况的报告，讨论和决定本市的政治、经济、教育、科学、文化、卫生、环境与资源保护、民政、民族等工作的重大事项。③选举和罢免市人大常委会的组成人员；选举和罢免市长、副市长等市人民政府的组成人员；选举和罢免市人民法院院长；选举和罢免市人民检察院检察长，并报上一级人民检察院检察长，提请该级人民代表大会常务委员会批准；选举和罢免上一级人民代表大会代表。④听取和审查市人大常委会的工作报告，听取和审查市人民政府、市人民法院、市人民检察院的工作报告，改变或者撤销市人大常委会的不适当的决议，撤销市人民政府不适当的决定和命令。⑤保护社会主义全民所有和劳动群众集体所有的财产，保护公民私人所有的合法财产，维护社会秩序，保障公民的人身权利、民主权利和其他合法权利；保护各种经济组织的合法权益；保障少数民族的权利；保障宪法和法律赋予妇女的男女平等、同工同酬和婚姻自由等权利。⑥制定地方性法规。市人大的组织主要包括常务委员会、专门委员会和调查委员会。市人大常委会是市人大的常设机关，由本级每届市人大第一次会议从代表中选举主任、副主任和委员若干人组成，下设办事机构和若干专门工作委员会[②]。市人大常委会的组成人员不得担任市行政机关、司法机关的职务。市人大代表由区、县人大选举产生，区人大代表、县级市人大代表由选民直接选举产生。市人大常委会每届任期为 5 年，每两个月至少举行一次会议。直辖市和设区的市的人大常委会由主任一人、副主任若干人、秘书长一人和委员若干人组成；不设区的市和市辖区的人大常委会由主任一人、副主任若干人和委员若干人组成。各级人大常委会实行民主集中制，通过召开全体会议和主任会议的形式集中行使职权。专门委员会是根据需要设

① 张丽．地方人大监督职能运行现状与问题研究：以上海市普陀区为研究个案［D］．上海：华东师范大学，2009：17-20.

② 北京市人大常委会办公厅．北京市人民代表大会文献资料汇编：1993—2003［G］．北京：北京出版社，2006.

立协助本级人民代表大会及其常委会开展工作的机构，根据《地方组织法》的规定，直辖市、设区的市的人民代表大会根据需要，可以设立法制委员会、财政经济委员会、教育科学文化卫生委员会等专门委员会。调查委员会是县级以上人民代表大会组织的关于特定问题的调查机构。

（五）城市行政机关

市人民政府是各级城市的行政机关，是市人大的执行机关，是设在城市的地方国家行政机关，它由市人大产生，向市人大和上级国家行政机关负责并报告工作，人大闭会期间向市人大常委会负责并报告工作。市人民政府由市长、副市长、秘书长（或办公室主任）、厅长（局长）、委员会主任等组成。直辖市、设区的市、不设区的市的人民政府每届任期为5年。根据《地方组织法》的规定，直辖市和设区的市的人民政府由市长、副市长、秘书长、厅长、局长和委员会主任组成。不设区的市和市辖区的人民政府由市长、副市长、区长、副区长、局长、主任和科长组成。市行政机关实行首长负责制。各级领导行使执行权、领导权、财权、人事权、管理权等。根据工作需要，市人民政府一般设30~40个工作部门（小市少于30个，直辖市和特大城市可多于40个）。这些部门可以分为两类：作为市人民政府组成部分的职能机构、市人民政府的直属机构。

作为市人大的执行机关，市人民政府必须执行市人大及其常委会的决议，对市人大及其常委会负责并报告工作，接受市人大及其常委会的领导和监督。作为城市的国家行政机关，市人民政府是组织和管理本市行政区划内行政事务的机关，它必须执行上一级国家行政机关的决议和命令，对上一级国家行政机关负责并报告工作，接受上一级国家行政机关的领导和监督，并服从最高国家行政机关即国务院的统一领导。市人民政府的这种双重性质和地位，既保证了中央和上级行政机关对城市行政事务的统一领导，又有利于因地制宜地发挥市人民政府的积极性和主动性。市政府行政机关，就纵向而言，有市人民政府、区人民政府及其派出机关街道办事处。

市人民政府设有若干工作部门。市人民政府的工作部门是指在人民政府的统一领导下，负责管理城市某一方面或某些方面行政事务的职能机构，如市、区下属的局、委员会、科、办公厅等。由于我国的城市有直辖市、副省级市、地级市和县级市的层次划分，不同层次的城市人民政府的管理范围和职责权限不同，因此所设的具体工作部门和相应级别存在差异，但依据机构的功能和作用的不同，大致包括决策领导机构、组织管理某一方面行政事务的职能机构、监察和审计等监督机构、办公厅（室）和机关事务管理局等辅助机构，以及参谋咨询机构、信息机构和派出机构。值得注意的是，派出机构不是一级政府，它的职权受到其上级领导机构较强的约束。在我国，派出机构主要有三种：一是省、自治区人民政府在必要时，经国务院同意，可以设立行政公署作为它的派出机构；二是经省、自治区、直辖市人民政府批准，可以设立办事处作为它的派出机构；三是直辖市、不设区的市人民政府，经上一级人民政府批准，可以设立街道办事处作为它的派出机构①。市人民政府工作部门的设置应该遵循精简、效能、法治的原则。

市、区人民政府作为国家权力机关的执行机关，是最主要的市政主体，是市政主要活动的承担者②。市行政机关的主要职责有：①执行本级人民代表大会及其常务委员会的决议，以及上级国家行政机关的决定和命令，规定行政措施；②领导所属各工作部门和下级人民政府的工作；③改变或者撤销所属各工作部门的不适当的指示和下级人民政府的不适当的决定；④根据法律的规定任免、培训、考核和奖惩国家行政机关工作人员；⑤执行国民经济和社会发展规划、预算，管理本行政区域内的经济、教育、科学、文化、卫生、体育事业、环境和资源保护、城乡建设事业和财政、民政、公安、民族事务、司法行政、监察、计划生育等行政工作；⑥保护社会主义全民所有的财产和劳动群众集体所有的财产，保护公民私人所有的合法财产，维护社会秩序，保障公民的人身权利、民主权利和其他权利；⑦保护各种经济组织的合法权益；⑧保障少数民族的权利和尊重少数民族的风俗习惯，帮助本行政区域内各少数民族聚居的地方依照宪法和法律实行区域自治，帮助少数民族发展政治、经济和文化等建设事业；⑨保障宪法和法律赋予妇女的男女平等、同工同酬和婚姻自由等各项权利；⑩办理上级国家行政机关交办的其他事项。

（六）市人民法院

市人民法院是城市司法机关的一个组成部分，是城市辖区内的审判机关，

① 付长良．试论理顺地区行政公署的行政区划体制［J］．政治学研究，1997（2）：74-80.

② 郭爱琴．政府部门在城市基础设施管理中的主要职责和任务［J］．城市管理与科技，2002（3）：1-2.

依法行使审判权，即依法审理和审判刑事案件、民事案件、经济案件和行政案件，并且通过审判活动，惩办一切犯罪分子，解决民事纠纷，促进城市行政机关依法行使职权，以保卫人民民主专政制度，维护社会主义法制和社会秩序，保护社会主义全民所有的财产和劳动群众集体所有的财产，保护公民私人所有的合法财产，保护公民的人身权利、民主权利和其他权力，保障城市的社会主义现代化建设和改革开放事业的顺利进行①。

市各级人民法院分为若干级别，其级别与其所在地的行政地位对应。直辖市设置高级人民法院、中级人民法院；设区的市设置中级人民法院、基层人民法院；不设区的市和市辖区设基层人民法院。市各级人民法院设立审判委员会，实行民主集中制，任务是总结审判经验，讨论重大的或者疑难的案件以及其他有关审判工作的问题，本级人民检察院检察长可以列席会议。市人民法院院长由市各级人民代表大会选举产生，副院长、审判委员会委员、庭长、副庭长和审判员由地方各级人民代表大会常务委员会任免。市各级人民法院设立刑事审判庭、民事审判庭、经济审判庭、行政审判庭、执行庭和其他审判庭等专业法庭，配备助理审判员、书记员、执行员、法医、法警等工作人员。市各级人民法院院长与本级人民代表大会任期相同，均为5年。

市各级人民法院受本级人民代表大会及其常务委员会监督，对本级人民代表大会及其常务委员会负责②。同时，市各级人民法院接受上级人民法院的监督，上级人民法院通过受理上诉、抗诉、申诉等渠道监督下级人民法院的审判活动。对已经产生法律效力的错误判决和裁定，上级人民法院可以进行提审或指令下级人民法院再审。具体来讲，市各级人民法院的主要职责有：①依法审判法律规定由市人民法院管辖和上级人民法院指定管辖的刑事、民事、行政等一审案件；②依法审判由市人民检察院按照审判监督程序提出的抗诉案件；③依法行使司法裁判权和司法执行权；④针对案件审理中发现的问题提出司法建议；⑤对市人民法院的法官和其他工作人员进行思想政治教

① 张志军，曾英．提高司法能力规范管理机制：人民法院如何为创建国家知识产权示范城市提供司法保障［J］．成都行政学院学报，2006（4）：28-29.

② 肖扬．最高人民法院关于加强审判工作监督情况的报告：2005年10月25日在第十届全国人民代表大会常务委员会第十八次会议上［J］．中华人民共和国全国人民代表大会常务委员会公报，2005（7）：723-730.

育，组织专业培训，按照权限管理法官和其他工作人员；⑥管理市人民法院的经费和物资装备；⑦在审判工作中宣传法制，教育公民忠于社会主义祖国，自觉遵守宪法、法律和社会公德；⑧承办其他由市人民法院负责的工作。

市人民法院审判时需要遵循的原则主要有：①依照法律规定独立行使审判权，不受行政机关、社会团体和个人的干涉；②市人民法院审判的案件，对于一切公民，不分民族、种族、性别、职业、社会出身、宗教信仰、教育程度、财产状况、居住期限，在适用法律上一律平等，不允许任何人有任何特权；③各民族公民都有用本民族语言文字进行诉讼的权利，市各级人民法院应当为不通晓当地通用语言文字的当事人提供翻译服务；④市各级人民法院审理案件，除涉及国家机密、个人隐私和未成年人犯罪案件外，一律公开进行；⑤被告人有权获得辩护。被告人除自己进行辩护外，有权委托律师为他辩护，可以由人民团体或者被告人所在单位推荐的或者经人民法院许可的公民为他辩护，可以由被告人的近亲属、监护人为他辩护。人民法院认为必要的时候，可以指定辩护人为他辩护。

（七）市人民检察院

市人民检察院是城市的国家法律监督机关，代表国家独立行使检察权[①]。所谓检察权，是指依法监督城市国家机关和国家工作人员、企事业单位、人民团体和全体市民遵守宪法和法律的权力，是维护宪法和法律在城市统一、正确实施的一种特殊权力[②]。市各级人民检察院对本级人民代表大会及其常务委员会负责并报告工作，接受本级人民代表大会及其常务委员会的监督，同时受上级人民检察院的领导。

市人民检察院分为直辖市人民检察院，直辖市人民检察院分院和省辖市人民检察院，县级市、市辖区人民检察院[③]。

市各级人民检察院设检察长一人，由本级人民代表大会选举和罢免，同时须报上一级人民检察院检察长提请该级人民代表大会常务委员会批准；设副检察长、检察委员会委员和检查员若干人，由本院检察长提请本级人民代表大会常务委员会任免。市各级人民检察院实行民主集中制，在检察长的主

① 李自民．简论加强检察机关的法律监督［J］．国家检察官学院学报，1996（2）：40-42.
② 缪长青．依法监督国家权力机关［J］．人民政坛，2003（8）：18-19.
③ 薛伟宏．当前检察机关职权的法律支撑［J］．国家检察官学院学报，2003（5）：119-120.

持下，讨论决定重大案件和问题。市各级人民检察院根据需要分别设立相应的检察处、科和其他业务机构，配备一定数量的助理检察员、书记员和法警等。

市人民检察院行使的职权主要有：①对于叛国案、分裂国家案以及严重破坏国家的政策、法律、法令、政令统一实施的重大犯罪案件，行使检察权。②对于国家工作人员职务上的犯罪和利用职权进行的犯罪，最主要是对贪污受贿罪、渎职罪、侵犯公民民主权利罪以及市人民检察院认为需要直接受理的刑事案件，进行侦查，决定是否追究刑事责任。③对于公安机关侦查的案件，进行审查，决定是否逮捕、起诉或者免予起诉；对于公安机关的侦查活动是否合法，实行监督。④对于刑事案件提起公诉，支持公诉；对于人民法院的审判活动是否合法，实行监督。⑤对于刑事案件判决、裁定的执行和监狱、看守所的活动是否合法，实行监督。⑥保障本市公民对于违法的国家工作人员提出控告的权利，追究侵犯本市公民的人身权利、民主权利和其他权利的人的法律责任。

市人民检察院法律监督活动需坚持以下原则：第一，实事求是原则。第二，法律面前人人平等原则。第三，检察独立原则。第四，法制原则。第五，双重领导原则。第六，互相配合原则。

二、中国城市管理非权力系统

中国城市管理非权力系统包括市人民政治协商会议、民主党派组织、市社区居民委员会、社会团体组织、非营利性组织、人民群众等组成部分。

（一）市人民政治协商会议

市人民政治协商会议简称“市政协”，是城市中具有广泛代表性的爱国统一战线组织①；是城市全体各界劳动者和爱国者的政治联盟，是中国共产党领导的多党合作和政治协商的重要机构，是城市发展社会主义民主、实行政治协商和民主监督的重要形式。市政协不是国家机关，而是在市委领导下和全国政协指导下，实现党派合作的组织形式。

市与市辖区一般设立政协委员会。政协上级委员会与政协委员会之间存

① 王佃利，张丽萍，高原．市政管理学［M］．北京：中国人民大学出版社，2015（6）：58.

在指导与被指导的关系，但对于政协上级委员会全国性或地区性的决议，政协委员会必须遵守。政协委员会由中国共产党、各民主党派、无党派人士、人民团体、各少数民族和全市各界的代表以及台湾同胞、港澳同胞、归国侨胞的代表组成。政协委员会设主席、副主席若干人和秘书长。部分政协委员会可以不设秘书长。

政协委员会委员由市的共产党组织、各民主党派组织、无党派知名人士、人民团体、各少数民族和全市各界的代表以及台湾同胞、港澳同胞、海外侨胞的代表组成。凡赞成政协章程的党派和团体，经政协委员会常委会协商同意，可以参加政协委员会；个人经政协委员会常委会协商邀请，亦可参加。城市各级政协委员会任期与同级人大相同。城市各级政协委员会的参加单位、委员名额和人选，应由上届政协委员会常委会协商决定。每届政协委员会任期内个别参加单位变更、委员名额增减、吸收新的人选，由本届政协委员会常委会协商决定。城市政协常委会主持会务，它由主席、副主席、秘书长和常务委员组成。城市政协会议的形式分全体会议和常务委员会会议。

政协全体会议每年至少举行一次，常务委员会会议根据需要举行。全体会议的职权是：选举市政协委员会主席、副主席、秘书长和常务委员；听取和审议常务委员会的工作报告；讨论并通过有关决议；参与对国家和城市事务中重要问题的讨论，提出批评和建议。

市政协的具体任务主要包括八个方面：①就本市的大政方针、群众生活和统一战线问题进行协商；②对本市党委和国家机关提出建议和批评，协助其改进工作，提高效率，克服官僚主义；③兴办和支持市公益事业，组织调查研究，视察检查，为城市建设献计出力；④进行思想、道德、纪律等宣传教育，推进精神文明建设；⑤宣传和贯彻执行党和国家的各项方针政策；⑥调整和处理市政协各方面的关系及其合作共事的重要事项；⑦组织政协委员学习方针政策和时事政治；⑧征集、研究、出版文史资料。

市政协与市人大、市政府有着密切的联系，市的国家权力机关和行政机关在做出重大决定前，应该向市政协询问意见；市政协委员可以列席市人大和市政府有关重要会议；市人大和市政协同时召开会议，通过联席会议等多种形式沟通交流，共同研究城市中的重大问题，并通过某种方式对有关机关进行监督。市政协的作用主要有：发展和巩固市的爱国统一战线，进行政治协商、民主监督、参政议政，推进社会主义物质文明和精神文明建设，开展人民外交和对台工作。

(二) 民主党派组织

我国实行共产党领导下的多党合作制，民主党派是我国的参政党①。这里说的民主党派主要是指中国大陆的中华人民共和国政党，除执政党中国共产党以外的八个参政党的统称，它们是中国国民党革命委员会、中国民主同盟、中国民主建国会、中国民主促进会、中国农工民主党、中国致公党、九三学社、台湾民主自治同盟，它们在直辖市、部分地级和县级市建立了自己的组织体系。

根据1989年12月30日《中共中央关于坚持和完善中国共产党领导的多党合作和政治协商制度的意见》精神，中国共产党是社会主义事业的领导核心，是执政党；各民主党派是各自所联系的一部分社会主义劳动者和一部分拥护社会主义的爱国者的政治联盟，是接受中国共产党领导的、同中国共产党通力合作，共同致力于社会主义事业的亲密友党，是参政党。2005年，中共中央颁布的《关于进一步加强中国共产党领导的多党合作和政治协商制度建设的意见》，从民主党派构成的社会基础、与中国共产党的关系、在致力于中国特色社会主义奋斗目标中的地位三个方面，将新世纪新阶段民主党派的性质表述为："民主党派是各自所联系的一部分社会主义劳动者、社会主义事业建设者和拥护社会主义爱国者的政治联盟，是接受中国共产党领导、同中国共产党通力合作的亲密友党，是进步性与广泛性相统一、致力于中国特色社会主义事业的参政党。"

城市各民主党派一般在定期（5年或3年）召开的代表大会的基础上选举产生各民主党派的市委员会，其由主任委员、副主任委员、委员（包括常务委员）和秘书长组成，并根据需要设立必要的工作部门。"长期共存、互相监督、肝胆相照、荣辱与共"，是中国共产党城市组织与各民主党派合作的基本方针，充分发挥和加强市民主党派参政和监督的作用是最为重要的内容②。

---

① 梁秀华．我国实行共产党领导下的多党合作是历史的必然［J］．山东大学学报：哲学社会科学版，1989（4）：93-97.

② 许嘉璐．互相监督：中国政党制度的特色和优点［J］．民主，2002（3）：4-5.

各民主党派作为市政管理主体的一部分，其工作职责[①]主要有：①负责党的统战方针政策的宣传教育，为市内各部门提供统战政策方面的咨询；②负责党委对民主党派的工作，协助各民主党派加强思想和组织建设并开展相应的活动；③负责向各级人大、政协推荐代表和委员人选，向各级政府机关推荐优秀党外分子干部；④负责了解、反映党外高级知识分子的思想、工作状况，协助解决他们工作和生活上的特殊困难；⑤负责有关对台工作，落实台胞、台属政策，接待来本市探亲的台胞；⑥负责侨务工作，落实侨务政策，帮助侨联开展活动；⑦承担上级部门以及市党政领导交办的各项任务；⑧为城市建设出力献计。

（三）市社区居民委员会

市社区居民委员会简称“居委会”“社区居委会”[②]，是我国城市街道、行政建制镇的分区即“社区”的居民组织，即城镇居民的自治组织，地位类似于农业区的村民委员会，工作服务的对象以城市、镇非农业居民为主[③]。

根据第七届全国人大常委会第十一次会议通过并自1990年元旦起施行的《中华人民共和国城市居民委员会组织法》（以下简称《城市居民委员会组织法》）的规定，居民委员会是居民自我管理、自我教育、自我服务的基层群众性自治组织，不设区的市、市辖区的人民政府或者它的派出机关对居委会的工作给予指导、支持和帮助。2004年11月民政部公布的《城市居民委员会组织法（修订稿）》增加了近十条条款，其中对居委会的选举机构、居委会的选举程序、居委会的罢免程序和居委会的职权等做出了明确规定。

2004年12月17日，民政部召开居委会组织法修改草案听证会。目前，《城市居民委员会组织法》已不适应社会发展。首先，随着经济的发展，社会人口流动大幅增加，按原来的规定，居委会管理是以户籍为基础的，无疑会把许多外来人员拒之门外，修订后改为以居住地为基础，那么外来人员的选举权、生育权等权益就通过基层纳入城市管理范围。其次，随着城市管理体

---

① 廉冬．试论民主党派在我国政治生活和社会生活中的作用［J］．赤峰学院学报：自然科学版，2000（2）：11-12.

② 王邦佐．居委会与社区治理：城市社区居民委员组织研究［M］．上海：上海人民出版社，2003：21-25.

③ 李艳．对西宁市社区工作的调查与思考［J］．青海统计，2012（12）：20-27.

制的改革，原来的行政管理模式已不再适用，而应该通过自治组织办理社会公共事务，将政府的工作重心下移，以此减轻政府的压力。

《宪法》规定，在城市建立基层群众性自治组织，由居民群众依法办理自己的事情，是我国社会主义民主政治的一个重要方面，是人民当家作主的一项重要制度。1989年以来，《城市居民委员会组织法》对于加强城市居民自治组织建设，扩大基层民主，促进城市社会主义物质文明、政治文明和精神文明建设，都发挥了重要作用。实践证明，该法规定的主要原则和制度是正确的，法律的实行也很有成效。同时，1989年以来我国城市的社会结构、社会管理已经发生了较大变化。修订《城市居民委员会组织法》，进一步完善基层民主制度，对于贯彻落实党的十六大关于完善城市居民自治，建设管理有序、文明祥和的新型社区的精神，是迫切需要的。

根据2018年修订的《城市居民委员会组织法》的规定，居民委员会班子由5~9人组成；居民委员会决定问题，采取少数服从多数的原则。可以根据需要设人民调解、治安保卫、公共卫生等委员会。居民委员会可以分设若干居民小组，小组长由居民小组推选。居民委员会的工作经费由上级政府拨付。

社区居民委员会的主要职责有：宣传宪法、法律、法规和国家的政策，维护居民的合法权益，教育居民履行依法应尽的义务，爱护公共财产，开展多种形式的社会主义精神文明建设活动；协助办理本居住地区居民的公共事务和公益事业；调解民间纠纷；做好生活安全和社会治安宣传；协助人民政府或者它的派出机关做好与居民利益有关的工作；向人民政府或者它的派出机关反映居民的意见、要求和提出建议。此外，居民委员会应当开展便民利民的社区服务活动，可以兴办有关的服务事业。

(四) 社会团体组织

社会团体组织也叫人民团体或者政治社团，一般是指除政府、政府官方机构、企业公司和事业单位以外的团体组织总称①。追根溯源，“人民团体”作为中文术语有特定含义。作为法律上的界定，国民政府在1942年2月10日通过的《人民团体法》中将人民团体分为三类，即职业团体、社会团体和政

① 吴平．刑法中“人民团体”概念辨析［J］．法律科学（西北政法大学学报），2000（1）：125-128.

治团体，人民团体为独立法人，有发起人和主管机关、章程、会员，必须经审批和登记注册后方可设立，可以设置分支机构。中华人民共和国成立以后，一直沿用“人民团体”之提法，内涵上和国民政府时期相同，但没有法律界定。1989 年 10 月 25 日，国务院发布《社会团体登记管理条例》，首次权威界定了“社会团体”范围，内涵上接近于“人民团体”。2016 年 2 月，国务院对《社会团体登记管理条例》进行了修订。

社会团体是指以表达和维护一定阶层群众的具体利益为基础，担负着部分社会管理职能，起着依照各自的切身利益协调社会各部门之间关系的作用，并按照一定章程组织起来的群众性的社会政治团体。社会团体包括市总工会、市共青团委员会、市妇女联合会、市科协、市侨联、市文联等八个人民团体。这些团体都是参加市政协的单位，它们是党领导的工人阶级、先进青年、各族各界妇女等的群众组织，是党联系群众的桥梁和纽带，是国家政权的重要社会支柱。此外，中国作协、中国文联所属 10 个文艺家协会、新闻工作者协会、对外友协、外交学会、贸促会、残联、宋庆龄基金会、法学会、红十字总会、思想政治工作研究会、欧美同学会、黄埔同学会、中华职教社也属于人民团体。

人民团体在国家政治生活中发挥了积极作用：①是中国人民政治协商会议第一届全体会议和历届全国委员会的重要组成部分，在我国政治生活中占有重要的地位，在团结、代表、教育各自的成员，完成民主革命、社会主义革命和建设的各项任务方面，发挥了重要的作用；②代表所联系群众的利益，反映所联系群众的呼声，维护群众的合法权益；③努力做好职工、青年、妇女儿童等的思想政治工作，向他们进行爱国主义、集体主义、社会主义教育，以及法制教育和职业责任、职业道德教育，办好群众文化、教育、体育事业；④动员和组织城市职工、青年、妇女儿童等积极参加城市两个文明建设，开展各种劳动竞赛及评选等活动；⑤积极参政议政，参与市委、市政府的政策制定和市人大有关法规的起草，参加政治协商、民主监督。

（五）非营利性组织

非营利性组织（Nonprofit Organization）是指不以营利为目的的组织，它的目标通常是支持或处理个人关心或者公众关注的议题或事件[①]。这类组织的

① 缪建红，俞安平．非营利性组织中对志愿工作者的管理［J］．科学管理研究，2002（1）：59-61.

运营不以获取利润为目的，而是追求拟定的社会目标，但是非营利性组织并不等于没有盈利；也可以这样认为，非营利性组织是指那些具有为公众服务的宗旨，以执行公共事务为目的，组织所得不为任何个人牟取私利，组织自身具有合法的免税资格并可为捐赠人减免税的除营利性组织和政府组织之外的公益组织。

美国学者塞拉蒙指出，非营利性组织具有六个基本特征：正规性、民间性、非营利性、自治性、志愿性、公益性。非营利性组织的第二和第五个特征使它区别于政府组织，而第三和第六个特征使它区别于营利性组织。非营利性组织有时亦称为第三部门（the third sector），与政府部门（第一部门）和企业界的私营部门（第二部门）一起，构成影响社会的三种主要力量。“第三部门”表现出非营利性的、志愿性的、慈善性的、非政府性等特点。

非营利性组织所涉及的领域非常广，包括艺术、慈善、教育、政治、宗教、学术、环保等。非营利性组织的运作并不是为了产生利益，这一点通常被视为这类组织的主要特性。然而，有学者认为非营利性组织和企业的最主要差异是：非营利性组织受到法律或道德约束，不能将盈余分配给拥有者或股东。

非营利性组织的认定标准应是，经相关机关登记，按上级有关规定收取一定的规费或有偿提供服务收取费用，纳入财政管理的单位，并具有以下特征：第一，必须依法成立；第二，有必要的财产和经费；第三，有自己的名称、组织机构和场所；第四，不具有营利性，不以获取利润为目的。这些特征必须同时具备，否则就不是非营利性组织。非营利性组织主要分布在教育、医疗、文化、科研、体育，以及各类社会团体中。其具体表现形式大致分为三类：第一类是行政部门的服务性单位；第二类是行政主管部门与民间资金相结合组成的单位；第三类是自治性的民间组织。

（六）人民群众

人民群众是一个广泛的概念，包含国家和社会生活的各个方面。马克思主义认为，人民群众是历史的创造者。这反映了人民群众的根本定位与影响力。人民群众的广博性、复杂性、群体性、智慧性，使这样一个群体不可避免地具备城市管理系统的特性。人民群众与城市管理的关系是共生的，一切来源于人民群众，一切为了人民群众，一切到人民群众中去，人民群众的基础性和影响力有目共睹。人民群众作为历史唯物主义的一个重要范畴，是指推动历史发展的绝大多数社会成员的总和。广大从事物质资料生产和精神生产的劳动者，始终是人民群众的主体。在不同的历史时期，人民群众有着不同的内容，包含着不同的阶级、阶层和集团。但无论时代如何发展，人民群众最稳定的主体部分始终是从事物质资料生产的劳动群众及其知识分子。历史的实践也告诉我们，在历史的发展过程中，人民群众是社会物质财富和精神财富的创造者，是社会变革的决定力量。本书所论述的人民群众的具体内涵与市民的含义在某种程度上可以等同，因此从城市管理学的角度，用市民这一概念来替代广大群众。广大市民来源于群众，根植于群众，他们的要求和呼声代表了一种社会力量的呐喊。在为人民服务的新形势下，重视人民群众的呼声，尊重广大市民的意愿，对于我们城市的发展、建设和管理都有着积极的意义。

1. 市民及其权利、义务

市民是指居住在城市所辖区域内、持有本市户籍的公民。市民的权利与义务包括：公民的选举权和被选举权；公民依法享有言论、出版、集会、结社、游行、示威等各项政治自由；公民依法享有对任何国家机关和国家机关工作人员提出批评和建议的权利，对任何国家机关和国家机关工作人员的违法失职行为，有申诉、控告或者检举的权利等；公民的合法权利因国家机关和国家工作人员的侵犯而受到损失时，有依照法律规定取得赔偿的权利。公民的政治权利和自由不是绝对的、不受限制的，所有公民都有遵守宪法和法律的义务，都不得破坏社会主义法制。

2. 市民参政及其途径

市民参政，亦称市民政治参与，是指市民个人或群体通过一定途径和形式向政府及其领导人员提出各种利益要求和建议（亦称市民的利益表达），向有关部门检举揭发，行使选举权、罢免权等权利，监督权力的行使，阻止或促成某项政策的行为。

对社会主义国家的城市来说，市民参政是社会主义政治民主建设和实现人民当家作主的重要内容，也是城市规划、建设、管理和改革开放始终沿着正确方向发展的根本保证及力量源泉。

市民参政议政的途径包括：利益表达、行使监督权、行使选举权和罢免权。市民利益表达，是指城市公民的群体、个人和组织，通过一定途径和方式向城市权力执掌者提出政治和经济等方面要求的行为。例如，市民的上书、请愿等活动，都是典型的利益表达方式。市民利益表达是市政决策的重要参照系，也是城市民主政治建设的一个重要内容。市民利益表达的方式一般有两种：一是个体表达。其采用直接或间接的口头表述、署名的文字表述（写信，向报刊、电视台、电台写稿件等）。二是集体表达。这里的集体多为有共同利益要求的群体，或者既有共同利益又经过利益要求的聚合形成的一定的群体组织。就渠道而言，在法律允许的范围内，市民利益表达的途径主要有四个：一是个人联系渠道。二是特定人物代理渠道。三是大众传播媒介和内部通报渠道。在西方民主国家，大众传播媒介是公民个人和集团向决策者传送政治要求的主要手段。在我国，新闻舆论的主要任务是宣传党的路线方针政策和国家的法律法规，对于与党的现行政策不同的要求和呼声，一般采取内部通报方式予以反映，有时亦有选择地见诸报端。四是抗议示威。

3. 市民的监督权

绝对权力导致绝对腐败①。习近平说，要“把权力关进制度的笼子里”②，所以宪法和法律赋予公民广泛的监督权。城市政府必须接受市民的监督，这是使各地市政府不会腐败变质的根本保证。为了使市民有效地行使监督权，必须做到以下三点：

（1）保证市民享有知情权。市民知情权，是指市民了解城市政府政务活动及其过程的权利。一些西方国家为了方便市民了解市政过程，采取了一系列立法和措施。其主要内容有：一是一切法律规则、工作制度程序，未经公布告示于众者，不能作为城市政府职务活动的依据；二是城市政府行政机关做出有关城市公民的决定和处理时，必须把处理的主体、依据、程序、结果公开，否则，该行政处理不发生法律效力；三是社会组织和公民（不仅是本市市民）向城市政府了解有关法规和规章、政策和程序时，城市政府必须履行提供和解释的义务；四是城市政府负有公开运用情报、形成决策的过程，说明其决策的情报来源和根据的责任。公民享有了解政府的情报收集和运用

① 陈国权，曹伟．如何遏制“绝对权力导致绝对腐败”：基于杭州廉政制度创新的实证研究［J］．人民论坛，2011（8）：36-39.

② 李法泉．把权力关进制度的笼子里［J］．求是，2013（9）：34-35.

情况、进行监督、获取公开情报等权利。

(2) 提高市政透明度。近年来，随着政治体制改革的展开和逐步深化，我国提出了城市政府政务公开化、提高透明度、破除神秘化的目标。一些城市进行了政务公开化的尝试，初步收到良好的效果。概括起来，有以下七个方面：设立市长公开电话；实行现场公开办公制度；建立市政府发言人制度；举行公开的市政对话会或市政讲评会；实行公开办事制度；公开城市党政机关重要领导人的活动、去向，包括出国、出访、住房、用车、子女、财务、电话费等；允许记者采访、报道有关会议，并创造条件，允许公民旁听某些会议。

(3) 强化市民监督意识。市民的监督作用主要表现在市民个人凭着其良知和正义感，对其视野之内的违法乱纪现象进行揭发检举、申诉、控告。实行市政公开，提高市政透明度，有利于市民群众了解事实真相，为同违法乱纪行为做斗争创造有利条件。

在城镇化突飞猛进的今天，充分发挥人民群众的力量，将使我们的日常生活更加安全快捷，市政管理更加切合实际，城市建设更加美好。

三、现代城市政府

市政管理学是一门研究城市国家政权，特别是代表城市政权的城市政府对城市公共事务进行有效管理的有着内在规律的应用型科学①。从政权的角度看，城市政府是市政主体，行使市政管理的各项职能。

(一) 市政府体制

市政府体制又称市政体制，它是以城市政治权力配置为中心内容的各种具体制度的总称，即关于市政府的建制、地位、职责和内部权责关系的各种制度规范的总和。它是支撑市政府系统的骨架，其核心是权责配置问题。

1. 权力的配置和市政府体制的特点

(1) 权力的配置。市政府权力配置的核心问题在于：市政府应该只有一个权力中心，还是应该存在两个中心，即代表政治统治的议决权与执行权应由一

① 林衍超，吴成荣．试论市政学的对象、特点、体系及研究方法［J］．城市问题，1990（4）：20-23.

个权力中心来行使，还是应由两个权力中心来行使。前者称为“议行合一”体制，后者称为“议行分立”体制。在“议行合一”体制下，人民的统治权力（“主权”）是一个完整的权力，不可分割，因此只能由一个经人民选举产生的代表机关，代表人民集中行使全部权力。在“议行分立”体制下，应将代表人民的权力分为两部分：表达意愿和利益的议决权，正确理解和实现这种意愿和利益的执行权。由两个彼此互不隶属的代表机关分别行使这两部分权力。在前一种情况下，人民经过一次选举产生一个权力中心，行使全部权力；在后一种情况下，人民则通过两次选举，产生两个权力中心，分别行使议决权和执行权。而对社会进行公共管理的行政权，则总是由行使执行权的那个权力中心承担。

（2）市政府体制的特点。在法律上，它一般由效力高的法律予以确定。在内容上，它具有一般地方政府体制共性基础上的特质。在内部权力配置上，其市行政系统相对突出。在历史沿革上，其既有继承性，又有变迁性[①]。

2. 西方国家的市政府体制

（1）“议行合一”的市政府体制。“议行合一”体制可分为绝对的与相对的两种模式。在绝对的“议行合一”体制下，由议会直接行使执行权，并承担执行的职责；相对的“议行合一”体制则由议会产生的执行机关承担行政职责，或议会行使全部政治权力，但另设行政机关负责社会公共管理。

（2）“议行分立”的市政府体制。“议行分立”体制也可分绝对的与相对的两种模式[②]。前者由选民通过两次选举，直接分别产生议决机关和执行长官（行政首长）；后者则由选民选出的议决机关产生执行长官（行政首长），执行长官产生后依法独立行使职权。美国的市长议会制、日本的市长议会制即为绝对的“议行分立”体制。相对的“议行分立”体制出现在法国的市镇。法国的市政组织与美国的市长议会制大体相同，一方由市议会执掌立法权，另一方面由市长掌握行政权，二者各尽其职，不相侵越。

3. 当代中国市政府体制

人民代表大会制度是我国的一项根本政治制度。在中国，一切国家权力属于全体人民，由人民选举代表组成人民代表大会，代表人民行使国家权力。

① 王子璇．中国城市政府体制的特殊性［J］．法制与社会，2018（17）：141-142+155.

② 徐家良．议行合一与三权分立：中美体制比较的意义［J］．上海社会科学院学术季刊，1995（2）：86-95.

其他国家机关都由它产生，对它负责，接受它的监督。城市人民代表大会是我国城市的国家权力机关。我国的市政府体制就是城市中行使国家权力的各种国家机关按照一定方式组成的系统，包括城市权力机关、行政机关和司法机关等，它们各自拥有一部分权能，并且相互支持、相互配合，构成我国市政府体制的基本内容。

各权力主体在市政府体制中的地位是不同的。中国共产党的市委是市政府体制中总的领导者，居于城市政治生活的核心地位。我国的各类城市都设有党的委员会，它的决策和主张一般不直接对社会发生拘束力，而是通过某种法定程序转化为市的国家机关的意志后，才产生法律的拘束力。它实际上执掌着城市的“公共权力”，成为市政府体制的核心部分。市政府体制中的城市权力机关——市人民代表大会，是我国政体在城市的根本体现，在城市的国家政权机关体系中具有最高的法律地位。中国共产党市委、市人民政府的许多政策主张、计划，需要通过它的表决，变成它的决定、决议，并以它的名义公之于众，才能获得必要的法律权威，从而得以严格地遵守和执行。市人民政府是城市的地方国家行政机关。在政治上，它是中国共产党市委的执行者；在法律上，它是市人民代表大会的执行者。市人民政府无论是对市委，还是对市人民代表大会，都有某种从属性，但它绝不是一个被动的执行者，它拥有广泛的行政管理职权和行政决策权力，可以发布决定和命令，规定行政措施，是城市里最主要的设计者和筹划者之一。市人民法院、市人民检察院是城市的司法机关①，它们依法独立行使审判权、检察权。在政治上，它们接受中国共产党市委的领导；在法律上，它们从属于市人民代表大会及其常务委员会；在业务上，它们具有很强的独立性。

4. 我国市政管理体制的主要特点

我国的城市管理以城市为依托建置，因此，我国的市政管理体制具有一般市政管理体制的共同特点。但是，在其漫长的发展过程中，受到了诸多特定因素的影响，形成了许多自身的特点，特别是 20 世纪 80 年代以来推行市领导县、地市合并、整县改市，对我国的市政管理体制产生了巨大影响，使

---

① 万海富，王薇．上海市检察机关检察长列席人民法院审判委员会会议情况的调研［J］．中国检察官，2005（3）：82-84.

其性质、职能、层级结构、管理方式等都发生了相应的变化，形成了目前“城乡合治型”市政管理体制。

我国的市政管理体制具有以下特点：

(1) 领导地位核心性。中共市委处于核心领导位置，主要表现有：市委依法确立城市国家机构的职权；市委及其常委会讨论决定城市重大问题；市委向市人大及其常委会推荐市政府、法院和检察院的领导干部候选人；市委通过设在各部门的党委（党组），管理城市国家机构的日常工作；公安局、法院、司法局和检察院接受市政法委员会领导；市长兼任市委副书记，保证政府贯彻市委决定；市委通过城市国家机构中的大量中国共产党党员，保证机构与市委机关工作的一致。另外，中共市委还对民主党派和社会团体行使管理权。工会、共青团、妇联等具有特殊政治地位的团体和组织，也处于中共市委领导之下。

(2) 结构同一性。我国市政体制是人民代表大会制度在城市的具体体现。市人大及其常委会是权力机关，由此产生市政府、法院、检察院，对市人大及其常委会负责。从纵向管理结构来看，市委全面领导区委和县委的工作；市人大领导区县人大的工作；市政府领导区县政府的工作；市法院和市检察院也领导相应管辖部门。从政府关系看，市、区、县行政机构设置实行“上下对口，左右对齐”，职能配置具有高度同一性。

(3) 法律地位非自治性（民族自治地区的市除外）。根据《宪法》的规定，我国各级地方政府都是国务院统一领导下的行政机关。各建制市不是自治实体，只是享有一定自主权的地方行政单位。

(4) 行政地位等级性。我国城市设置为直辖市、副省级市、地级市和县级市，其管理权力有所不同。直辖市直接隶属中央政府管理，行政地位相当于省和自治区，可以制定地方法规，而县级市普遍没有地方立法权。为了管理的有效性，市辖区、县级市政府，经上一级政府同意，可设立派出机关如街道办事处等。

(5) 职能广泛性。我国城市政府的职能比较繁杂，城市政府不仅负责城市经济发展和社会事业，还负责农村稳定、乡村农林牧副渔各业以及脱贫攻坚等。随着城镇化的推进和市场经济体制的完善，城市管理部门应集中精力做好公共服务和管理工作。

（二）现代城市政府职能

1. 城市政府职能的概念

城市政府职能是指城市政府在城市公共事务的管理过程中依法履行的各项职责和功能的总称。中国的城市政府具有双重地位，因此职能的内容十分广泛[①]。但其核心内容包括执行国家的法律、法规、政策和上级政府的决定，实施同级人民代表大会的决定，管理城市政府辖区内的地方公共事务。

正确理解和把握城市政府职能的概念，需要注意以下几个方面的问题：第一，城市政府职能状况取决于一个国家的性质和城市政府在国家政权体系中的地位，不同国家的城市有着不同的城市政府职能。第二，城市政府职能是历史的产物，不同历史时期的城市政府有着不同的城市政府职能。第三，城市政府职能的主体是城市人民政府。第四，城市政府职能的客体是城市公共事务。第五，实现城市政府职能的主要途径和方式是法制化、科学化、现代化的公共管理。

2. 城市政府职能的意义

城市政府职能是城市政府各项公共事务及其管理活动的组织化，代表了城市政府管理活动的基本方向，反映了城市政府行为的基本目的和宗旨。城市政府职能决定着城市政府管理范围和组织规模。城市政府职能既取决于国家和地方行政体制，又在不断地影响和改变着城市各级政府上下左右的行政关系，是中央、省和城市政府权责分工和事务分割的重要依据。城市政府职能是城市政府实施“三定方案”（定职能、定机构、定编制）的重要依据。城市政府职能是否科学合理，直接关系到政府管理的绩效和成败，关系着城市的发展和未来。

3. 西方国家城市政府职能的历史发展、范围与实现方式

（1）西方国家城市政府职能的历史发展。西方国家城市政府职能的演变经历了前工业化、工业化、后工业化三个阶段。

第一，前工业化阶段。18 世纪中期城市政府主要管理道路、路灯、水道、卫生、户籍、治安、消防等。这个阶段城市政府的管理内容相对简单，只管

---

① 杨菁，赵蜀蓉．从城市基本功能看中国城市政府职能定位［J］．中国行政管理，2008（1）：88-90.

理部分事务，手段单一，管理具有私人性质和宗教性质，而且服务具有一定的阶级性。

第二，工业化阶段。18世纪后期到20世纪40年代，新增能源、供水、照明、医疗、保健、福利、住宅、环境、教育等职能。城市政府职能的范围和内涵随城市事务的复杂化而扩大，城市政府职能的技术含量不断提高，管理相对独立。

第三，后工业化阶段。20世纪40年代以来，城市政府将一部分公共管理职能下放给社会，市民参政机会增加，公共服务开始出现，社会中介机构部分职能得到强化，城市政府的管理呈现分散化和民营化趋势，偏重小政府、大社会。

（2）西方国家城市政府职能的范围。西方国家城市政府主要行使规划职能，以土地规划和区域综合开发为主。在公共服务职能方面，城市政府职能的主要内容从文化教育、交通运输、产业振兴、人力资源、福利保障、环境卫生、治安消防到市民生活，涉及城市政府管理的方方面面。

（3）西方国家城市政府职能的实现方式。多数西方国家城市政府职能的实现方式是多途径、多元化的，但主要采用间接管理为主、直接管理为辅，宏观调控为主、微观监控为辅，法制手段为主、经济和行政手段为辅，公共服务为主、公共管理为辅的模式。

西方国家实现城市政府职能的成熟做法有：制定法规、政策和指导性社会经济发展计划；直接经营和控制某些公益事业；依法规定各种审批、许可程序，对和市民息息相关的事务进行巡视检查和实时监督；通过政府投资和支持开发新技术，引导、刺激经济发展；委托私人企业从事公益事业，提供公共服务。

4. 我国城市政府职能及其特点

（1）我国城市政府职能概述。在传统的计划经济体制下，我国城市政府职能的范围是非常广泛的，以直接管理、微观管理、行政手段为主，与西方国家有很大的不同①。我国城市政府主要行使经济职能、城市建设与管理职能、教科文卫管理职能、城市社会控制与保障职能。

（2）我国城市政府职能的特点。我国城市政府职能表现出以下特点：政

① 杨菁，赵蜀蓉．从城市基本功能看中国城市政府职能定位［J］．中国行政管理，2008（1）：88-90.

企不分，政社不分，职能不清；经济管理职能广泛而突出，对其负责的事务管理控制程度高；综合性的社会保障服务职能较弱，独立性的职权较少，职权与职责相脱节。

（3）我国城市政府职能转变的必要性。首先，在体制上，高度集中地管理城市事务特别是城市经济企业，片面地把城市政府的经济行政职能等同于城市政府直接管理企业的微观经营活动，从而形成了一套以政代企、政企不分的管理体制。其次，在方式上，以多层次行政系统的条块和指令性的计划来控制城市企业的生产经营活动，长期把企业经济活动统得过多、管得过死、抓得过细、包得太多，从而使企业成为政府的附属物。最后，在机构上，城市政府各部门职责分工过细、职能交叉重叠、协调配合机制不健全，导致发生政出多门、推诿扯皮现象，不利于提高政府效能。

（4）我国城市政府职能转变的目标、根本任务、总体要求和基本思路。

第一，目标。按照社会主义市场经济体制的要求，建立功能齐全、结构合理、运行协调、灵活高效的政府职能体系。

第二，根本任务。彻底转变城市政府的经济与社会职能，整合城市规划、建设、管理和服务职能。

第三，总体要求。按照政企分开的原则，转变政府职能，重点是政府经济与社会职能的转变。由政府包揽一切向政企、政事、政社分开转变，增强社会的自治功能①；由以经济管理为重心向以社会管理和服务为重心转变，优化城市政府的职能结构。

第四，基本思路。按照政企分开的原则，撤销部分职能；按照政企分开、政社分开的原则，转移部分职能；增加部分职能，即增加城市社会的公共服务职能；强化部分职能，即加强城市政府的宏观调控职能。

（5）我国城市政府职能的范围。在社会主义市场经济条件下，我国城市政府职能的范围包括：一是制定科学、合理的城市规划；二是提供有效的城市公共产品和公共服务；三是对市场进行必要的监管；四是建立覆盖城市所有居民的社会保障制度。

（6）我国城市政府职能转变的方式。我国城市政府职能转变主要从以下

---

① 陈大为．建设法治政府的路径选择［J］．共产党员，2015（7）：48.

三个方面着手：一要调整城市政府行使职能的外在环境，为转变职能提供前提；二要调整城市政府内部系统的经济行政职能，为转变职能提供保证；三要转变城市政府的经济行政职能，为确立科学的政府职能开路。在城市政府职能实现方式上，坚持从过去的行政命令为主，向综合使用规划指标、经济杠杆、经济信息、法律手段、行政手段这五种调节手段转变；坚持从过去直接管理企业的人、财、物，产、供、销，向间接控制、引导企业行为转变；进一步充实和加强综合经济管理和经济检查机构，适当合并和精简专业性管理部门。

阅读材料

落实雄安新区的三个定位

周　文

《中共中央国务院关于支持河北雄安新区全面深化改革和扩大开放的指导意见》对雄安新区有着明确的定位：把雄安新区建设成为北京非首都功能集中承载地、京津冀城市群重要一极、高质量高水平社会主义现代化城市。这三个定位科学准确、意义重大，不仅牢牢把握住北京非首都功能疏解集中承载地这个初心，而且着力推动雄安新区在创新发展、城市治理、公共服务方面先行先试、率先突破，为全国改革开放大局做出贡献。作为“京津冀城市群重要一极”，雄安新区将形成新的经济增长极，产生二次极化效应。作为“高质量高水平社会主义现代化城市”，雄安新区将在城市治理体系、城市规划设计、智慧城市管理模式等九个方面深化改革，为现代化城市建设发挥引领示范带动作用。

一、把雄安新区建设成为北京非首都功能集中承载地

京津冀地区是我国北方最重要的人口和经济活动聚集区，京津冀城市群是与长江三角洲城市群、珠江三角洲城市群并列的中国三大城市群。改革开放以来，京津冀地区经济、政治、文化建设取得了重大成就，同时也存在一些问题，其中最主要的就是作为首位城市的北京集聚了过多的人口和功能，资源要素处于紧平衡状态，致使京津冀地区核心城市辐射带动效应有限、公共服务资源分布不均衡、地域结构松散、城市体系结构不合理、地区发展差距明显等。北京在京津冀地区处于绝对的优势地位，对其他区域产生极化效应，吸引了京外大量人财物进京。一方面，北京的大城市病越来越重，人口膨胀、交通拥堵、房价高企、资源紧张、环境污染等，严重影响首都居民的生活质量。另一方面，因为辐射带动效应不足，京外地区的技术创新和产业结构高度化没有得到提升，经济发展没有获得反哺。以疏解北京非首都功能为“牛鼻子”推动京津冀协同发展，抓住了京津冀地区建设的主要矛盾。

北京的城市空间结构可以描述为“一核一主一副、两轴多点一区”，“一核”是指首都功能核心区，疏解腾退区域性商品交易市场、疏解大型医疗机构、调整优化传统商业区、推动传统平房区保护更新，是这一区域疏解非首都功能的重点。“一主”是指东城、西城、朝阳、海淀、丰台、石景山六个中心城区，这是疏解北京非首都功能的主要地区。“一副”是指北京城市副中心，它是北京新两翼中的一翼，对疏解非首都功能起着示范带动作用，到2035年将承接中心城区数量为40万~50万人的常住人口的疏解工作。“两轴”是指中轴线及其延长线、长安街及其延长线。“多点”是指顺义、大兴、亦庄、昌平、房山新城，它们是承接中心城区适宜功能和人口疏解、服务保障首都功能的重点地区。“一区”是指生态涵养区，包括门头沟、平谷、怀柔、密云、延庆，以及昌平和房山的山区，是首都重要的生态屏障和水源保护地，是北京的后花园。

北京非首都功能有序疏解一方面要靠北京自身完成，另一方面要靠京津冀地区乃至其他地区的配合。作为千年大计、国家大事的雄安新区建设，其初心就是建设北京非首都功能疏解集中承载地。雄安新区全面深化改革和扩大开放，向这个目标迈出了重要一步。雄安新区地处北京、天津、保定腹地，作为承接北京非首都功能的北京新两翼，雄安新区与北京城市副中心在功能上有分工和侧重，实现错位发展。城市副中心将大力发展行政办公、高端商务、文化旅游、科技创新等产业，而高起点规划、高标准建设的雄安新区则将重点发展高端高新产业，打造创新高地和科技新城。为了牢牢把握雄安新区作为北京非首都功能疏解集中承载地这一定位，有效进行北京非首都功能疏解和人口转移，一方面要系统推进有利于承接北京非首都功能的体制机制改革，另一方面要加强雄安新区与北京市在教育、医疗卫生、社会保障等领域的合作。

第一，支持在京国有企业总部及分支机构向雄安新区转移，在疏解过程中推动国有经济布局优化、结构调整和战略性重组，推动在京各类事业单位向雄安新区疏解，加快推进事业单位改革。

第二，运用税收等政策，支持雄安新区吸引北京创新型、高成长性科技企业疏解转移，引导在京科研机构和创新平台有序向雄安新区疏解。

第三，支持雄安新区引进京津及国内外优质教育资源，引导支持在京高校、有创新特色的中等职业学校等通过多种方式向雄安新区疏解转移。

第四，支持在京医院通过多种方式向雄安新区疏解转移，允许在京医院在雄安新区设立法人机构。

第五，支持京津优质文化艺术资源向雄安新区疏解。

第六，推动雄安新区基本公共服务和社会保障水平与京津相衔接。

二、把雄安新区建设成为京津冀城市群重要一极

当一定区域内的城市不成群时，城市采取单个城市或者城市加腹地的形态，此时，区域内具有先发优势的城市会对落后城市产生极化和涓滴两个方面相反的效应。极化效应使区域生产要素和经济活动被吸引到具有先发优势的城市，拉大区域内的发展差距；而涓滴效应使增长极城市对周围腹地和其他城市形成辐射和带动，缩小区域内发展差距。区域发展平衡状况取决于两种效应的力量对比。当一定区域内城市集结成群、作为一个整体形成合理的城市体系时，不仅核心城市与非核心城市之间存在极化涓滴效应，而且群内会形成明显的集聚效应，释放出巨大的集聚经济力量，促使区域经济增长。研究发现，京津冀城市群中北京作为增长极的极化效应明显突出，扩散涓滴效应显著不足，两种效应严重不对称。同时，与长江三角洲城市群、珠江三角洲城市群相比，京津冀城市群内人口分布和城市规模分布不均衡，各城市间的分工不显著，产业联系不紧密，城市群内地域结构呈松散状，群内的集聚效应和比较优势得不到充分发挥。

设立雄安新区，顺应了京津冀城市群结构优化演进的趋势。在雄安新区集中疏解北京非首都功能的过程中，优化城市布局和空间结构，将会产生二次极化效应，形成新的经济增长极，使京津冀城市群长远有序地良性发展。为了把雄安新区打造成京津冀城市群新的增长极，必须坚持世界眼光、国际标准、中国特色、高点定位，从产业、人才、投融资、对外开放四个方面全面深化改革和扩大开放。

第一，创新是第一动力，系统推进有利于集聚创新要素资源的体制机制改革，培育新增长点，形成新动能。具体来说，推动高端高新产业发展，把提高供给体系质量作为主攻方向，激发雄安新区经济发展内生动力；科研机构和创新平台优先布局雄安新区，设立科技成果转化基金，加强创新能力建设和科技成果转化；简政放权，优化服务，充分激发各类市场主体的活力；构建现代产权保护体系，完善产权保护制度，充分发挥产权激励作用；深入实施军民融合发展战略。

第二，人才是第一资源，深入实施人才优先发展战略，创新选人用人机制，使雄安新区成为高端人才集聚区。具体来说，构建灵活高效的用人制度，聚天下英才而用之；重视科技人才，建立科技人才激励机制；吸引海外人才，优化境外人才引进和服务管理。

第三，加快建立现代财税制度，建设现代金融体系，为雄安新区经济社会发展提供有力支撑。具体来说，加大财政支持力度，促进创新驱动发展、生态环境保护、公共服务质量提升；推进税收政策创新，支持政策在雄安新区优先实施或试点；多渠道筹措资金，加大对直接融资的支持力度，建立长期稳定的建设资金筹措机制；通过多种途径有序推动金融资源集聚。

第四，坚持全方位对外开放，积极融入“一带一路”建设，构筑我国对外合作新平台和开放发展新高地。具体来说，支持引入国际国内各类资本参与雄安新区建设，充分保护投资者合法权益；建立与国际投资贸易通行规则相衔接的制度体系，构建公平竞争制度；深化区域交流合作，支持雄安新区与区域内周边地区、其他区域、相关国家和地区开展交流合作。

三、把雄安新区建设成为高质量、高水平社会主义现代化城市

2015 年 11 月，习近平在中央财经领导小组第十一次会议上，就如何做好城市工作提出了“六个要”：做好城市工作，首先要认识、尊重、顺应城市发展规律，端正城市发展指导思想。要推进农民工市民化，加快提高户籍人口城镇化率。要增强城市宜居性，引导调控城市规模，优化城市空间布局，加强市政基础设施建设，保护历史文化遗产。要改革完善城市规划，改革规划管理体制。要改革城市管理体制，理顺各部门职责分工，提高城市管理水平，落实责任主体。要加强城市安全监管，建立专业化、职业化的救灾救援队伍。

“六个要”是我国城市建设和发展的纲领，为把雄安新区建设成为高质量高水平的社会主义现代化城市提供了方向。根据这一方向，应从城市治理体系、城市规划设计、智慧城市管理模式、城市住房供给体系、城市安全稳定、城市公共服务、城市生态文明、城乡统筹、城市行政管理等九个方面采取相应建设措施。

第一，在以人民为中心的发展思想指导下，通过建设法治社会、搭建城市综合管理服务平台、推进基层管理体制创新、改革直接服务民生的公共事业部门、构建“互联网+政务服务”体系，完善城市治理体系，完善党委领导、政府负责、社会协同、公众参与、法治保障的社会治理体制，形成共建、共治、共享的社会治理格局。

第二，发挥城市规划在城市发展中的重要引领作用，建立科学高效的城市规划设计机制，包括形成专家领衔、政府组织、多方参与、科学决策的规划编制工作机制，建立各类规划编制统筹和协调联动机制，推进地下空间统筹开发利用，建立健全城市规划、设计、建设、管理标准体系。

第三，探索建设互联网交换中心和大数据中心，构建世界先进的城市信息基础设施，探索智慧城市管理新模式，建设智能、高效、宜居新型城市，实现城市管理网络化、数字化、智能化。

第四，在城市住房供给上坚持只住不炒、落实职住平衡、推动住有所居，建立多主体供应、多渠道保障、租购并举的住房制度，个人产权住房以共有产权房为主。鼓励各类社会主体参与雄安新区住房开发建设，支持住房租赁企业发展，支持发行房地产金融创新产品，设立住宅政策性金融机构。

第五，强化城市安全稳定的多项具体保障，包括建立综合防灾减灾救灾体系，完善重大安全风险处置机制，建设社会治安防控体系，完善重大决策风险评估机制，打造智慧公安等。

第六，以满足人民日益增长的美好生活需要为根本出发点和落脚点，通过创新现代教育、医疗卫生、文化领域、社会保障、就业创业方面的城市公共服务供给机制，保障和改善民生，创造高品质的城市生产和生活环境，使雄安新区始终坚持人民主体地位，真正成为社会主义的现代化城市。

第七，秉承绿色发展、生态文明理念，完善生态保护修复治理，节约、集约利用资源，推行市场化生态保护机制，建设生态文明。探索推广城市资源循环利用模式，率先建成无废城市，建设全国森林城市示范区，创建国际湿地城市，建立绿色生态城区指标体系，为全国绿色城市发展建设提供示范引领。让城市融入大自然，让居民望得见山、看得见水、记得住乡愁。把雄安新区建成蓝绿交织、水城共融的新时代生态文明典范城市，走出一条人与自然和谐共生的现代化发展道路。

第八，土地管理上多规合一，划定并严守生态保护红线、永久基本农田、城镇开发边界三条控制线，人口管理上建立以居住证为载体的公共服务提供机制，实行积分落户制度。将城市和农村的发展紧密结合起来，统筹设计城乡融合发展体制机制和政策体系，建设宜居城市、特色小镇、美丽乡村。

第九，优化雄安新区行政管理机构，逐步赋予雄安新区省级经济社会管理权限，推动雄安新区从新区管理体制过渡到城市管理体制，创新行政管理体制，构建完善的监管体系，在分类综合执法改革上探索实行城市管理非现场执法。通过简政放权、放管结合、优化服务，加快转变政府职能，建设让人民满意、让群众放心、运行高效的新时代服务型政府。

作为重大的历史性战略选择的雄安新区建设，肩负着重要的历史使命，发挥着贯彻落实新发展理念、推动高质量发展、全面深化改革的引领示范带动作用。只有全面加强党的领导、不断完善实施机制、狠抓督促落实、加强协调配合，让改革开放成为雄安新区发展的根本动力，才能真正落实雄安新区作为北京非首都功能集中承载地、京津冀城市群重要一极、高质量高水平社会主义现代化城市的定位，推动雄安新区实现更高质量、更有效率、更加公平、更可持续的发展。

资料来源：周文．落实雄安新区的三个定位［EB/OL］．［2019-09-02］．http：//theory.gmw.cn/2019-09/04/content_ 331363347.htm．（有删改）

思考题

1. 我国城市政府权力系统有哪些主体？
2. 简述中国共产党在城市管理中的作用。
3. 分析人民群众参与市政管理的意义。

4. 简述中国城市政府的职能及特点。

5. 分析城市管理中非权力系统进行市政管理的着力点。

拓展阅读篇目

[1] 王邦佐. 居委会与社区治理：城市社区居民委员组织研究［M］. 上海：上海人民出版社，2003.

[2] 冯峰，李庆均. 公共政策分析［M］. 合肥：中国科学技术大学出版社，2008.

[3] 王佃利，张丽萍，高原. 现代市政学［M］. 北京：中国人民大学出版社，2011.

[4] 王琳，汤秀娟. 市政管理学［M］. 北京：北京理工大学出版社，2011.

[5] 姜杰，孙晓红. 城市管理学［M］. 济南：山东人民出版社，2008.

第六章

现代城市管理客体

现代城市管理的客体，简言之，就是现代城市管理的对象。本章主要介绍现代城市规划管理的基本内涵和内容、基础设施建设、城市交通、现代住房建设以及环境问题、经济问题、社会管理和危机管理。这些管理上的客体既独立成体系，又互相联系。

一、现代城市规划管理

现代城市规划是保证城市合理地进行建设和城市土地合理开发利用及正常经营活动的前提和基础，是实现城市社会经济发展目标的综合手段①。城市规划在市政管理理论中具有战略性的基础地位。从政府行为的角度看，城市规划是城市发展的总体计划，是城市建设的前瞻性部署②。

（一）城市规划管理概述

城市规划（urban planning）古已有之，但是最近一个世纪才被提上学术讨论范畴。我国《辞海》将其解释为："城镇各项建设发展的综合性规划。内容包括：拟定城市发展的性质、人口规模和用地范围，研究工业居住道路广场交通运输公用设施和文教、环境卫生、商业、服务设施以及园林绿化等建设规模、标准和布局，进行规划设计，使城镇建设发展经济、合理，创造有利于生产、方便生活、环境美好、卫生（安全）的条件。"《简明不列颠百科全书》则解释为："为了实现社会和经济方面的合理目标，对城市的建筑物、

---

① 张诗雨．国外城市规划的基本特征与理论基奠：国外城市治理经验研究之四［J］．中国发展观察，2015（5）：83-86.

② 杨红山．市政管理学［M］．北京：中国人民大学出版社，2017：121.

街道、公园、公用设施，以及城市物质环境的其他部分所作的安排，是为了塑造或改善城市环境而进行的一种社会活动，一项政府职能，或一门专业技术，或者是三者的融合。”美国学术界认为，城市规划是一种科学、一种艺术、一种政策性活动，它涉及并指导空间和谐的发展，以满足社会和经济的需要。日本学术界认为，城市规划是建设城市的技术手段，旨在合理、有效地创造良好的生活和活动的环境。

一般认为，城市规划是根据城市经济社会发展目标和生产力布局的要求，对城市各项建设所做的综合性的部署，是一定时期内城市发展的蓝图，是各级政府指导城市合理发展、建设和管理的重要依据。也可以这样定义：城市规划是根据一定时期内城市的经济和社会发展目标，确定城市性质、规模和发展方向，合理利用城市空间功能以及进行各项建设的综合部署和全面安排。

城市规划的基本特征有：

（1）系统性。学习型理论创始人彼得·圣吉在《第五项修炼》一书中说道，任何一种活动都具备系统性，都受到细微且息息相关的行动所牵连，彼此影响，有时这种影响往往要经年累月才完全展现出来①。城市是一个集合多种物质要素的复杂系统，各要素之间是相互依存、相互制约的关系。规划工作要统筹安排好城市的各项建设，这就涉及多个规划部门的参与和通力协作，兼顾城市经济、社会、环境多重目标间的协调与权衡。因此，城市规划要求综合运用相关学科知识和方法手段，全面系统地考虑各要素之间的关系，不能失去平衡。

（2）科学性。城市规划是城市建设管理的一项基础性工作，是城市长远发展的宏伟蓝图。它需要地理学、工程学、管理学、社会学、经济学等多学科的理论和技术支持。

（3）战略性。城市规划体现了政府指导和管理城市建设与发展的政策导向。城市重大项目的立项和实施关系到城市的发展定位，关系到城市的性质和发展方向，关系到城市空间形态方面的发展战略，影响深远。

（4）动态性。城市规划要与城市发展保持一致，既要从历史出发，又要

---

① 圣吉．第五项修炼［M］．北京：中信出版社，2009：10.

看到发展趋势。这要求城市的管理规划者有相当的前瞻性，要看到城市永远在变化发展中，而且城市规划的理论和技术也在发展中，要与时俱进，具备弹性。

（5）区域性。每座城市都是独一无二的，都有其特定的地理位置、社会经济发展水平、城市历史文化积淀，在进行城市规划时，要因地制宜，打造城市特色，形成独有品牌与形象。

城市规划管理是城市规划的延续和具体化，是城市管理工作的一个重要组成部分，具有行政管理的性质①。从广义上看，城市规划管理是组织编制和审批城市规划并依法对城市土地的使用和各项建设的安排实施控制、引导和监督的行政管理活动。从狭义上看，城市规划管理侧重于城市规划实施的管理，主要是指对城市规划中的用地、建设项目的审查和监督。城市规划管理的目的是将城市的各项建设引到科学合理的轨道上来，切实保证城市规划的顺利实施，合理利用土地，保证城市安全，减少环境污染，保护城市历史文化遗产，协调和发挥城市的各项功能。

（二）城市规划理论的发展

自从城市出现，人们就对城市规划进行不断的探索与实践，有关城市规划的理论成果也在实践中指导了城市的发展，同时城市规划的实践和时代发展的要求也促进了城市规划理论的演进。

1. 古代城市规划理论

古希腊和古罗马代表着古代西方城市文明。古希腊的建筑师希波丹姆提出把城市分为圣地、公共活动中心和住宅区，这是世界上最早的城市功能分区思想之一。古罗马的维特鲁威编著的《建筑十书》是世界上最早的城市规划著作之一，书中论述了城市选址、地段划分和广场规模等问题。欧洲的城市在中世纪早期经历了衰落时期，一直到公元 9 世纪以后城市才开始复苏。11 世纪至 13 世纪是欧洲城市发展的繁荣时期。15 世纪文艺复兴时期，意大利人菲拉雷特编著的《理想的城市》一书，主张将城市中心设计为六角形广场，放射形道路用三条环路连接。这一建筑规划思想对当时许多欧洲国家产生了一定的影响，在今天看来，仍然有借鉴意义。

---

① 冯家驹．城市规划管理工作研究分析［J］．黑龙江科技信息，2009（17）：263.

2. 近代城市规划理论

（1）“带形城市”理论。1882 年西班牙工程师 S. Y. 马塔（S. Y. Mata）提出了“带形城市”理论。这个理论认为，城市化要走发展城市带的道路，即沿着交通路线发展城市化地区。该理论对各国城市化道路的选择以及城市规划的策略有较大的影响①。

（2）“田园城市”理论。1902 年，英国学者霍华德修订并出版了《明日的田园城市》一书，提出了“田园城市”理论。他的理论认为，要避免大城市的弊病，必须建设将城市与乡村的优点结合起来的田园城市。这一理论关注到城乡人口结构、经济、绿化等问题，创造了一种城乡结合的新型城市理论，把城市作为一个整体来研究，具有理论和实践意义。1911 年澳大利亚首都堪培拉的市政规划，全面参照了这一理论。这一理论符合人性的要求和实际的发展，第二次世界大战以后，各城市建设都能看到这一理论的影响。

（3）“卫星城市”理论。卫星城市是指在大城市郊区或其以外附近地区，为分散中心城市的人口和工业而新建或扩建的具有相对独立性的城镇。1922 年英国伦敦规划委员会总顾问昂温提出了“卫星城市”理论，他主张用绿地把大城市包围起来，以限制大城市无限度地向外扩张，在绿地之外建立卧城、半独立的卫星城和完全独立的卫星城。该理论对解决各国的大城市问题产生了广泛的影响。

（4）“邻里单位”理论。1929 年，美国规划师佩里提出“邻里单位”概念，主张以城市干道所包围的区域作为邻里单位。20 世纪 30 年代，该理论开始在美国盛行。该理论主张：以小学生上学不穿越干道为邻里单位人口和用地规模的标准；邻里单位内配置生活必需设施；限制外部车辆穿越；居住房屋的布局应有最佳朝向和合理间距。这一理论成为城市规划中设计居住小区的指导思想。

（5）《雅典宪章》的思想。1933 年，国际现代建筑协会在希腊雅典召开会议，讨论和通过了第一个国际性的城市规划大纲，称为《雅典宪章》。它综合反映了当时各国城市理论的最新成果，成为城市规划理论史上一个重要的里程碑。《雅典宪章》提出要有计划和有秩序地发展城市规模，限制私人利

① 沈玉麟. 外国城市建设史［M］：北京：中国建筑工业出版社，1989：121-122.

益，呼唤公共利益。

3. 现代城市规划理论

（1）“增长极核”理论。1955年法国经济学家帕鲁提出了“增长极核”理论。该理论认为，大城市较高的经济聚合能力会吸引更多的企业，产生经济活动的极化效应，使城市进一步扩张。此后该理论不断完善，认为在区域中选择一个点，集中投入，使这个点快速增长和首先繁荣；然后向外辐射，带动区域共同发展①。

（2）《马丘比丘宪章》的思想。1977年12月国际现代建筑协会的一些设计师在秘鲁古文化遗址马丘比丘集会通过了该宪章，可以说，《马丘比丘宪章》是对《雅典宪章》的继承和发扬，同时对时代问题提出了解决思路，对于当时的城市规划具有很强的指导意义②。

（3）《北京宪章》的思想。1999年，国际建筑师协会第20届大会在北京举行。会议通过了由吴良镛教授主持起草的《北京宪章》。其主要思想有：20世纪是一个进步和迷惘的时代，技术的建设和破坏具有双重性，重视城市历史文化。

（三）城市规划的编制与实施管理

2005年建设部颁布的《城市规划编制办法》和2008年正式实施的《中华人民共和国城乡规划法》，明确了我国城市规划的原则：①节约资源，保护环境，保护人文历史，因地制宜发展；②改善人居，扶持弱势，维护稳定和安全；③政府组织，专家领衔，部门合作，公众参与，科学决策；④城乡统筹，合理布局，集约发展，先规划后建设。

我国城市规划的编制分为两个阶段，即编制城市总体规划阶段和编制城市详细规划阶段。前者的步骤包括：①前期研究与申请；②编制城市总体规划纲要；③编制总体规划与分区规划；④评议；⑤通过和审批；⑥城市规划的调整。后者以整体规划为依据，由城市规划部门负责编制。如需调整，要取得规划批准机关的同意，调整方案要向社会公开，听取有关单位和公众的意见，并公示意见的采纳结果。我国城乡规划的制定按照规定实施分级审批的制度。

---

① 王缉慈．增长极概念、理论及战略探究［J］．经济科学，1989（3）：53-58.

② 陈占祥．马丘比丘宪章［J］．国际城市规划，1979（1）：14.

城乡规划实施管理是城市人民政府和城市规划行政主管部门依据法定程序批准的城市规划的有关法律法规，通过行政、法律、经济和社会管理的途径，对城市的土地利用和各项建设进行规范、控制、引导、协调和监督，将其纳入城市规划的轨道①。城市规划实施管理的主要内容取决于城市规划实施管理的任务，反映了城市规划实施和行政管理职能的要求，其具体内容包括对城市规划区内土地和建设规划的管理、对城市规划区内建设行为的监督检查、对旧城改造与新区开发进行监督管理等。

（四）我国城市规划的现状与发展

1. 我国城市规划的现状

1949 年以来，我国城市规划经历了起步、停滞、复苏到渐入正轨的曲折的发展历程。在充分肯定成绩的同时，也要考虑到目前规划管理中存在的种种问题。

（1）城市规划编制内容科学性、协调性不强。城市规划的重要意义在于其预见性和前瞻性，但是当今时代技术更新快，经济发展强劲，这一切已经超越城市的发展，加之不少地方行政规划还处于调整之中，原有的规划往往跟不上发展的步伐，所以城市规划需要灵活应对城市的蓬勃扩张趋势。

（2）城市规划管理体系效益低下，公众参与不足。城市规划信息不全面，传导不顺畅，导致大量的人力、财力、物力受到损失。在我国，许多城市规划设置了密级，这是很典型的计划经济的思想，反观世界，许多国家的城市规划都是公开透明的。人们要想了解城市规划，可以到城市规划管理部门，通过一定的申请程序查阅调用。

（3）规划审批程序烦琐。城市规划审批的复杂本来可以加强工程审批的严密性，避免规划受到外界干扰，使工程建设更加合理化。然而现实管理中，权力分立的体制造成了国土局只管土地出让，计委只管立项审批，规委只管两证一书，建委只管发放施工许可证，这样既浪费了宝贵的建设时间，又无法全面地负责工程的社会效益和环境效益。

（4）缺乏监督。在现行的城市规划管理方面，往往由一个部门承担全程的规划管理职能，如果缺乏一定的监督制度，工作上就容易出现偏颇。作为

① 吕维娟，殷毅．土地规划管理与城乡规划实施的关系探讨［J］．城市规划，2013（10）：34-38.

行政主体，城市的行政规划部门是国家行政权的执掌者，如果不能充分有效地行使规划管理能力，就会造成行政权力和行政责任的脱节。

2. 我国城市规划的发展

（1）实施科学的规划管理办法，积极采用先进的科学技术来建造城市。科学技术是第一生产力，充分利用太阳能、新型材料、保温设施来建造符合时代要求的科技城市建筑。同时加强管理，保证城市设施干净、美观、完整。

（2）完善城市规划机构设置，提高城市规划的权威和行政效率。政府在规划管理方面要加强对城市的战略控制，加强整体管理，将技术性较强的专项规划交给社会专业机构，如专业协会和技术咨询部门。要尽可能缩短审批周期，保证规划的实效和权威。

（3）健全城市规划的监督机制，发挥公民的参与权利。住房保障管理以及监督部门的跟踪监测和严格监管是城市规划的规范化、制度化建设的重要保证。目前，我国的城市规划监管机制尚不完善，规划建设在用地、建设、准入、使用、监管等方面仍存在违法乱纪行为。因此，除加强法规监督外，还必须加强人民群众的监督。

（4）强化生态城市建设和理论研究。传统的规划，迫于住房需求压力，在人文关怀方面做得不够周到。随着经济的发展和人们环保意识的提升，环保公园、科技文化成为居民的一种选择。另外，强调从生态城市的发展角度，挖掘其潜力和机会，优先进行因地制宜的研究分析，将会创建城市规划的可持续发展模式。

二、现代城市基础设施管理

城市基础设施是城市发挥功能的重要物质基础，是城市经济不可缺少的一个重要组成部分。城市基础设施管理是城市基础设施效能和综合服务能力有效发挥的催化剂，科学的管理原则与经营方式是城市基础设施运营的重要条件，决定着城市空间形态和城市生产及生活的质量。城市基础设施具有“乘数效应”，能带来几倍于投资额的社会总需求和国民收入①，基础设施的重要性不言而喻。

① 张红樱，张诗雨．国外城市治理变革与经验［M］．北京：中国言实出版社，2012：104.

（一）城市基础设施概述

城市基础设施是保障城市生产和生活顺利运行的各种基础性物质设施及其服务的总称①。“基础设施”一词源于拉丁文，原意为“基础”，或建筑物、构筑物的地层结构或底层结构。第二次世界大战以后，随着经济社会的发展，经济学家把基础设施引入经济结构和社会再生产的研究，作为物质载体与基础条件。所谓城市基础设施，是为城市的物质生产和生活提供基本条件的具有公共服务性质的设施的总称，是城市赖以生存和发展的基础。从广义上看，城市基础设施是指城市生存和发展所必须具备的工程性基础设施和社会性基础设施的总称。其中，工程性基础设施一般指能源供应、给水排水、交通运输、邮电通信、环境保护、防灾安全等工程设施，社会性基础设施则指文化教育、医疗卫生、科技、体育等设施。从狭义上说，城市基础设施也称为工程性基础设施，包括城市公用事业设施（如电力、燃气、公共交通、供水、通信）和市政工程设施（如道路、桥梁、隧道和地下通道等）。

城市基础设施作为城市赖以生存和发展的条件，具有以下五个特征：

（1）服务的公共性与两重性。公共性是指城市基础设施为整个城市社会服务，它是一种公共产品，具有消费的非排他性特点。例如，城市道路、园林绿化等为全体公民所共享，一个人的使用不能排斥其他人的使用。两重性是指城市基础设施既为生产服务，又为居民生活服务。根据资料统计，自来水的30%、燃气的50%和道路运输的30%应用于生活服务，它们各自剩下的70%、50%、70%则为各种类型组织的物质生产服务。

（2）服务的同步性和建设的超前性。城市基础设施的建设要与其他项目建设同时形成使用能力，过于超前会造成浪费，而滞后又会影响其他设施的使用效率。所以，既要考虑当前，又要考虑未来。

（3）运转的系统性与协调性。城市基础设施是一个有机的综合系统，与城市其他设施构成一个大系统，内外之间需要协调一致，才能正常运转。

（4）管理的多样性和自然垄断性。城市基础设施的建设和运营是一个投资、建设和产出的过程，不仅为生产和生活服务，其本身也是生产活动。这一过程中的费用和劳动需要保持平衡。保持平衡的方式有三种：市场补偿、

① 蔡纪良，管益忻．试论城市基础设施的重要性［J］．城市规划，1984（3）：17-21.

财政补偿、市场补偿和财政补偿结合。一个城市对基础设施生产和服务的需要，在一定时间内具有相对稳定性，因此必须保持城市基础设施在经营上的垄断性。

（5）效益的间接性与长期性。城市基础设施建设着眼于整个城市的发展，其效益是间接的。不仅如此，总的投资效益短期内难以集中反映，像城市基础设施的经济效益、社会效益、环境效益往往需要很长一段时间才能够显现出来。

城市基础设施要与城市系统中其他构成要素相互协调和统一，在整个城市建设中具有重要的地位和作用①。首先，城市基础设施为市民生活提供物质条件。其次，城市基础设施为城市经济发展提供基础保障。再次，城市基础设施是城市产生聚集效益的决定因素。最后，城市基础设施是城市辐射效益实现的条件与前提。城市基础设施供给的影响条件主要有城市的经济发展水平、政府职能定位、基础设施投融资体制。

（二）城市基础设施建设的现状

经过 70 来年的投资建设，特别是改革开放以来的加速建设，我国城市基础设施建设得到很大的发展，具体表现在以下几个方面。

1. 电力和能源供应发生了根本性的变化

中华人民共和国成立初期，绝大多数城市的能源主要是煤炭，有的城市还依靠薪柴和木炭；即使在改革开放之初，全国仍有许多城市缺电，由于缺电拉闸，许多工厂不得不停产，或一个星期只开工三四天，生产损失严重，缺电也给城市居民生活带来诸多不便。现在电力和各种能源供应充足，能源结构日趋合理，洁净能源越来越成为城市的主要能源，煤炭及煤球已在不少城市绝迹。目前，全国城镇居民都用上了燃气，用气普及率达到 100%，天然气供应量也迅速增加。

2. 通信事业是我国近几年发展最快的基础设施和公用事业

中国电信网络规模已跃居世界第二位，电话普及率由 1979 年的 0. 38%提高到现在近乎全覆盖，2/3 以上的城市居民家庭拥有住宅电话。东部城市，特

① 吴英，刘思宁．地方政府在城市轨道交通建设中的地位和作用［J］．城市轨道交通研究，2002（4）：22-24.

别是沿海经济发达城市电话普及速度惊人，目前在电话数量、质量上已迈入国际先进城市行列，5G 网络技术处于世界前列。

3. 城市道路、桥梁建设突飞猛进

1949 年以来，特别是改革开放以来，城市道路和公共交通飞快发展。1980 年全国实有铺装道路长度为 3 万公里，按当时 220 个城市计算，每个城市平均实有 137 公里。截至 2009 年年底，全国市政道路总长度为 26. 7 万公里，道路面积为 48. 2 亿平方米，人均道路面积为 12. 83 平方米，城市桥梁有 49 840 座。到 2010 年年底，全国公路网总里程达到 395 万公里，5 年新增 61 万公里；其中，高速公路通车总里程达到 7. 3 万公里，5 年新增 3. 2 万公里，国家高速公路网骨架基本形成。根据国家统计局 2019 年的统计，到 2018 年年底，全国公路总里程已达 485 万公里，其中高速公路总里程已达 14. 3 万公里，位列世界第一①。截至 2019 年年末，高速铁路营业总里程超过 3. 5 万公里，占全球高速铁路总里程 2/3 以上；高速公路总里程超过 14 万公里，稳居世界第一②。

4. 城市轨道交通建设全面提速

截至 2011 年年底，我国内地已有北京、上海、广州、深圳、天津、长春、大连、武汉、重庆、南京等十个城市建成城市轨道交通，总里程为 933 公里。目前我国城市轨道交通正处于快速发展阶段，已经有 25 个城市的城市轨道交通建设规划获国家批复，国家总里程为 2 610 公里，除已建成线路外约有1 400公里城市轨道交通在建。轨道交通的快速发展，为缓解我国城市交通拥堵、改善居民出行条件发挥了积极的作用。截至 2018 年年底，我国内地共有 24 个省份的 35 个城市开通运营轨道交通，运营线路有 185 条，总长度为 5 761. 4公里，拥有 4 条及以上运营线路、有 3 座及以上换乘站并实现网络化运营的城市有 16 个；地铁运营线路长 4 354. 3 公里，其他制式城市轨道交通运营线路长 1 407. 1 公里，当年新增运营线路长度为 728. 7 公里③。

---

① 马晨晨. 修路 70 年：铸就“超级工程” [EB/OL]. [2019-11-25]. http://zujuan. xkw. com/10q9008695. html.

② 国家统计局. 2019 年末，高速铁路营业总里程超过 3. 5 万公里 [EB/OL]. [2020-02-28]. http://www. ytcutv. com/folder355/folder356/folder435/1300488. html.

③ 丁静. 2018 年底中国已有 35 个城市开通轨道交通 [EB/OL]. [2019-04-03]. http://travel. china. com. cn/txt/content_ 74643152. htm.

5. 供水与排水的数量与质量大大提高

改革开放以来，我国城市供排水事业取得了长足发展。截至2010年年底，全国设市城市共建有约4 000座水厂，供水能力总计达2.76亿立方米/日，供水管道长度近54万公里；建成污水处理厂1 444座，污水处理能力达1.04亿立方米/日，排水管道长度达37万公里。另据国家统计局统计，2015年中国城市供水综合生产能力为29 678.26万立方米/日。2015年中国城市供水管道长度为710 206公里，比2006年增加了279 809公里。2015年中国城市供水总量为560.47亿吨，同比增长2.53%。2015年中国城市生活用供水总量为287.27亿吨，生产用供水总量为162.43亿吨①。我国水务行业以年均15%的速度和数以万亿计的市场空间成为投资人心目中发展速度最快和最具潜力的行业之一。据预测，到2030年和2050年，中国城市化水平将分别达到50%和60%，相应的城市需水量将分别增加到1 200亿立方米和1 500亿立方米左右。

6. 环境治理与园林绿化日新月异

工业固体废物综合利用率、烟尘控制区及烟尘区控制面积、建成环境噪声达标区及环境噪声控制区面积、工业项目排放的废水经过处理后的状况等，基本都达到了国际标准②。据《2011年中国国土绿化状况公报》显示，2011年全国城市建成区绿化覆盖面积为161.2万公顷，比上年增长11.8万公顷；全国城市建成区绿化覆盖率、绿地率已分别达到38.62%和34.47%；人均公园绿地面积达到10.21平方米。城市园林绿化的发展有效地改善了城市人居生态环境。截至2019年年底，在采取大规模国土绿化行动后，森林惠民成效显著，国家森林城市有194个，城市建成区绿化覆盖率达41. 11%③。

7. 城市卫生设施建设加快

据统计，我国2018年年末城镇化率已达59.58%，但仍低于发达国家，而我国人均垃圾日产量超过1千克，已经接近发达国家水平。原环境保护部

① 国家统计局. 2016年中国城市供水综合生产能力、城市供水总量、城市用水人口及城市人均日生活用水量［EB/OL］.［2017-02-06］. http：//www. chyxx. com/industry/201702/491574. html.

② 邢志红．浅谈环境噪声达标区建设［J］. 噪声与振动控制，1991（5）：35-37.

③ 国家统计局. 中国森林覆盖率近23% 2019年完成退耕还林还草80万公顷［EB/OL］.［2020-03-12］. https：//news. 163. com/20/0312/21/F7I4KOMO000189FH. html.

印发的《2017年全国大、中城市固体废物污染环境防治年报》显示，2016年我国大、中城市生活垃圾产生总量约1.8亿吨，累计城市垃圾堆存量已达到66亿吨，全国600多座大、中城市有约2/3饱受垃圾围城之困。城镇垃圾污染问题也逐渐影响到了人们的生活质量，进一步成为影响生产和生活的限制性因素。我国城市生活垃圾处理方式以卫生填埋和焚烧为主。目前，我国城市生活垃圾基本做到了日产日清，收集运输逐步走向密闭化，处理设施数量和能力有了较大增长，无害化处理率不断提高，使城市人居环境质量不断改善，促进了各地经济和社会的发展①。

（三）城市基础设施建设存在的问题

1. 城市道路交通压力越来越大

近年来，随着中国国民经济的快速发展，家用轿车呈现强劲的发展势头，尤其是北京、上海、天津、重庆等直辖市和一些省会城市，交通拥堵日趋严重，道路交通压力越来越大。

2. 市政公用设施供需矛盾仍然突出

随着城市化进程的加快，城市人口增长较快，城市供水、燃气、热力管网等市政设施不能有效满足城市发展的需要，城市垃圾无害化处理、污水处理设施不足、处理率低等问题依然存在，市政公用设施供需矛盾仍然比较突出。

3. 资金投入依然不足

虽然国家和地方政府对市政公用设施建设的资金投入不断加大，但是与经济发展和社会发展的需求相比还存在着较大的差距，尤其是西部一些中小城市投资渠道过于单一，所需资金缺口较大。

4. 各地区发展不平衡

长期以来，我国实行以优先发展东部地区为主的政策，中西部大部分城市的基础设施投入远远低于其实际需要的水平，加之中西部地区的经济状况相对较差，地方财政也无力投入太多的资金用于城市建设，这就使得我国中

① 国家统计局. 我国城市生活垃圾处理现状［EB/OL］.［2019-09-27］. https：//m. sohu. com/a/343780889_ 100252878.

西部城市的基础设施建设水平与东部发达地区相比差距很大[①]。许多城市环境恶劣，到处尘土飞扬，“脏、乱、差”现象严重。

5. 城市规划水平有待提升

基础设施建设规划是整个城市规划的重要一环，是城市发展思想的具体实现，离开科学、详尽的规划而盲目地进行建设，常常导致大量资源的浪费，严重的甚至会造成城市功能失调、发展减慢等问题。城市项目必须经过认真的调查、研究，经过专家的论证或听取市民的意见，全面考虑短期目标和长远利益的协调，防止基础设施的低效利用和重复浪费[②]。城市规划要有 50～100 年的长远眼光。

（四）城市基础设施管理措施

城市基础设施管理，是指在城市政府及其职能部门的统一领导下，在城市政府其他工作部门的配合和区、县政府职能部门的分工协作下，以城市基础设施的基本信息为基础，以提高城市基础设施的综合效益为目标，运用决策、计划、组织、指挥等一系列机制，采用法律、经济、行政、技术等手段，通过调节政府、市场和社会的互动，围绕城市基础设施的融资、建设和运营，进行决策引导、规范协调以及服务经营等。

城市基础设施作为城市的支柱产业，其功能发挥的强弱对于城市可持续发展与城市居民生活质量的提高有着重要的影响。要使城市基础设施所具有的功能得到充分发挥，就要加强城市基础设施管理。城市基础设施管理包括城市基础设施融资管理和城市基础设施运营管理两个方面。

城市基础设施管理的原则有：第一，坚持社会效益优先，兼顾经济效益。第二，坚持统筹规划，注重服务的同步性和建设的超前性。第三，加强城市基础设施之间的协调配合。第四，优化竞争机制，加快市场化改革[③]。

随着中国现代化和城市化速度的加快，市政基础设施投资会越来越大，按照每年 11%的增长率，2010 年我国市政公用基础设施固定资产投资额将突

① 金碚. 中国地区间产业发展的不平衡性和可行的战略选择［J］. 学习与探索，2004（6）：101-103.

② 张伟. 城市基础设施投融资研究［M］. 北京：高等教育出版社，2005：166-168.

③ 张晖明，翁恺宁. 城市基础设施建设投融资体制的改革与发展［J］. 金融论坛，2000（2）：27-32.

破1万亿元。加快城市公用基础设施的建设步伐，提高城镇综合承载能力，推动我国城市化健康发展，是我国今后一段时期市政公用基础设施建设的重要任务。其主要措施有：

（1）做好市政公用设施“十二五”编制规划，指导市政公用基础设施建设健康发展。为指导全国市政公用设施建设，应分别组织编制城市供水安全规划、城镇生活垃圾处理设施建设与发展规划、城市燃气发展规划等专项规划，明确新时期市政公用设施建设的目标、任务和主要措施。

（2）加强法规体系建设，完善相关政策，规范市政公用基础设施建设。为保障市政公用设施建设，我国已经出台了城市供水条例、城市道路管理条例、城市绿化条例、城市市容和环境卫生管理条例，以及市政公用事业特许经营管理办法等部门规章，今后还将研究制定燃气管理条例、城镇排水与污水处理条例、城市轨道交通工程质量安全管理条例、市政公用事业特许经营条例等法律规章，出台关于进一步加强城市轨道交通安防设施规划建设的工作指导意见。

（3）大力推进科技进步，提高市政公用基础设施建设和服务水平，积极推广应用先进的科研成果，运用信息网络、数字化技术努力提高市政公用设施的服务和公用水平。

（4）加强对城市轨道交通工程质量安全的监管。针对城市轨道交通工程风险高、主体多、政府投资特色明显等特点，采取有力措施，健全责任体系，抓好责任落实，建立合理工期造价保障机制，完善风险管理体系，强化全过程风险预防和控制。同时，加强培训与交流，提高参建企业和人员质量安全素质，加大监管力度，有效防范和处置轨道交通工程质量安全事故。

（五）城市基础设施发展展望

1. 集约与滚动发展策略

针对目前大部分城市市政基础设施建设分散、规模小、档次低的状态，各地区应改善基础设施建设各自为政的局面，打破行政界限，推行横向整合，建立组团式的整体配置形式，形成统一的经营和管理体制，促进基础设施的高效集约化开发利用。

2. 区域合作策略

我国城市的基础设施发展要服从和服务于整个城市的大局，故在研究自身需求的发展时，还需密切关注周边区域的发展。同时，在积极协助各类区域性基础设施建设的过程中，争取上级等有关部门的支持，以便得到更多的资源。

3. 基础先行与适度超前策略

应改变跟进式的基础设施配套方式，推进先导性的配置方式，即城市建设，基础先行。应构筑起功能健全、技术先进、结构合理的基础设施体系，并在总量上适度超前，为城市建设发展的诸多不可预见因素留有余地，由此达到夯实基础、提升土地价值、营造有利的投资环境、提高竞争能力的目的，促进城市发展从“量”的扩张向“质”的提升转变。

4. 专业协作策略

应建立起完善的专业协作机制，通过高效合作，既可增强各自的功能，又可强化市政基础设施体系的统一性和协调性，在分工的基础上形成合力，提高资源利用率，降低成本，促进资源利用和环境建设协调发展。

5. 产业化发展策略

应转变政府职能，运用经济、法律、政策等手段实行间接调节管理，分阶段逐步实施对政府投资或扶持兴建的市政基础设施的委托建设和管理。宏观上，在政府控制下进行统一规划、统一建设；微观上，加强监督协调，制定建设效益评价报告制度，防止重复建设，保证市政基础设施建设合理有序进行。

6. 投融资市场化策略

建立以政府投入为导向和依靠社会资金的多渠道、多层次、多元化的投融资体制。首先，政府财政应更多地发挥导向作用，制定财政扶持政策，加大重点基础设施的建设力度和重点地区的投资比重，使政府有限的资金发挥最大的效能。其次，发展金融型、证券型融资方式，广泛融通社会资金。最后，通过特许经营权，吸引外资、动员民间资金参与基础设施建设，逐步实现市政基础设施建设自我积累、自我发展的良性循环。

在新的历史发展阶段，在习近平新时代中国特色社会主义思想的理论指导下，我国基础产业和基础设施建设既要重视发展经济，又要重视环境，“绿水青山就是金山银山”，坚持又好又快发展的方针，克服不断出现的新问题、新矛盾，为国民经济发展和人民生活水平的提高打下坚实的基础，形成亲善市场、协调增效的公共事务良好治理的状态。

三、现代城市交通管理

城市交通运输系统是城市经济的基础设施，是经济发展的先决条件，是现代社会的生存基础和文明标志①。由于历史和现实的原因，我国城市交通系统运营问题比较突出，城市经济发展超越城市承载力，由此引发交通堵塞、运输紧张等现象，城市交通管理技术也迫切需要提升。

（一）城市交通管理概述

城市交通是一个由人、货、车、路和环境组成的相当复杂的动态系统。具体来说，城市交通是指城市道路（地面、地下、高架桥、水道、索道）系统间的公众出行和客货运输。其中，城市公共交通是指在城市中人民政府确定的区域内，利用公共汽车、轨道交通等设施，按照预先的线路、站点、时间、票价运营，为社会公众提供基本出行服务的社会公益性事业②。城市交通系统是城市社会经济的一个子系统，其本身也是一个立体化、综合化的系统。城市交通系统由交通设施、交通工具和交通出行主体三要素构成。

城市交通管理是指城市政府为保障交通基础设施能为城市经济和市民生活提供良好的服务，综合利用各种手段，科学合理地组织城市中人与物运输的管理活动。城市交通管理要根据交通运输的规律进行，其遵循的基本原则有：以人为本和可持续发展的原则，交通资源供给和交通需求管理相结合的原则，交通分离和交通连续原则，交通管理主体的多元参与原则。

（二）城市交通网络的表现形式

现代城市最基本的特征是网络化。无论是电子信息还是交通互联，着重表现为网络快捷化，这是人类走向进步、走向地球村的必然。城市道路系统是城市的骨架，是城市结构布局的决定因素。因此，城市道路交通的各项设施要根据现代交通的需要，组成完善的道路交通系统。而城市道路交通系统的形式是在一定的社会条件、城市建设条件及当地自然环境下，为满足城市

① 宋启林．我国城市交通运输系统规划建设与城市土地规划利用［J］．中国土地科学，2000（1）：41-44.

② 王佃利，张莉萍，高原．现代市政学［M］．北京：中国人民大学出版社，2011：5.

交通以及其他各种要求而形成的，没有统一的形式①。从已经形成的道路系统中，可以归纳出以下几种类型：

1. 放射环形道路系统

放射环形道路系统是由一个中心经过长期发展逐渐形成的一种城市道路网形式。该系统由几条围绕中心不同距离的环形道路联通各条放射线干道形成，各区之间均有较通畅的联系。采用这种形式的道路系统，车流将集中于市中心，特别是大城市的中心。在这样的系统中，尽管环形道路起分散作用，但交通较复杂，易造成拥挤现象。例如，俄罗斯莫斯科就拥有完整的放射环形道路系统。就国内而言，成都市在旧城的基础上从中心向四周较均衡地发展；长春市是在旧有基础上发展起来的，可以看出它受到了理想城市模式和传统平面构图规划思想的影响；无锡市是历史悠久的古城，为大运河和沪宁铁路所贯穿，道路从中心地区自然向交通方便的地区和太湖风景区伸展。

2. 方格形道路系统

方格形道路系统也称为棋盘式道路系统，它把城市用地分割成若干方正的地段，系统明确，便于建设，适用于地势平坦的平原地区。一般中小城市有较多的方格形道路网的形式，例如，北京市、西安市、苏州市等一些古城均以这种形式为主。

3. 方格对角线道路系统

方格形道路系统在规划上处理不好，易造成单向过境车辆多的现象，将其改进为方格对角线形式，解决了交通的直通问题，但对角线所产生的锐角对于布置建筑用地是不经济的，同时增加了交叉路口的复杂性。

4. 混合式道路系统

混合式道路系统是前几类形式的混合，并结合各城市的具体条件进行合理规划，可以集中其优点，规避其缺点。例如，某大城市的道路系统以方格形为基础，该城市可将放射环形同方格形结合起来形成一种混合形式，发挥放射环形和方格形道路系统的优势。

---

① 邵正宇，郑安文，郭建中，等．城市道路网通行能力最大的道路类型优化分配［J］．公路工程，2004（4）：50-52.

5. 自由式道路系统

自由式道路系统多在地形条件较复杂的城市中运用，可以满足城市居民对于交通运输的要求，而且便于组织交通。该道路系统结合地形变化，路线多弯曲，自由布局。采用该道路系统要合理规划，有组织、有规律。

6. 多中心组团式道路系统

随着城市的扩大，一个城市往往有几个中心，其道路建设也趋于多中心化，各中心通过地铁、轻轨、公交等紧密相连，这样的道路系统就是多中心组团式道路系统，如美国洛杉矶的道路系统。

（三）城市道路的主要特点与功能

城市道路就是通达城市的各地区，供城市内交通运输及行人使用，便于居民生活、工作及开展文化娱乐活动，并与市外道路连接负担着对外交通的道路①。城市道路整体呈现功能多样、组成复杂、行人量大、车种复杂、交叉口多、交通分散等特点。

1. 城市道路的主要特点

（1）一般较公路宽阔，为适应复杂的交通工具，多划分机动车道、公共汽车优先车道、非机动车道等。

（2）道路两侧有高出路面的人行道和房屋建筑，人行道下多埋设公共管线。

（3）为美化城市而布置绿化带、雕塑艺术品。

（4）注重城市环境卫生，少扬尘、少噪声。

（5）在车行道外设路肩，两侧种行道树，边沟排水。

2. 城市道路的主要功能

（1）快速交通干道：只准汽车行驶，禁止行人和非机动车进入；中间设置一定宽度的分隔带；实施出入口控制。

（2）主要交通干道：是城市道路系统的骨架，联系着城市主要工业区、住宅区等全市性公共活动场所，负担城市的主要客货运交通。其主要技术要求是：车道数一般不少于四条，道路两侧一般不设吸引大量人流的公共建筑。

（3）一般交通干道：是城市中数量较多的普通交通干道。由主干道引出，

① 高庆东，鲍永利，蔚建峰．浅谈城市道路设计与公路设计的区别［J］．科学技术创新，2011（12）：252-253.

分布在城市各个区域，负担主干道上交通的集散和区域内主要客货运交通。

（4）支路：是区域内大量分布的联系主次干道与各交通源的道路，包括住宅区道路和胡同（里巷）；一般只有少量机动车和较多的自行车混合行驶，车流密度不大。

（四）城市交通管理的内容

城市交通管理是一个综合的系统工程，它涉及与交通有关的各方面的内容，包括对道路等交通设施的管理、对交通工具的管理以及对交通出行主体——公众的引导和管理①。从城市交通管理涉及的内容看，我国现行城市交通管理的主体是多元的，总体而言，主要有城市规划管理部门、城市建设管理部门、城市交通管理部门、城市公安交通管理部门等。其中，城市规划管理部门参与组织城市交通规划的制定工作；城市建设管理部门主要负责城市道路等交通基础设施的建设和维护工作；城市交通管理部门主要负责城市的交通运输系统管理工作；城市公安交通管理部门主要负责城市道路交通安全管理工作。

1. 对交通设施的管理

交通设施的管理需要精细化。交通设施既包括铁路、港口、机场等基础设施，也包括道路和公路网、公共交通线网体系，还包括各种交通枢纽和停车设施等服务设施。对城市交通设施的管理，主要是对各种交通设施的规划、建设等。随着城市化的发展和机动化进程的加快，城市交通设施日益落后于高速增长的需求，道路拥堵等问题严重，这些对交通设施的管理提出了更高的要求。这就要求从两个方面入手：一是要构建完善的交通设施网络体系；二是要提升交通设施的科学管理水平。

2. 对交通工具的管理

交通工具是城市中各种车辆的总称，既包括普通公共汽车、轨道交通、出租车、轮渡、索道、缆车等，又包括私人出行的自行车、小轿车和摩托车等。对交通工具的管理，是对城市中各种交通工具的统一和协调，有利于运输效率的提升。实质上对不同交通方式的选择和配置问题，是交通出行结构的优化与组合问题，目前各地鼓励公交优先的理念。另外，要平衡好私家车

① 敖波．浅谈城市道路交通设施管理系统设计［J］．中国科技信息，2012（19）：110-111.

和公交车的出行比例，如通过交通政策、经济杠杆和收费限制等方法来调节小汽车出行使用量。

3. 对交通出行主体的引导和管理

交通出行主体主要是各种车辆的驾驶员和城市交通中出行的公众。营造一个快捷、安全、方便、舒适的交通环境，离不开出行主体的参与。首先，要规范执法，加强对驾驶员的管理；其次，要改善自行车和行人出行环境；最后，要加强交通安全知识和理念的宣传教育。

（五）城市交通问题与管理策略

当前城市一方面由于交通工具数量的快速增长带来交通量的迅速增长，另一方面又必须对有限的交通资源实施限制①。在这样的背景下，大中城市的交通拥堵问题特别明显，主要问题有：城市化进程加快，道路压力增大；城市交通结构不合理，公共交通发展相对滞后；城市交通管理水平低下，不能适应现代交通管理的要求。要解决这些问题，可从以下三个方面着手：

（1）加快道路交通建设。城市道路交通网络是经济运行的物质基础，一般可以分为快速通道网和常规道路网。快速通道包括高速公路、城际铁路、地铁轻轨、快速公交线路等，常规道路有公共汽车道、小型汽车道、自行车道、步行道等。应建设设备优良的火车站与高速铁路站点、汽车站、飞机场、港口码头等，做到一站式出行。

（2）开发新型交通工具和技术措施。随着5G网络技术的推进，新一代科技公司开发的AI智能行车系统将改变传统的交通模式。为了满足人民群众对美好生活的追求，要优先发展经济适用、安全舒适、绿色环保、运力充分的交通工具。应加大地铁和公交线路建设，普及ETC收费系统建设。

（3）具备管理的新思维。要做好城市交通规划，引导和调控城市交通发展方向。由注重交通供给向重视交通需求转变，实施交通需求管理。实行公交优先发展战略，优化城市交通结构。深化城市交通的管理体制改革，适应城市交通发展需求。制定协调的交通政策和法规，建立健全监管体系。借助现代化交通管理手段和设备，提高交通管理水平。树立现代化城市交通管理的理念。坚持以人为本，建设人文交通。突出技术创新，建设科技交通。突

① 钱政华，丁建明．城市交通宁静化措施与影响分析［J］．华东公路，2009（3）：86-90.

出节能减排，建设绿色通道。

四、现代城市住房管理

城市住房管理是关系到城市居民日常生活的重大民生问题。城市住房是城市生活的基础条件。城市住房问题是一个重大的社会问题，解决城市住房问题是城市政府的重大职责。

（一）城市住房管理概述

住房是城市建筑中的主要形态。随着工业化的快速发展，大量人口和产业聚集于城市，城市面临严重的基础设施不足的问题，城市住房问题也备受关注并成为其中一个较为突出的问题。通常所说的房地产是房产和地产的总称，二者不可分割，它包含土地和土地上永久性建筑物及其衍生的权利和义务关系的总和①。城市住房，是在城市区域内供居民居住的房屋，其外延包括一切城市区域内所有满足住宿功能的房产，面向的对象是城市区域内生活的全部居民，其功能主要体现在对住宿的满足上。可以这样说，城市住房管理就是城市政府对城市住房规划、建造、使用所进行的一系列工作。对城市住房进行系统、科学的管理，有利于改善居民的住房条件，促进城市的发展，维护社会安定和正常的工作、生活秩序。

城市住房的特征有：

（1）耐久性。住房的使用是一个长期的过程，会产生折旧，需要不断维护。由于住房具有耐久性，所以人们购买住房的周期长。

（2）昂贵性。城市住房是一个昂贵的消费品，尤其 2015 年年底到 2016 年年中，经过半年的突飞猛进，北上广深房价上涨 30%，甚至带动许多二线城市房价上涨，这让许多家庭对房价望而生畏。国家为了解决城市住房问题，也推出了许多相关政策。

（3）固定性。房屋一旦建成，就与承载住房的土地融为一体，属于不动产。住房选址很重要，因为住房周围的公共设施、公共服务、交通、环境等状态直接影响人们的生活质量。

（4）投资性。住房的消费是一个增值的过程，随着城市人口的不断增加

---

① 王新军，王霞．房地产经营与管理［M］．上海：复旦大学出版社，2014：1-5.

和人们需求水平的提升，加上住房建设周期长、调剂余地小，住房的投资价值呈上升趋势[①]。

（二）城市住房管理的基本内容

城市住房管理，是指城市政府对住房规划、建造、流通、租赁和使用过程进行的一系列管理工作，即通过对城市住房进行科学系统的安排，维护社会安定，保持正常的工作、生活秩序，改善人们的住房条件[②]。

1. 城市住房规划管理

城市住房规划是城市在一定时期内的住房发展目标和计划，是城市住房建设的综合部署。城市住房规划包括住宅选址、建设规模、建设速度和平面布局的规划。科学的城市住房发展规划应当坚持以下原则：一要符合城市总体规划的要求；二要考虑采光、通风、消防、抗灾等要求，为居民创造优美、卫生、方便的居住环境；三要合理利用城市土地和空间，实现经济效益、社会效益和生态效益的有机统一；四要展示城市住宅区的建筑多样化和个性化特色；五要搞好住宅区的公共服务和配套设施规划。

2. 城市住房开发管理

住房开发是指在依法取得国有土地所有权的土地上进行基础设施、房屋建设，从事房地产转让、抵押和租赁等业务。住房开发的主要内容包括三部分：住房开发项目的土地使用权的取得、拆迁安置和房地产开发项目产品。

3. 房地产交易管理

房地产交易是指个人之间、法人之间、其他组织之间及其相互之间进行的有偿转移住房所有权或使用权及相关土地使用权的行为，包括房地产的买卖、交换、抵押、典当、租赁等。

4. 房地产权属登记管理

房地产权属登记是指房地产管理部门依据相关规定以及国家赋予的职权，将房地产权利人合法拥有的土地使用权和房屋所有权，以及由上述权利所产生的抵押、典当等他项权利，登记于政府特定的簿册上的行为。建立权属登记制度是为了保证房地产的交易安全，起到确认、公示和保护的作用。在这

① 马万里．建立健全面向农民工的城市住房保障体系研究：杭州农民工基本住房状况调查与政策建议［J］．城市规划，2008（5）：38-44.

② 张丹．苏联新经济政策时期城市住房管理体制转型初探［J］．俄罗斯研究，2012（3）：126-143.

个制度中，核心的内容是规定登记机关和登记人享有什么样的权利和义务，保护财产权利的效力如何，出现错误过失如何救助。

5. 房地产物业管理

在经济社会发展过程中，房产管理是一项专业性、社会性、群众性、形象性很强的工作，涉及建设、财政、资源、金融、税务、规划、统计等多个政府部门。根据 2018 年 3 月修订的《物业管理条例》的规定，物业管理是指业主通过选聘物业服务企业，由业主和物业服务企业按照物业服务合同约定，对房屋及配套的设施设备和相关场地进行维修、养护、管理，维护物业管理区域内的环境卫生和相关秩序的活动。国务院建设行政主管部门负责全国物业管理活动的监督管理工作。县级以上地方人民政府房地产行政主管部门负责本行政区域内物业管理活动的监督管理工作。

（三）我国城市住房管理的历史演变及城镇住房现状

1. 我国城市住房管理的历史演变

1949 年前，中国一些沿海城市和内地中心城市，开始孕育出新兴的房地产业和房地产市场。除少数地区外，中国的房地产市场还未发育或正在发育，并不成熟，商品形态的房地产在全国范围内并不占据主导地位。

中华人民共和国成立初期，伴随着对帝国主义在华资产的革命性剥夺和对资本主义工商业的社会主义改造，我国关闭了房地产市场，对房屋资产拥有者和出租者课以重税，封杀私房租赁经营，实行土地的无偿划拨和居住房屋的政府供应。

此后，逐步形成了由国家通过地方政府的财政支出对城镇居民住房实行建设和分配的统建统包的单一体制格局。由于国家财力有限，建设规模远远满足不了城镇居民的住房需求，政府实行房屋高度匮乏下的有限无偿分配，同时所有公房只收取福利性的低租金。房屋的投入和产出的良性循环没有形成，整个国家的城镇居民居住质量水平非常低下。这一体制大约实行了 30 年。

1978 年以来，住房问题成为中国城镇的首要问题，直接影响到社会稳定和经济发展。推行土地体制和住房体制的改革，是伴随着社会主义市场经济体制在中国大地上的逐步确立，而由国家、党、政府和人民做出的历史性主动选择。改革打破了政府、地方、行业、所有制的垄断，实行多渠道、开放式、市场化的房地产开发建设模式。中国土地资产从毫无市场价值的行政划拨品，住房资产从不能进行市场交换的行政分配品，转为不断升值的国家和公民所有的社会财富资产，这是中国经济史上的成功改革。中国全体国民包括城镇居民住房质量改善的速度和水平，不仅是中国历史上从未有过的，也是世界城市发展史上的奇迹。

从国家统建统包的单一住房体制，过渡到国家统建统包体制和住房市场化、商品化配置体制“双轨”共存体制（主要是20世纪八九十年代），再演化到商品住房占主导地位的体制（主要是21世纪的第一个10年），这一进程持续了大约30年。

综上所述，中华人民共和国成立以来的城市住房保障制度发生了很大的变化。一是实行计划经济体制下的福利性分房。二是改革初期探索双轨制。改革初期的探索经历了三个阶段：公房出售的试点阶段（1978—1985年）；提租补贴改革阶段（1986—1993年）；住房市场化改革的推进阶段（1994—1997年）。三是住房货币化改革以来建设新体系。四是构建多层次住房保障体系。1998年我国提出建立以经济适用房为主的多层次城镇住房供应体系的目标，到2008年我国的多层次住房保障体系已经形成[①]。

到2010年，全国房地产开发投资规模达到4.6万亿元，其中商品住宅投资额达到3.4万亿元；土地批租费用达到2.9万亿元；全国商品房销售面积为10.4亿平方米，其中商品住房销售面积为9.3亿平方米；商品房销售金额为5.2万亿元，其中商品住宅销售金额为4.2万亿元。中国城镇居民住宅私人产权比重已经高达89%。中国房地产业是中国经济发展的引擎，是典型性支柱产业。

2. 我国城镇住房现状

中华人民共和国成立之初，人们的居所大多是平房、筒子楼、大量的棚户区甚至茅草屋，如今具有独立卫浴、厨房，能供暖、供气、供水的成套住宅已经非常普遍。自1995年起，为更好地保障城乡中低收入阶层的基本居住条件，国家开始实施安居工程，大力推进社会保障性住房建设。随着城镇化速度的加快，我国住房的整体面貌发生了巨大的变化。

---

① 陈艳萍，赵民.1998年以来我国城市住房改革及宏观调控的反思与改进探讨：基于经济、社会、空间发展“指向”的综合视角［G］//多元与包容：2012中国城市规划年会论文集（06.住房建设与社区规划）.昆明：云南科技出版社，2012：48-56.

（1）住房投资越来越大。1998—2010 年，中国城镇住宅建设投资总额由 2 082亿元增长至 34 038 亿元，年均复合增长 20.3%（见表 6-1）。

表 6-1　1998—2010 年全国房地产开发投资情况

年份	固定资产投资情况		住宅建设投资情况		
	投资额（亿元）	增长率（%）	投资额（亿元）	增长率（%）	占固定资产比重（%）
1998	28 406	13.9	2 082	35.3	7.3
1999	29 855	5.1	2 638	26.7	8.8
2000	32 918	10.3	3 312	25.5	10.1
2001	37 213	13.1	4 217	27.3	11.3
2002	43 500	16.1	5 228	24.0	12.0
2003	55 567	27.7	6 777	29.6	12.2
2004	70 477	26.8	8 837	30.4	12.5
2005	88 774	26.0	10 861	22.9	12.2
2006	109 998	23.9	13 638	25.6	12.4
2007	137 324	24.8	18 005	32.0	13.1
2008	172 291	25.5	22 441	24.6	13.0
2009	224 846	30.5	25 619	14.2	11.4
2010	278 140		34 038		

资料来源：住房和城乡建设部政策研究中心《中国房地产业发展目标与规划实施研究》（2009 年 3 月）；国家统计局《2009 年全国房地产市场运行情况》。

国家统计局发布的《2019 年 1—12 月份全国房地产开发投资和销售情况》显示，2019 年 1—12 月份，全国房地产开发投资 132 194 亿元，比上年增长 9.9%，比上年加快 0.4 个百分点（见图 6-1）。其中，住宅投资 97 071 亿元，比上年增长 13.9%，比上年加快 0.5 个百分点。

（2）建设和销售规模逐年扩大。1998—2010 年，中国城镇住宅新开工面积由 1.66 亿平方米扩大至 12.9 亿平方米，年住宅竣工面积由 1.4 亿平方米扩大至 6 亿平方米，住宅销售面积由 1.1 亿平方米扩大到 9.3 亿平方米（见表 6-2）。

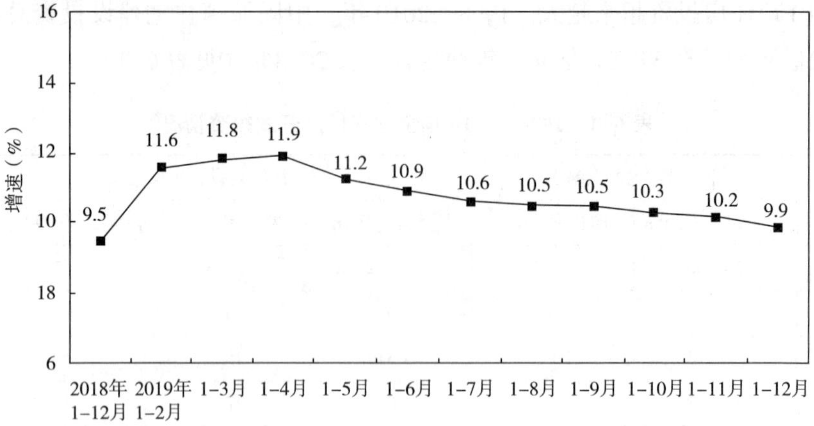

图 6-1　全国房地产开发投资增速

资料来源：http：//www. stats. gov. cn/tjsj/zxfb/202001/t20200117_ 1723389. html.

表 6-2　1998—2010 年我国房地产开发建设情况

（单位：万平方米）

年份	住宅新开工面积	住宅竣工面积	住宅销售面积
1998	16 638	14 126	10 827
1999	18 798	17 641	12 998
2000	24 401	20 603	16 570
2001	30 533	24 625	19 939
2002	34 719	28 525	23 702
2003	43 854	33 775	29 779
2004	47 949	34 677	33 820
2005	55 185	43 683	49 588
2006	64 404	45 472	55 423
2007	78 796	49 831	70 136
2008	83 642	47 750	59 280
2009	92 463	57 694	85 294
2010	129 468	60 115	93 015

资料来源：国家统计局统计年鉴、统计公报、国家发改委投资所研究报告。

（3）人均住房面积快速增长。1980 年，中国城镇居民人均住宅建筑面积仅为 7.18 平方米，结婚无房户大量存在。到 80 年代末住房制度改革推行时，城镇居民人均住宅建筑面积仅为 13.45 平方米。1994 年全国正式启动住房商品化改革，使得住房交易和住房消费成为可能，大量中低收入家庭通过“卖旧买新、以小换大”的方式逐步改善了住房条件。1998 年我国城镇居民人均住宅建筑面积达到 18.7 平方米，2010 年我国城镇居民人均住宅建筑面积增加到 31.6 平方米（见表 6-3）。

表 6-3　1998—2010 年我国城镇居民人均住宅建筑面积与城镇人口数量

年份	人均住宅建筑面积（平方米）	城镇人口数量（万人）
1998	18.7	41 608
1999	19.4	43 746
2000	20.3	45 906
2001	20.8	48 084
2002	22.8	50 212
2003	23.7	52 376
2004	25.0	54 293
2005	27.8	56 212
2006	28.5	58 288
2007	30.1	60 633
2008	30.6	62 403
2009	31.3	64 512
2010	31.6	66 978

资料来源：《中国统计年鉴（2011）》《中国统计年鉴（2010）》。

（4）保障住房取得一定成效。1998 年以来，符合城市规划要求、土地利用集约化、公共设施配套成系统、成街坊成片区的住宅开发，成为新建住房的主流模式，大批规划设计好、施工质量高、绿化环境美的住宅小区涌现。具有房地产开发资质的企业成为房屋建设和销售的主力军。

1998—2010 年，我国保障住房累计解决近 2 200 万户城镇低收入和部分中等偏下收入家庭的住房困难，实物保障住房受益户占城镇家庭总户数的 9.4%。根据住房和城乡建设部的数据，2008—2018 年，全国城镇保障性安居工程合计开工约 7 000 万套，其中公租房 1 612 万套、经济适用房 573 万套、限价商品住房 282 万套、棚改安置住房 4 522 万套，累计 2 200 万困难群众领取了公租房困难补贴，帮助约 2 亿困难群众改善了住房条件。

（四）我国城镇住房的主要问题分析①

1. 保障住房的发展滞后于商品住房的发展

我国保障住房发展滞后，主要体现在规划滞后、政策滞后、投入滞后、规模滞后、管理滞后五个方面。这种滞后是反向于商品住房发展的。商品住房越发展，保障住房的滞后性表现越强。其根源不在于商品住房发展过快，而在于保障住房事实上在一段时期之内，在大部分城镇重视研究不足、基础工作不足、资源投入不足。其本质是政府保障房职能缺位、缺失。

（1）规划滞后：保障房的覆盖城镇人群总量和比重不清晰，保障房的空间布局和与商品房的关系处理不确定，保障房的诸如教育、医疗、体育、商业、绿化、公交等基础公共配套设施的规划指标水平低，等等。

（2）政策滞后：政策依据不充分，基本上难以掌握城镇居民真实的居住人口、收入水平、财产状况和居住状况；政策重点含混多变，诸如到底是以经济适用房为主还是以公租房为主发展保障住房，到底是以遏制过快上涨的房价还是以价格下降为政策目标；政策实施执行力差，中央和地方政府施政目标不一致，缺乏顶层设计，政策内容不衔接甚至相互矛盾。

（3）投入滞后：保障住房资金来源渠道有财政支出、银行贷款、土地出让金、保险基金、社保基金、房地产基金、地方债券、企业债券、开发企业垫资等，看似很多，但互相倚重依赖，投入产出时空不匹配，保障房的投入资金总是不足；保障房建设指标很多，但符合要求的土地指标很少。

（4）规模滞后：需要保障房的城镇居民确实很多，但由于规划布局、公建配套、出售价格、楼层朝向、消费倾向等原因，造成了一方面保障房总体规模不足，另一方面建成后又不能投入有效使用的奇怪现象。

（5）管理滞后：现在的保障房规划建设和政策重点主要在开工建设上，如何将有限的保障房分配给真正需要的家庭户，如何确保保障房管理上实现简单再生产，如何建立保障房的退出管理机制，缺乏全面、综合、充分的考

① 刘琳，程选，汪文祥，等．我国城镇住房保障制度主要问题和建议［J］．宏观经济管理，2009（2）：33-36.

虑，相关政策也少，造成了管理漏洞。

2. 商品住房市场价格上涨过快

过去十年我国商品住宅的市场价格快速上升，到 2010 年全国商品房均价为 5 029 元/平方米，其中商品住宅销售均价为 4 724 元/平方米，办公楼销售均价为 11 418 元/平方米，商业用房销售均价为 7 735 元/平方米。尤其是 2016—2018 年全国大中城市房价突飞猛进，给诸多方面带来巨大压力。

把我国房价上涨过快归因于开发企业牟取暴利和市场炒作，其实是表面的，也是片面的。现在地方政府维持城市发展的基本手段不是财政收入，而是收取土地出让金和招商引资；商品住宅市场价格构成中，政府收取的土地出让金和各种费税所形成的价格成本，已占 60%以上。通货膨胀直接导致实物资产价格暴涨，这是简单的基本经济规律。此外，我国城镇商品住房价格上涨过快，也与我国正在进入城镇化高潮期密切相关。

3. 商品住房受土地、资金供应和指导政策不稳定影响

中国房地产业至今没有进行过城镇房屋的普查，没有中长期的产业发展规划，有的仅是保障房的建设计划。房地产调控政策的主要依据来自社会民怨、舆论媒体和房价涨幅。政策短期、政策多变、政策效用递减、政策间不衔接、行政措施强于经济手段，是我国房地产调控政策存在的主要问题。没有稳定的、可以预期的、能够保证产业发展总体要求的土地、资金供应计划和产业政策，导致企业和市场行为的短期化。

4. 住宅建设产业化、装修化不足，绿色建筑比重低

我国住房建设产业化水平低，主要是现场构建，存在标准化程度低、质量控制难度大和建设成本高的弊端；毛坯住宅市场供应的普遍化，直接导致大量建筑资源的浪费、空耗和居住环境的长时期恶化，而标准装修和精装修的政府产业政策要求，又直接导致房价和费税的上升；绿色建筑能够节地、节水、节能、节材，但大量新材料、新技术的运用也会直接导致房价上升。

5. 土地、增量房和存量房的市场联动不足

土地招拍挂竞价，增量房政府限价，如同市场煤、计划电一样，形成了扭曲的市场价格①。土地市场价格是完全由政府垄断决定的，增量房价格是由

① 刘洋．我国工业用地招拍挂的竞价机制分析［J］．税收经济研究，2014（6）：85-95.

开发企业竞争性有限垄断决定的，真正良性平等、自由竞争、反映真实供求关系的是存量房市场价格，其是由无数个供求双方通过市场交易决定的。我国现实的情况是，土地市场价格决定了增量房市场价格，而增量房市场价格又决定了存量房市场价格。中国内地大部分地区，还处在增量房交易规模大于存量房交易规模的时期，其市场价格并不表现为成熟性稳定市场的价格，而表现为一个过渡性波动市场的价格。因此，当源头价格上涨时，无论是保障住房还是商品住房，其价格都会上涨。只有通过存量房市场的发展，实现存量房、增量房、土地三个市场的反次序联动后，市场价格的波动局面才能稳定下来。

住房条件是人民群众追求美好生活的一个关键性指标。2019 年 7 月 30 日，中共中央政治局召开会议，会议要求坚持房子是用来住的，不是用来炒的，落实房地产长效管理机制，不将房地产作为短期刺激经济的手段。国家正在着力解决住房的市场管理问题，努力推进城镇住房保障。

五、现代城市环境管理

城市是人类聚集生存的地方，是人类对自然环境干预最强烈的地方。从经济学角度，环境通常被理解为为人类提供服务的载体，是与物质资本、人力资本及社会资本并列的四大资本之一①。随着城市化进程的加快，环境恶化、气候变迁、城市内涝等问题相继出现，给人民生命财产带来重大损失，城市的环境治理由此进入大众的视野。现代城市良好的环境给人们带来舒心的感觉，利于人们的工作、学习和生活；反之，恶劣的环境严重影响人们的健康。于是人们开始检讨人与环境之间的关系。为了减缓人类对环境的破坏和干预，联合国也提出可持续发展的宗旨和目标，呼吁世界各地共同保护人类的生存环境。

（一）城市环境管理

1. 城市环境概述

城市环境是地球环境的一部分，地球环境通过为人类提供各种服务来支持人类生命活动的需要②。广义的城市环境是指城市中与人类活动存在互动关系的

① 曲福田．资源与环境经济学［M］．北京：中国农业出版社，2014：2-5.

② 王敬国．资源与环境概论［M］．北京：中国农业大学出版社，2013：41-42.

各种自然存在以及经过人工改造的人化自然的综合体，包括自然环境和人工环境。自然环境就是生态环境，城市的生态环境分为四类：①城市大气环境。其主要由氮、氧、氢、二氧化碳等气体组成。②城市水环境。这是指江河湖海、地下水等贮水体，是包含水中的悬浮物、溶解物质、底泥以及水生生物在内的生态系统。③城市土壤环境。土壤是自然界的复杂系统，它与大气、水体、生物等因素相互作用，形成人类赖以生存的自然资源和物质基础。④城市生物环境。种类繁多的生物群落是自然系统的主体，生物环境是自然环境的一部分。人工环境是城市环境不可缺少的一部分，是人类为了改善自身的生存状态、提高物质文化生活水平而对自然因素进行改造所形成的环境，如城市中的各种构筑物、道路、市政设施、环境卫生及园林绿化等。狭义的城市环境仅指城市的自然环境。

2. 城市环境的特点

（1）城市环境具有最强烈的人为干预特征。城市是人口最集中，社会、经济活动最频繁的地方，也是人类对自然环境干预最强烈、自然环境变化最大的地方[①]。除了大气环流、大的地貌类型、主要河流水文特征基本保持自然状态外，其他自然要素都发生了不同程度的变化，而且这种变化通常是不可逆的。城市建筑景观、城市道路、城市各项生产和生活设施等，使城市的降水、径流、蒸发、渗漏等都产生了再分配，也使城市水量与水质以及地下水运动发生较大变化。

（2）城市的环境质量与城市社会经济的发展紧密相关。城市是由社会、经济、环境组成的复杂人工生态系统，经济、社会的发展与环境发展相互依存，相互作用。社会为发展经济、满足人民生活需要而开发环境，为了更好地生存和发展，还必须保护环境。环境作为一种资源，是人类社会经济发展的自然基础，所以环境问题的实质是经济问题。以污染环境作为代价的发展是脆弱的，最终将限制生产、制约经济发展。城市是一定地域范围内的政治、经济、文化中心，其居民从事的社会活动与经济活动是城市的主要行为，这些人类行为对环境的影响是巨大的、不可忽视的。因此，一个城市的规模和性质往往决定城市环境质量的优劣，而有目的地调整城市产业结构，是改善

① 王祥荣．生态园林与城市环境保护［J］．中国园林，1998（2）：14-16.

城市环境的主要手段。

（3）城市环境污染大多属于复合性多源污染。城市的特点是人口密集，工业高度集中。它每时每刻都进行大量的物质流动和转化加工，同时消耗大量的能源，如煤、油、电等。城市内部的分工愈来愈细，各系统功能日益复杂，任一环节失效或比例失调，都会造成污染物的流失①。特别是在工业、交通职能日益增加的情况下，城市环境的污染性质已由过去单一的生活性污染变成工业、交通多源性污染，污染物繁杂，而且各种污染物联合作用，加大了城市环境问题的复杂性。城市人口密集，使得污染物对人体心理和生理的危害十分严重，酿成“现代城市病”，甚至侵害到人类的生物基因。

（4）城市环境问题可以通过调整人类行为得到改善。人类是智慧的、理智的生物。既然城市环境问题是由于人类自己的过失行为引起的，必然可以通过合理地管理、调整人类的需求、欲望与行为准则，把病态的城市环境医治成优美、宁静、宜于人类长久生存的生态环境②。

3. 城市环境管理

城市环境管理是城市政府运用各种手段，组织和监督城市各单位和市民预防和治理环境污染，使城市的经济、社会与自然环境协调发展的活动。结合城市发展的实际，可以说，城市环境管理是指城市政府顺应经济规律和生态规律的要求，运用经济、行政、法制、传媒和教育等手段，通过全面系统的规划，对城市中的各类组织和个人的社会活动进行调节监控，使城市的经济、社会活动与城市生态环境协调发展，最终实现可持续发展。城市环境管理包括环境保护和环境治理。

城市环境管理制度是关于城市环境管理的一系列规范和约束规则的总称③。世界主要国家根据实际情况制定了相应的城市环境管理制度，主要有：

（1）环境影响评价制度。制定这一制度的关键是制订开发计划和进行建设项目时，事先对这一计划和项目的实施将给环境造成什么影响，其结果又将给人类的健康和生活带来怎样的影响进行调查、预测和评价，从而为相关部门修改或否定该项工程提供依据。

---

① 沈清基．城市生态与城市环境［M］．上海：同济大学出版社，1998：45-49.

② 王琪，郭立坤，董路，等．城市环境问题［M］．贵阳：贵州科技出版社，2001：23-34.

③ 赵鹏程，沈丹凤．城市规划管理中环境保护制度的再思考［J］．山西建筑，2008（35）：32-33.

(2) 环境保护许可制度。这一制度规定，对环境可能产生不好影响的开发项目的兴建人和经营者，在开发、兴建前必须提出书面申请，并提交各种有关的技术资料和文件说明，经主管部门审查批准，发给许可证后，方可开展项目建设。

(3) 排污收费制度。这是指向环境排放污染物或超过规定的标准排放污染物的排污者，依照国家法律和有关规定按标准交纳费用的制度。一般排污收费高于污染治理费用。

(4) 经济刺激制度。西方国家在环境管理过程中采取税收、价格、贷款和援助等手段，这些手段具有鼓励环境保护、抑制破坏的内动力，对于生产者加强污染治理、合理利用资源和环境具有积极的影响。

(二) 城市环境问题及治理

城市环境问题指人类在城市的生产和生活造成了对环境的污染和对生态的破坏，使城市环境的结构和功能发生变化，这些变化反过来又影响到了城市的生存与发展，由此导致的一系列问题。城市环境污染是城市环境问题的主要表现形式，一般特指城市中人类的活动所产生的大量有害物质对城市生态环境的破坏严重影响了环境的机能，超过了环境系统的自我净化能力，从而使城市的生态系统遭到扰乱和破坏①。

1. 城市环境污染的特点

(1) 污染范围的广泛性。首先，环境污染带有全球性，全世界几乎每个国家都面临环境污染的问题。其次，环境污染具有跨地域性，如酸雨的传播。

(2) 污染内容的复杂性。城市环境中的各个要素包括大气、水域、土壤、植被、建筑等不同程度地受到污染影响。许多现代技术和生产工具在使用过程中也带来多方面的负面影响。

(3) 污染影响的深远性。随着现代人类活动空间的增大，污染问题日益严重，正在破坏生态系统的平衡，受污染的外界环境必然反过来对城市环境带来长期的影响。

(4) 污染危害的严重性。这里的严重是指危害的长远性。例如，化工企业地下水污染往往持续许多年。另外，城市集中化程度高，使外界环境和内

① 王琪，郭立坤，董路，等. 城市环境问题 [M]. 贵阳：贵州科技出版社，2001.

在系统纯净化显得必要而迫切。

2. 我国城市环境恶化的问题

（1）水资源缺乏，水质污染。城市中各种废水直接排入河海，造成水体污染，如汞、镉等重金属污染，放射性物质、病原菌进入水体后造成的污染。我国城市70%以上沿江河湖海分布，流经城市的河段中的水有78%不适合作为饮用水水源，50%以上的城市地下水受到污染。

（2）大气污染。根据统计数据，全球每年有3亿多吨二氧化硫、1.4吨悬浮颗粒排入大气。现在的大气污染物不仅包含氮氢化合物、二氧化硫等重度污染物，还包括低浓度、高毒性的有机污染物，如以苯为主的污染气体。

（3）固体废弃物污染。随着我国城市人口的增加，每年的垃圾达1亿吨，并且以10%的速度递增。全国有一半以上的城市陷入垃圾的包围圈中，大中城市周围80%的土壤被严重污染，板结化是其特征之一。

（4）噪声污染。城市的噪声源有机器、交通、施工等。噪声污染是人类神经衰弱的一个源头，还会导致高血压、心脏病、精神衰退、易发火等综合征。

3. 我国城市环境管理的原则

（1）城市环境保护与经济建设、社会发展相协调。协调发展原则要求把环境保护纳入经济与社会发展规划中，制定环境保护规划，将其纳入城市的经济发展和企业管理过程中。

（2）预防为主，防治结合，综合治理。由于环境问题一旦产生就很难消除，并且消除的过程也是漫长的，所以从源头上就要采取措施加以防范，避免损害的发生。

（3）综合利用。要把生产和生活中的各种废弃物最大限度地利用起来，使之进入循环经济，如用废弃物发电等。对于在这方面做得好的企业在税收、财政、投资、用地等方面给予优惠，对有贡献的企业给予奖励①。

（4）开发者保护，污染者治理。造成环境污染的生产者应该承担起治理污染、恢复环境的责任。该原则体现了新形势下环境保护的新要求。

（5）依靠群众。环境保护关系到每一个人的切身利益，环境质量的好坏

① 冯东方. 中国城市环境现状及主要城市环境管理措施 [J]. 城市发展研究，2001 (4)：51-55.

影响到所有人的生活和健康，所以应在制度和法律中规定公民的环境权。

要加强我国城市环境的日常管理，明确各方职责。根据我国环境保护法及其他相关法律法规的规定，我国城市环境管理机构的职责主要有：第一，组织制定城市环境保护、管理的规划和计划以及进行环境统计和预测工作，拟定本市关于环境管理的发展政策和经济技术措施。第二，执行国家环境保护的方针政策、法律法规、部门规章以及地方性法规和规章，并针对执行中存在的问题提出改善的对策和建议。第三，确定环境污染总量控制的区域和指标，组织落实各级目标责任制，协调城市综合整治和定量考核工作。第四，管理好城市的环境监测网络，定期发布环境状况公报，协调处理环境污染纠纷。第五，要组织环保的科技攻关，大力促进环保产业的发展。①

六、现代城市经济管理

现代城市经济管理是市政管理的重要组成部分，不同于以国民经济管理为内容的宏观经济管理，也不同于以企业为核心的微观经济管理。宏观经济学也叫总量经济学，研究对象是大型经济单位②。微观经济学研究的是小型经济单位的经济行为，如消费者、投资者、工人、厂商以及单个行业和市场等③。一般而言，城市经济管理需要把宏观经济管理和微观经济管理有机地结合起来，分析和解决各种城市经济管理问题。

（一）现代城市经济管理概述

城市经济管理是城市发展的经济基础，制约着城市发展目标的实现以及城市规划的可行性。城市经济管理具有一定的地域性，不同于一般的宏观经济管理④。

1. 城市经济管理的内涵与职能

城市经济管理有着广泛的含义。从广义上来说，城市经济管理主要是指

① 胡涛，张凌云．我国城市环境管理体制问题分析及对策研究［J］．环境科学研究，2006（b11）：28-32.

② 黄亚均．宏观经济学［M］．北京：高等教育出版学，2005：1-3.

③ 黄亚均．微观经济学［M］．北京：高等教育出版学，2005：4-5.

④ 王茂湘．西方城市经济管理［M］．大连：大连出版社，1991：23-46.

以政府为核心的公共部门对城市内部各行业、经济实体的经济活动和经济关系进行管理。管理范围包括城市产业合理设置和结构优化的管理、市场监督与管理、城市财政管理，以及对土地、住房、基础设施和公用设施的一部分管理。具体而言，城市经济管理就是城市政府利用经济、行政、法律的手段，对整个城市社会生产和再生产过程中的各项经济活动进行科学有效的决策、规划、指导、协调、监督和服务，以维护城市经济的正常运行，获得最佳的城市经济效益。

城市经济管理的职能就是管理要发挥的功能和作用，主要包括规划、组织、调控和服务等相关职能①。

（1）规划，就是根据国家总体的方针政策和各个城市的实际发展状态，制定城市经济社会发展战略、城市经济发展规划和产业政策，为城市经济发展描绘蓝图，把握发展方向。

（2）组织，就是根据城市发展战略与规划，利用各种合理的手段组织人员、资金和资源，促进城市经济发展规划的实施。

（3）调控，就是根据宏观调控与市场调节相结合的原则，在积极发挥市场调节作用的基础上，合理地选择调控手段进行整体协调，以引导城市经济发展方向，提高整个城市经济运行效率。

（4）服务，就是加强城市基础设施与公用设施建设，制定并完善各项经济与行政法规、规章，培植、健全城市市场体系，为企业等经济主体的经营活动提供良好的外部软环境。

2. 城市经济管理的意义

（1）城市经济管理是促进城市可持续发展的有效保证。城市是以一定数量的人为本，以一定的空间利用为特点的综合经济空间区域。城市的经济聚集性决定了城市资源的稀缺性和汇合性，城市经济构成了国民经济的绝大部分。因此，充分合理利用城市资源，是实现城市经济可持续发展战略的有效手段。

（2）城市经济管理是保证和提高城镇居民生活水平的基本手段。城市是

① 《城市经济管理部门绩效评价》课题组．基于平衡记分卡的城市政府职能部门绩效评价指标体系设计［J］．青岛科技大学学报：社会科学版，2006（3）：12-16.

一个人口高度集中的经济区域，该区域的有效运转是整体稳定、发展的前提，该区域的物资和活动的合理组织和分配能有效地促进经济发展，提高人民生活水平。

（3）城市经济管理是城镇化顺利进行的保证。城镇化是今后一个时期工作的重点，也是经济发展的趋势。只有做好城市经济管理工作，才能积极稳妥地推动城镇化的进程。

（4）城市经济管理是经济全球化的必然要求。目前全球经济联系密切，城市的发展需要制定符合各自城市特征的经济发展战略，实施相应的经济政策，以有效推进城市经济交流和合作。

（二）城市经济管理的内容

管理城市经济的主体是城市政府。城市经济管理的内容具有综合性、全面性、区域性、双重性的特点，既包含工业、商业、交通运输业、信息服务业等各类经济部门，也包含各种不同的生产资料所有制形式[①]。

1. 优化城市产业结构

城市产业结构（industrial structure of city）是城市社会再生产过程中形成的各产业之间及其内部各行业之间的比例关系和结合状况。由于可以从不同的角度对城市产业进行分类，城市产业结构也就具有多重内涵。按照社会产品的最终用途，可把城市产业分为生产生产资料的第一部类和生产消费资料的第二部类，这样，城市产业结构是指两大部类之间的比例关系和结合状况。在实际经济生活中，两大部类划分法被具体化为农轻重划分法，这样，城市产业结构指的是农业、轻工业、重工业之间的比例关系和结合状况。根据不同的城市产业部门对某种生产要素的依赖程度，可把城市产业划分为劳动密集型产业、资本密集型产业和技术密集型产业，这样，城市产业结构指的是劳动密集型产业、资本密集型产业和技术密集型产业之间的比例关系和结合状况。

城市经济是一个独立的有机体，存在许多不同的产业部门，它们按照一定的结构和比例关系组织起来，使城市经济生存、运转和发展。城市产业，除了按照整个国民经济的产业划分方法，即区分为第一产业、第二产业、第三产业，以及每一产业中细分为不同的行业、部门外，从城市经济自身的特

① 吴静潮．如何学好《城市经济管理概论》[J]．求知，2001（8）：47-48.

点出发，还可划分成两大类：一是以满足城市以外地区（区域的、全国的、国际的）需要为目的，生产转出商品和劳务的产业，即转出产业。这类产业决定着城市的性质和方向，同时也决定着城市经济在整个国民经济体系中的地位和作用，它构成了城市经济发展的基础。二是为适应转出产业的生产活动所派生的需要，以及为满足城市居民日常生活、公共福利和社会文化需要而形成的地方产业。在地方产业中，城市服务部门（主要是市政经济部门）占有重要地位。地方产业的发展必须与整个城市的经济发展相适应，并且在很大程度上受城市人口的数量、性别、年龄，以及居民的社会构成所制约。由于各个城市的自然条件和社会经济条件不同，国民经济部门配置和发展规模也不同，因而不同城市的转出产业的差别较大。建立合理的城市产业结构，最基本的是要协调这两大产业之间的比例关系。

城市性质和经济技术发展水平对城市的产业构成有重大作用。不同性质的城市，如综合性经济中心城市和专业性城市，其产业结构、部门结构，以及与此相关联的劳动就业结构、技术结构和组织管理结构等，都会有所不同。相同性质的城市，在不同的经济技术发展水平条件下，其产业构成也不相同。经济技术发达国家与发展中国家相比，城市服务部门所占比重，前者较后者要高得多。城市经济的发展，要求城市内的各种产业配置合理、比例协调，特别是保持城市基础经济部门和城市服务部门的合理比例，使城市生产、市政建设、居民生活相互协调和发展。

城市产业发展关注的重点集中在六个部类：高科技产业、机械化工型传统工业、都市型工业、现代服务业、生活服务业和文化创意产业。随着社会发展和科技进步，还会出现其他产业①。

城市产业结构要向高效益、良性化发展，城市政府要做好以下几项工作：

（1）抓好地方要素优势。劳动力、资金、技术和资源等生产要素是城市经济发展的决定性要素，劳动力供给的数量充足和质量优良是产业发展，尤其是劳动密集型和资金密集型产业发展的基本条件。生产技术水平是由社会发展和城市生产技术结构决定的，而资金是城市发展的前提，资源是制约相

① 李诚固，韩守庆，郑文升．城市产业结构升级的城市化响应研究［J］．城市规划，2004（4）：31-36.

关产业发展的基础性要素。城市政府要精打细算，发挥地方优势，促进资源优化配置。

（2）实现关联产业协调发展。只有各产业间的合理的数量水平达到综合平衡，城市经济才会突飞猛进。这种平衡并不稳定，城市政府要制定各项优化市场资源配置的政策，不断实现供需平衡，促进整体市场的发展，抓好重点产业和基础产业，从而使产业结构合理化并发挥综合优势。

（3）促进产业技术进步。技术进步是城市生产力发展的关键，主要包含产品和装备水平的提升、工艺流程的改进、经营管理技术的提高以及劳动力整体素质的提升等。例如，苹果公司之所以把代工企业放在中国，中国劳动力的整体素质相对较高是关键因素之一。

2. 提升城市公共经济的水平与容量

城市公共经济是以城市政府等公共机构为主体、以非营利的公共服务为宗旨，面向整个社会无偿或部分有偿提供的公共物品或服务，以满足人民群众的公共消费需求的全部生产和服务活动。城市道路、交通运输、水电煤气、消防绿化等都属于公共物品的一部分。

为壮大和提升城市经济的容量和服务水平，各地采取了多种措施：

（1）投资多元化。为消除垄断带来的弊端，需要多方引进投资。应重点分析城市基础设施的垄断程度，对于水电煤气供应、环卫园林绿化，可以实行国有民营方式；对于铁路、电力、通信，可以部分引入竞争机制，以求注入活力；对于纯公共事业及没有经济产出的公益事业，可以定期调查给予财政补贴。

（2）建立健全公共经济的投融资机制。近年来，我国城镇化步伐加快，城市对公共产品和服务的需求日益增加，一方面要增加经营公共产品和服务的民营企业的数量，另一方面要积极争取银行低息贷款或者发行债券来筹集建设资金。当然，也要主动争取中央和上级政府的财政投资，并将其用于最需要的地方。

3. 做好城市项目管理工作

城市的发展是一个整体，但无不是通过某种方式来体现的。城市经济管理直接关联许多经济模块，这些模块都是通过项目的方式来实现其最终目标的。通常而言，项目管理就是把各种知识、技能、手段和技术应用于项目之中以达到项目的要求。所谓城市项目管理，是指为实现特定的城市项目预定目标，在有限的资源和条件下，运用科学的方法和手段，对城市项目设计的全部工作进行管理的一系列活动①。

执行一项任务，结果很重要，而过程更关键。城市主管部门需要严抓项目管理过程，以期实现结果的优化。

（1）把握过程。在美国项目管理协会出版的《项目管理知识体系指南》（2012版）中归纳总结了47个项目管理过程。项目管理各过程按其在项目管理中的职能可归纳为5个过程组，即启动、计划、执行、监督与控制、收尾，每一个过程组都有一个或多个过程。必要的过程组及其过程可用作项目管理期间应用项目管理知识和技能的指导。此外，对于一个项目，项目管理各过程要反复多次使用，许多过程会在项目绩效管理期间进行多次重复和修改。项目管理的5个过程组可以对应到PDCA循环，即“计划（Plan）—执行（Do）—检查（Check）—行动（Act）”循环。该循环各环节以结果相连，循环一部分的结果变成了另一部分的依据。过程组的综合性比“计划—执行—检查—行动”循环更加复杂。计划过程组与“计划—执行—检查—行动”循环中的“计划”对应；执行过程组与“计划—执行—检查—行动”循环中的“执行”对应；而监督与控制过程组与“计划—执行—检查—行动”循环中的“检查”和“行动”对应。此外，因为一个项目的管理是一种有限的努力，所以启动过程组是这些循环的开始，而收尾过程组是其结束。项目管理的综合性要求监督与控制过程组与其他过程组的所有方面相配合。

（2）关注细节。项目的细节被定义为必须实现的若干目标，这些目标能否实现取决于项目的复杂程度、风险、大小、时间限制、项目团队的经验、资源的有无与多寡、历史信息的数量、各个组织对项目管理的熟练程度、行业和应用领域等。项目管理是综合性的。项目管理的综合性要求每一个项目和产品过程同其他过程恰当地配合与连接起来，只有这样才便于协调。过程之间的这些相互影响和相互作用经常要求对各种项目要求和目标进行权衡。大而复杂的项目可能要求某些过程反复多次才能确定和满足项目干系人的要求，并就这些过程的结果达成一致意见。一个过程在未采取成功的行动时，

① 姜杰，孙晓红．城市管理学［M］．济南：山东人民出版社，2008：215-227.

通常会对其他有关的过程产生不利影响。例如，项目范围的改变几乎总会影响项目的成本。具体的实施效果权衡因项目和组织而异。成功的项目管理包括积极地管理这些相互影响和相互作用的要求，以使其满足赞助者、顾客和其他项目干系人的要求。

(3) 紧盯三要素。三要素分别是时间、成本和质量。项目启动时三要素相当于形成一个等边三角形。随着项目的推进，这个三角形的夹角肯定会变形，因为每一个要素的变化都会影响其他两个要素。而项目经理的职责就是掌控这个三角形，使其维持一个合理的角度。在一个项目中，客户往往关心的是质量；项目主体掌控着资源，也就是决定着成本；而时间才是项目经理主要掌控的要素。

城市项目管理涉及多方面的专业知识，要权衡和处理项目的范围、时间、费用、风险管控等与城市发展息息相关的内容。

(三) 我国城市经济管理部门及其职责

城市经济管理部门分为综合经济管理部门、专业经济管理部门、经济调节部门和经济监督部门。这些部门从整体上管理一个城市的经济发展①。

1. 综合经济管理部门

综合经济管理部门是对整体经济活动进行综合计划、统筹安排的政府机构。国家发展计划委员会，作为国务院的组成部门，是综合研究、拟订经济和社会发展政策，进行总量平衡，指导总体经济体制改革的宏观调控部门。计划委员会，成立于 1952 年，于 1998 年更名为国家发展计划委员会，又于 2003 年将国务院体改办和国家经贸委部分职能并入，改组为国家发展和改革委员会，简称“国家发改委”。目前各城市均有发改委，承担经济管理的主要职责。

2. 专业经济管理部门

专业经济管理部门对城市某个产业或行业进行经济管理，是一种局部的、具体的管理机构。城市专业经济管理部门主要以国有资产经营管理机构的形式设立，国有资产经营管理机构具体负责国有资产的运营，主要管理部门有

① 熊朝华，李牧，陈绪群，等. 城市政府经济管理部门改革中值得研究的若干问题 [J]. 政治学研究，1986 (4)：28-32.

国有资产管理委员会。

3. 经济调节部门

城市经济调节部门主要包括财政局、税务局和物价局。财政局是掌握全市的财政收支情况，并对一切财物活动进行监督和管理的行政部门。税务局是城市政府负责征税，运用税收杠杆调节生产、消费和收入的部门。物价局是城市政府负责全市商品价格管理，通过制定商品定价和收费原则来调节城市经济生活的部门。

4. 经济监督部门

经济监督部门主要包括审计监督部门、工商行政管理监督部门、物价监督部门、质量监督部门、财政和银行监督部门等，主要依据国家的法规、计划、指令、政策以及制度中规定的各项标准和限额，对社会再生产过程中的各个环节进行全面监察和督导。

首先，相关管理部门的管理和行政决策要有长远的眼光，保证城市经济的持续稳定发展，力求不中断、不停滞、不后退；其次，城市政府要制定相互配套的政策，使之综合协调发展；最后，各级城市政府要紧扣自身定位，发挥自身长处和优势，如广州与深圳抓住外向型经济增长点毫不动摇，杭州抓住互联网发展机遇，西安抓住历史文化名城的发展特点，持续突破，提升城市的经济容量，最终为实现中华民族的伟大复兴做出应有的贡献。

近年来，城市政府经济管理部门在城市政府部门中的比重在缩小，经济监督部门有所增加。这和国家推进管制型政府向服务型政府转变的改革思路有很大的关联。

七、现代城市社会管理

历史证明，长久以来，在持续的混乱中没有任何城市体系能够长存。只有在强有力的法律和秩序管理之下，城市才能兴旺发达①。现代城市人口多，流动性强，人员复杂，导致城市社会管理的难度远超以往。生活在城市里的不同民族、职业和文化背景的个体有各种不同的利益和意识诉求。不同文化和利益的差异导致的矛盾和冲突在所难免。城市的管理部门和管理者要通过

① 科特金．全球城市史［M］．北京：社会科学文献出版社，2014：286.

制定社会政策和法规，依法管理和规范城市中的社会组织，处理好社会事务，化解社会矛盾，维护城市的社会公正、社会秩序与社会稳定。

（一）城市社会管理概述

随着城市的扩大，社会管理工作越发重要，而城市社会管理的水平在一定程度上就是这个城市管理水平的体现，社会管理的质量直接影响着市政管理的整体效果。

1. 城市社会管理的内涵

城市社会管理是指政府及其相关职能部门通过制定社会公共政策和地方性法规，统筹管理社会组织、社会事务，调节社会矛盾，缓和社会冲突，维护社会公正，维持社会秩序，保持社会稳定。

按照社会管理工作的范围，我国的城市社会管理工作分为两类：一是专门性社会管理，分为城市人口管理、城市治安管理、城市社会保障管理、城市社区管理；二是综合性社会管理，分为城市综合治理、城市突发事件应急管理。

2. 城市社会管理的基本内容

（1）保障公民权利。《宪法》规定，中华人民共和国公民享有合法的基本国民权利，其中就包含安全健康、生存发展、自由迁徙等基本人权。为了保障这些权利的有效实现，需要有执行力的制度和组织机构进行运作，政府部门中的公安、民政、危机管理等职能机构担负着相应的职能，这些职能机构的行动就是社会管理的主要构成①。

（2）维护社会秩序。创建安全有序的社会环境是有关政府职能部门的主要责任。社会管理的基本目标之一就是维护社会治安，构建社会秩序，给社会的经济、政治、文化发展创造良好的社会环境，有效打击犯罪分子，依法处理危害社会安全的事件，维护城市居民生活的基本秩序。

（3）协调社会利益。社会存在不同的阶级阶层，各个阶层有不同的利益诉求，在寻求各自利益的过程中难免会发生摩擦甚至冲突，处理不当的话会带来不良的社会影响甚至导致社会动荡。因此，社会管理部门肩负协调社会各阶层利益、化解内部矛盾、营造和谐气氛的重任。

（4）实施社会政策。社会分化造成贫富差距拉大等社会不公现象，需要政府

① 丁元竹．对建立和完善社会管理体制的若干思考［J］．中国行政管理，2007（9）：16-19.

部门发挥政策职能优势，通过各种政策手段开展对社会群体的救助和帮扶，使社会弱势群体得到支持和发展的机会，促进社会公正与公平。

（二）我国城市社会管理

1. 社会管理的重要性

（1）提高社会管理的能力可以协调社会各类关系利益，正确处理人民内部矛盾，维护社会稳定。

（2）深入研究社会管理规律、更新管理观念可以推进社会建设和管理的改革创新，适应社会主义市场经济发展和社会经济结构变化的新形势，满足社会发展和人民群众对高效社会管理的愿望和需求。

（3）只有不断改革和完善社会管理体制，才能把最广大人民的利益落在政府工作的实际方面，才能进一步增强政府决策的科学性、全面性和系统性，才能更好地兼顾不同阶层的利益，努力让人民大众分享改革开放带来的丰硕成果。

2. 我国城市社会管理存在的问题

整体而言，我国城市社会管理的职能在某些方面仍存在不足，管理水平需要提升，社会管理的机制和效果还不能让广大人民群众完全满意，说明我国的社会管理水平仍有提升的空间。

（1）在城市社会管理方面的投入资金比例较小。自实行改革开放政策以来，我国城市社会管理的财政支出占城市生产总值（城市 GDP）的比例没有超过 3%，年均增长幅度小。随着城市化进程的加快，这个资金远远不能满足日益繁重的社会管理现实任务的需要，部分制约了社会管理改革的进程。

（2）国家在城市社会管理方面的立法滞后。自中华人民共和国成立以来，尚未出现一部完整全面的适合中国社会的社会管理法，各类部门法规明显落后于社会发展和变迁的速度。例如，户籍法规不能适应当前形势对人力资源流动的需要，限制了人口的自由迁徙，带有计划经济的色彩。

（3）社会保障跟不上社会公正发展的需要。随着城镇化的进展，城市规模不断扩大，人员也不断增加，出现了新的城市贫困阶层，人民群众对社会保障的要求越来越高。现有的社会保障体系覆盖面小，保证力度太弱，不能对城市弱势群体给予及时的救助和社会支持，一定程度上影响了社会的稳定与和谐。

（4）城市居民自治能力不强。由于经济快速发展，生活压力加大，城市节奏加快，城市居民主动参与自治的意识和热情不高，虽然部分中老年人热心于居委会工作，但毕竟比例很小。加之长期以来社会管理的思路僵化，没能充分调动居民参与社会管理的积极性，社会管理仍缺乏规范和相应的机制保证，居民自治、自我管理、社会管理的成本过高①。

（三）我国城市社会管理改革的原则与方向

1. 改革的原则

（1）和谐发展。城市社会管理要与城市经济发展、公共服务和政府自身建设变化相适应，社会管理最好能超越经济发展，充分预测社会结构的变化，考量人民群众的需求。

（2）以人为本。社会管理的宗旨就是为人民服务，构建富强民主文明的社会秩序，改善城市居民的生活环境和生活水平。因此，管理要以加强社会保障体系建设为重点，关注民生，体察民情，服务民众。同时建立社会主义民主体制，让人民群众真正掌握主动权。

（3）科学管理。社会管理的对象多，层次差别大，地域上也形成不同特点，需要城市管理部门加大工作力度，提高管理的技术含量，不断提升管理方法的针对性，做到有所为有所不为，从实践上真正做到为人民服务。

2. 改革的方向

我国城市社会管理需要建立与市场经济相适应的社会管理系统和机制，并且根据城市的扩大和发展，使改革的方向具备前瞻性、国际化的眼光。

（1）完善机制。首先，要深入研究社会管理的对象、手段、目标、监测指标以及与之相适应的法律、法规、社会政策，开发适应社会管理和调控需要的社会指标，建立和完善数据采集系统。其次，要确定社会管理体制改革的内涵，着力解决一些影响社会发展的体制难题。这些难题主要集中在以下几个方面：建立健全城乡一体化进程中社会管理和公共服务体制问题，收入分配体制改革中效率和公平的协调问题，混合所有制社会格局下政府的有效社会管理和调控问题，社会事业（教育、卫生、文化、体育等）、收入分配、社会保障、统一劳动力市场等领域的体制性障碍问题。这些问题在相当长一

---

① 刘邦凡，张伟芳．浅析我国城市社区管理存在的问题及应对［J］．中国集体经济，2013（33）：92-93.

个时期内会制约我国社会发展和社会运行效率的提高，这些关键领域的社会管理体制改革必须从体制上实现新的突破。最后，还要处理好管理社会发展的有关政府部门之间的利益协调问题。从中央政府确定的改革目标和方向来说，这些社会发展管理部门需要本着建设公共服务型政府的基本目标，以提高基本公共服务水平为己任来制定政策和配置公共资源，而不是各自为政，为实现部门利益最大化来配置公共资源。

（2）做好社会管理的基础性工作。现阶段各省都在开展社会指标的研究和设计以及采样工作，如果各省各自为政，缺乏协调和统一，将来全国的比较和总结将会存在很大的困难。因此，国家应组织专家和各省一道开展研究，建立一套全国和各地都能使用的社会管理指标体系，为建立全国社会宏观调控机制提供技术支持。政府要实现社会管理的目标，必须把其目标具体化，通过技术设计编制成可以测度的社会指标，就像经济发展中的国内生产总值、消费价格指数、国际收支、就业率、居民收入等一样。历史上，我国曾经建立并在实践中使用了若干社会发展的指标，有关部门和地区也根据工作需要和形势的发展设计了若干社会指标。但是，到目前为止，能够像经济发展那样用几个指标来预测社会发展的社会指标很鲜见，对于社会宏观管理，这无疑是一个世界性难题。

（3）实现社会资源合理有效配置。根据我国现阶段的特点和部门分工，原则上可以把社会管理部门分为两大类：第一类负责社会公平，主要手段是提供社会公共服务和公共物品，包括教育、文化、卫生、民政、体育、劳动社保等；第二类负责社会安全和社会稳定，主要手段是行政和司法，包括公安、司法、安全、社团管理、安全生产等。当然，二者的分工不是绝对的，有些部门兼顾两种职能。社会公平与社会稳定也不是截然分开的，二者互为因果，如果社会公平问题处理不好，社会差距拉大到一定程度，就可能危及社会稳定，而社会稳定又可以为社会公平创造发展的空间和环境。

（4）大力支持社会领域的公共事务。党的十六届五中全会提出“建设社会主义和谐社会，必须加强社会建设和完善社会管理体系，健全党委领导、政府负责、社会协同、公众参与的社会管理格局”。政府负责就是政府制订规则，创造环境，组织运作活动，提供服务和福利，通过协议方式委托社会组织开展社会服务。在美国，非营利性组织通过合同或申请政府基金从政府得到的资助，占非营利性组织经费总额的35%，而在我国的香港地区，这一比重为80%~100%。

政府可以通过多种方式激励公众关心社会事务，让公众自己管理自己的事务。目前我国部分居民对于公共事务的冷漠是我们建立和完善社会管理体制面临的挑战之一。政府不应在社会领域与民争利，相反，应大力支持社会领域的公共事务。政府不与民争利是实现公众参与的前提。毫无疑问，在社会管理体制改革中，必须发挥政府的主导作用，因为社会发展是一个整体，社会管理体制改革需要有一个总体设计。目前，社会管理及其体制改革是分部门进行的，分部门的改革不利于从整体上来完善社会管理体制，而且在改革过程中不可避免地会形成利益部门化趋势。因此，必须深入研究社会管理体制改革的整体推进问题。

"一叶障目，不见泰山"，要加强协同工作。如果各个部门单独行动，其实际结果不利于各个领域改革的深入，也不利于发展。社会管理体制改革涉及的内容很多，如卫生事业改革、教育事业改革、文化事业改革、就业体制改革、收入分配体制改革、事业单位改革、社团改革、社区管理体制改革等。社会管理体制改革必须通盘考虑与社会发展有关的各种体制、各类机构、各种问题，这是今后一个时期社会管理体制改革的总体方向。

八、现代城市危机管理

随着城市的不断发展和进步，城市公共安全作为一项重大课题日益被重视。近年来，城市公共安全事件频繁发生，严重威胁人们的生命财产安全①。对这些威胁公共安全的事件，如何预警预防成为维护城市安全的首要任务，建立一整套有效的危机管理系统并发挥积极作用成为当务之急。

（一）现代城市危机管理概述

1. 危机管理

在西方国家的教科书中，通常把危机管理（crisis management）称为危机沟通管理（crisis communication management），原因在于，加强信息的披露和与公众的沟通，争取公众的谅解与支持是危机管理的基本对策。危机管理是

① 张永理．公共危机管理［M］．武汉：武汉大学出版社，2015：2.

专门的管理科学，它是为了应对突发的危机事件，抗拒突发的灾难事变，尽量使损害降至最低点而事先建立的防范、处理体系和应对措施。

《危机管理》一书的作者菲克普曾对《财富》杂志排名前500强的大企业董事长和CEO进行专项调查，结果表明，80%的被调查者认为，现代企业面对危机，就如同人们必然面对死亡一样，已成为不可避免的事情。其中有14%的人承认，曾经受到严重危机的挑战。普林斯顿大学的诺曼·R. 奥古斯丁教授认为，每一次危机本身既包含导致失败的根源，也孕育着成功的种子。发现、培育，以便收获这个潜在的成功机会，就是危机管理的精髓。而习惯于错误地估计形势，并使事态进一步恶化，则是不良的危机管理的典型。简言之，如果处理得当，危机完全可以演变为“契机”。当然，危机的表现形式有所不同，有隐患和暴露之分，隐患风险具有迷惑性，难以发现，而暴露风险相对容易把握和规避。危机的破坏程度也不同，有重大、中等、轻微之分①。

2. 几种公共危机管理阶段划分理论

（1）芬克（Fink）的四阶段生命周期模型（1986）。芬克用医学术语形象地对危机的生命周期进行了描述：第一阶段是征兆期（prodromal），线索显示有潜在的危机可能发生；第二阶段是发作期（breakout or acute），具有伤害性的事件发生并引发危机；第三阶段是延续期（chronic），危机的影响持续，同时也是努力清除危机的过程；第四阶段是痊愈期（resolution），危机问题已经解决②。

（2）米特罗夫（Mitroff）的五阶段模型（1994）。危机管理专家米特罗夫的五阶段模型包括：第一阶段，信号侦测——识别危机发生的警示信号并采取预防措施；第二阶段，探测和预防——组织成员搜寻已知的危机风险因素并尽力减少潜在损害；第三阶段，控制损害——危机发生阶段，组织努力使其不影响组织运作的其他部分或外部环境；第四阶段，恢复——尽可能快地让组织运转正常；第五阶段，学习——组织成员回顾和审视所采取的危机管理措施，并整理使之成为今后的运作基础。

---

① 薛迎春．体验式教育教学中的安全机制研究［J］．明日，2019（10）：35.

② 许玥．企业危机管理中的领导者效应［J］．经济视野，2013（11）：13-18.

（3）美国联邦安全管理委员会的四阶段管理。美国联邦安全管理委员会把公共危机管理分为减缓（缓和）、预防（准备）、反应（回应）和恢复四个阶段。

（4）最基本的三阶段模型。该模型把公共危机管理分成危机前（precrisis）、危机（crisis）和危机后（postcrisis）三个大的阶段，每一阶段又可分为不同的子阶段。

3. 现代城市危机的特征及危机管理的基本要素

（1）城市危机的特征。现代城市危机的特征如下：

第一，突发性。危机往往都不期而至，令人措手不及。危机一般是在整个社会毫无准备的情况下瞬间发生，给社会带来的是混乱和惊恐。

第二，破坏性。危机发作后可能会带来比较严重的物质损失和负面影响。

第三，不确定性。危机爆发前的征兆一般不是很明显，政府难以做出预测。危机出现与否与出现的时机是无法完全确定的。

第四，急迫性。危机的突发性特征决定了城市政府对危机做出反应和处理的时间十分紧迫，任何延迟都会带来更大的损失。危机的迅速发生引起了各大传媒以及社会公众对于这些意外事件的关注，使得政府必须立即进行事件调查与对外说明①。

第五，信息资源紧缺性。危机往往突然降临，决策者必须做出快速决策，在时间有限的条件下，混乱和惊恐的心理使得获取相关信息的渠道出现瓶颈现象，决策者很难在纷杂的信息中发现准确的信息②。

第六，舆论关注性。危机事件能够刺激人们的好奇心理，常常成为人们谈论的热门话题和媒体跟踪报道的内容。城市政府越是拖延或者束手无策，危机事件越会增添神秘色彩并引起各方的关注③。

（2）危机管理的基本要素。危机管理必须具备的条件称为危机管理要素。其主要包括：一是配备专业的管理人才。只有配备专业的管理人员，对危机进行全面、深入的研究，制定严密的预控措施和应对方案，才能实施有效的危机管理。二是采取先进的危机预测手段和措施。开发或引进先进的危机预

① 许敏，尹乃春．城市危机管理［M］．北京：清华大学出版社，2013：56-73.
② 赵云志．正确认识信息资源的稀缺性［J］．情报理论与实践，2000（3）：182-184.
③ 刘健．论现代城市危机管理的问题与治理［J］．经济研究导刊，2013（24）：235-237.

测手段，提高危机预测的科技含量，对于现代危机管理是十分必要的。三是及时、有效地消除、处理危机。提高对危机的应对能力及反应速度，最大限度地降低危机所带来的损失是城市危机管理的应有之义。

（二）城市危机管理的基本内容

1. 城市自然灾害救助危机管理

此类管理主要针对我国城市发生的水灾、旱灾、台风、冰雹、雪、沙尘暴、火山、地震、山崩、滑坡、泥石流、风暴潮、海啸，以及森林草原灾害和重大生物灾害等自然灾害及其他突发公共事件。要规范紧急救助行为，提高救助能力，减少人民群众生命和财产损失，维护灾区的社会稳定①。

2. 安全生产事故危机管理

保证城市的安全生产是市政管理的基本职能，这类管理要及时有效地实施应急救援工作，最大限度地减少人员伤亡和财产损失，同时要保证救援人员的安全。2015 年 8 月 12 日 23：30 左右，位于天津市滨海新区天津港的瑞海公司危险品仓库发生火灾爆炸事故，造成 165 人遇难（其中参与救援处置的公安现役消防人员 24 人、天津港消防人员 75 人、公安民警 11 人，事故企业、周边企业员工和居民 55 人）、8 人失踪（其中天津消防人员 5 人，周边企业员工、天津港消防人员家属 3 人），798 人受伤（伤情重及较重的伤员 58 人、轻伤员 740 人），304 幢建筑物、12 428 辆商品汽车、7 533 个集装箱受损。截至 2015 年 12 月 10 日，依据《企业职工伤亡事故经济损失统计标准》等标准和规定统计，已核定的直接经济损失达 68. 66 亿元。经国务院调查组认定，天津港“8 · 12”瑞海公司危险品仓库火灾爆炸事故是一起特别重大的生产安全责任事故。

3. 城市地铁事故危机管理

城市地铁是现代城市主要客运交通工具，人流量特别大。此类管理要求做好地铁事故灾难的防范与处理工作，最大限度地减少人员伤亡和财产损失，维护社会稳定，支持和保障经济发展。

4. 突发公共卫生事件危机管理

城市因人员流动频繁而容易发生传染病等公共卫生事故，因此要做好可

① 赵成根. 国外大城市危机管理模式研究［M］. 北京：北京大学出版社，2006：187-204.

能对社会公众身心健康造成严重危害的公共卫生事件的应急处理工作，最大限度地减少突发公共卫生事件对公众卫生健康造成的危害，保障公众身心健康与生命安全①。

5. 重大食品药品安全事故危机管理

此类管理要针对食品在种植、养殖、生产加工、包装、仓储、运输、流通、消费等环节中发生源头疾患，造成社会公众大量死亡或构成重大潜在危害的食品安全事故，建立健全救助体系和运行机制，规范和指导危机处理工作，有效预防、积极应对、及时控制重大食品安全事故，高效组织应急救援工作，最大限度地减少食品安全事故的危害，保障公众身心健康和生命安全。对于药品的管理与监控要更加严格。

（三）城市危机处理的原则

现代城市城区的扩大，交通线路的复杂，各种人员的涌入，导致危机管理充满复杂性。处理城市危机，要把握好以下几项原则。

1. 制度化原则

危机发生的具体时间、实际规模、具体态势和影响深度，是难以完全预测的。这种突发事件往往会在很短时间内对城市安全产生恶劣影响。因此，城市管理内部应该有制度化、系统化的有关危机管理和灾难恢复方面的业务流程和组织机构。这些流程在业务正常时不起作用，但在危机发生时会及时启动并有效运转，对危机的处理发挥重要作用。

2. 诚信原则

政府要树立为人民服务的诚信形象。危机的发生必然会给公共部门诚信形象带来损失。矫正形象、塑造形象是城市危机管理的基本思路。在危机管理的全过程中，城市政府要努力减少对组织诚信形象带来的损失，争取公众的谅解和信任。只要社会公众在城市危机中受到伤害或者遭受损失，当地政府就应该在第一时间向社会公众公开道歉，以示诚意，并且给受害者相应的物质补偿。同时，要迅速查明原因，并将事实公布于众。

3. 信息应用原则

随着信息技术日益广泛地被应用于政府管理，良好的管理信息系统对城

① 马颖，胡志．突发公共卫生事件的危机管理［J］．中国社会医学杂志，2006（2）：77-80.

市危机管理的作用也日益明显。信息社会中，城市政府只有持续获得准确、及时、新鲜的信息资料，才能保证各个系统的正常运转。要预防危机，必须建立高度灵敏、准确的信息监测系统，随时搜集各方面的信息，及时加以分析和处理，从而把隐患消灭在萌芽状态。在危机处理时，信息系统有助于有效诊断危机原因、及时汇总和传达相关信息，并有助于政府各部门统一口径、协调作业，及时采取补救措施。

4. 预防原则

防患于未然永远是危机管理最基本和最重要的要求。危机管理的重点应放在危机发生前的预防与控制上，预防与控制是成本最低、最简便的方法。为此，建立一套规范、全面的危机管理预警系统是必要的。现实中，危机的发生具有多种前兆，几乎所有的危机都是可以通过预防来化解的。要通过科学的方法来评价和防范风险，如采用安全检查表分析法，即依据相关的标准、规范，对工程、系统中已知的危险类别、设计缺陷，以及一般工艺设备、操作、管理的潜在危险性和有害性进行判别检查①。因此，政府要从危机征兆中透视管理存在的危机，越早认识到存在的威胁，越早采取适当的行动，越可能控制危机的发展。

5. 全员参与原则

一切依靠群众仍然是城市发展的基本法宝。危机处理工作涉及方方面面，广大人民群众的直接参与是有效解决危机的重要措施。因此，城市政府应组建危机管理工作小组，充分发挥人民群众的力量。在日常工作中，应加强安全管理工作。

6. 快速反应原则

解决危机，速度是关键。危机降临时，当事人应当冷静下来，采取有效措施隔离危机，要在第一时间查出原因，找准危机的根源，以便迅速、快捷地消除公众的疑虑。同时，政府必须以最快的速度启动危机应变计划并立刻制定相应的对策。如果是内因，就要下狠心处置相应的责任人，给舆论和受害者一个合理的交代；如果是外因，就要及时调整城市发展的战略目标，重

① 薛迎春．基于 SCA 法的拓展训练　企业安全管理评价模型及应用［J］．科学导报，2019（32）：321-322.

新考虑城市发展方向。在危机发生后要时刻同新闻媒体保持密切的联系，借助权威性的机构来帮助解决危机，承担起给予公众的精神和物质补偿的责任，做好恢复社会秩序的事后管理工作，从而迅速有效地解决公共危机①。

(四) 完善城市危机管理的主要办法

城市公共危机管理应以预防为前提，以应急为核心，以问责为辅助，以善后为契机②。

(1) 加强城市危机管理的组织体系统建设。我国城市危机管理的组织体系由领导机构、办事机构、工作机构、地方机构和专家组共同组成。应加强城市危机管理的组织体系建设，提高专业性。

(2) 逐步完善我国城市危机管理系统。凡事预则立，不预则废。首先，在日常城市管理生活中，用科学的方法进行危机预警，提升危机处置的力度。其次，灾害发生以后，动员社会各界力量做好恢复和重建工作。最后，准确、客观、全面地做好信息发布工作。

(3) 逐步建立并完善城市危机的保障体系。该体系内容如下：

第一，救援保障。危机处理小组要迅速召集救援人员，特别是专业技术人员。遇到重大事件，第一时间向国务院报告，争取充足的人力、物力、财力的支持和救助。

第二，医疗保障。公共危机造成人员伤亡的，医疗卫生系统立即启动救援工作，医疗救助人员立即赶赴现场开展救治工作。

第三，物资保障。各级人民政府应当储备一定量的设施、设备和物资，如帐篷、棉被、手电等，提供危机救援资金，所需经费列入同级人民政府财政预算。

第四，技术保障。重大公共危机事故发生后，专业技术机构、专业人员应当迅速到场采集样本，按有关标准和要求实施检测，为危机事故定性提供科学证据。

第五，信息保障。谣言会使社会大众情绪不稳定，及时公开真实信息能有效遏制谣言的传播。城市有关部门应及时构建危机的专项信息报告系统，

---

① 姜麟松．我国城市危机管理体系协调机制研究［D］．大连：东北财经大学，2007：23-41.

② 刘兵，郑莉芳，光龙．城市公共危机应急处置体系的主要问题与对策：以成都为例［J］．成都大学学报：社会科学版，2007（3）：50-53.

通过大众传媒公之于众，在社会议论激烈时公布阶段性信息。信息发布方式包括举办新闻发布会、记者现场报道、网络论坛发布、微信公布等。

第六，善后保障。重大公共危机处理结束以后，对当时没有办法处理的问题要逐一排查解决，尤其是危机造成的心理创伤，需要心理专业工作者投入大量的精力去抚平①。

当前我国已经进入中国特色社会主义新时代，改革是经济社会发展的强大动力，发展是解决一切经济社会问题的关键，稳定是改革和发展的前提。防范风险，保证城市公共安全，是我们国家长治久安的重要保障。

阅读材料

深圳泥石流事故背后的启示

李子木

2015 年 12 月 20 日 11 时 40 分许，广东深圳市光明新区凤凰社区恒泰裕工业园发生山体滑坡，附近西气东输管道发生爆炸。根据现场指挥部 21 日上午 9 时发布的最新消息，失联 91 人，其中 59 名男性，32 名女性。

发生滑坡的是一座渣土山，在工业园区之外，离园区大概 1 公里远。当地人说，土山很高，高得可以越过一栋楼看到。一名工人说，山高达数十米。

深圳地形以平原为主，为何会出现山体滑坡？关于此次事故的原因认定，媒体目前共放出三条官方消息：

第一条来自在现场勘查的广东省地环站专家：事故发生地点原是一个老采石场，后作为余泥渣土受纳场使用。虽然事故当天有一点点降雨，但理论上并不足以诱发山体滑坡。初步判断主要原因还是废弃堆土堆得过多过高，时间又久，且没有采取防护措施对堆土进行支护。

第二条来自光明新区安监部门相关负责人：事发原因初步断定是临时余泥渣土受纳场违规作业，受纳泥浆漫溢，冲出山体，冲进靠近山体的工业园。

第三条则来自原国土资源部官方微博“国土之声”：广东省地质灾害应急专家组在现场展开调查，初步查明深圳光明新区垮塌体为人工堆土，原有山

① 徐金芹．公共危机处理中领导者的心理援助模式探析［J］．领导科学，2012（11z）：39-40.

体没有滑动。人工堆土垮塌的地点属于淤泥渣土受纳场，主要堆放渣土和建筑垃圾。堆积量大、堆积坡度过陡，导致失稳垮塌，造成多栋楼房垮塌。

信息内容高度一致，三者叠加后不难看出，这次的事故被认定为“人祸”的概率较大。

作为中国改革开放建立的第一个经济特区，深圳这座城市似乎不应和“泥石流”这个概念发生联系。然而，对于拥挤的深圳市，渣土倾倒一直是一个难题。近年来，随着深圳城市建设步伐加快，渣土受纳场更是紧俏，而这导致了受纳场的严重超容。

其实，危险的征兆很早就出现了。事故现场附近的居民向媒体透露，此处日夜不停的渣土运送已有两年之久，给附近居民生活带来极大不便。2014年10月，居民曾经反映过泥土车疯狂偷倒渣土的问题，但却无人管制。

有人说，这次是小概率事件，但小概率事件常常暴露出安全、管理的大问题。起码，城市管理者难脱干系。如何真正实现“严格安全监管，健全城市应急体系”，如何严格落实问责制度，将考验执政者的智慧。

资料来源：李子木．深圳泥石流事故背后的启示［EB/OL］．［2019－09－04］．https：//www.sohu.com/a/49897374_160337.（有删改）

思考题

1. 结合你所在的城市，分析其城市规划的优缺点。
2. 分析城市的基础设施建设如何影响其未来发展。
3. 分析城市交通与经济发展的关系。
4. 分析你所在城市的环境状况，你有什么建议？
5. 从城市市民的角度出发，举例说明在城市遇到公共危机时该怎么办。

拓展阅读篇目

［1］杨红山．市政管理学［M］．北京：中国人民大学出版社，2017.
［2］王新军，王霞．房地产经营与管理［M］．上海：复旦大学出版

社，2014.

［3］张红樱，张诗雨．国外城市治理变革与经验［M］．北京：中国言实出版社，2012.

［4］赵定涛．公共管理学［M］．合肥：中国科学技术大学出版社，2006.

［5］圣吉．第五项修炼［M］．北京：中信出版社，2009.

［6］冯峰，李庆均．公共政策分析［M］．合肥：中国科学技术大学出版社，2008.

［7］王佃利，张丽萍，高原．现代市政学［M］．北京：中国人民大学出版社，2011.

［8］王琳，汤秀娟．市政管理学［M］．北京：北京理工大学出版社，2011.

［9］赵成根．国外大城市危机管理模式研究［M］．北京：北京大学出版社，2006.

［10］张永理．公共危机管理［M］．武汉：武汉大学出版社，2015.

［11］科特金．全球城市史［M］．北京：社会科学文献出版社，2014.

［12］姜杰，孙晓红．城市管理学［M］．济南：山东人民出版社，2008.

第七章

现代城市发展战略管理

城市的发展是一个长期的过程。美国战略管理学家安德鲁斯（Andrews）认为，“重要的不是怎么做事，而是努力去做正确的事”①。对任何组织而言，在今天经济全球化和贸易自由化的情势下，没有战略就失去了发展的方向。对于现代城市的发展而言，及早制订战略发展计划，将会越早地夯实发展基础，集聚各种发展要素，使城市发展走上正轨。

一、城市发展战略概述

城市是一个复杂的系统，针对这样的系统制定发展战略需要做好各项准备。结合近期和长远目标，制定前瞻性的发展战略，是城市发展之根本。从管理理论的层次看，战略管理理论是最高层次的管理理论。它不仅要以管理基础和职能管理为基础，还融合了政治学、经济学、法学、社会学等方面的知识②。

（一）战略的起源

战略是策划和指导战争全局的方略③。在中国，“战略”一词的“战”与“略”最初是分开的，“战”是战斗与战争，“略”是谋划和策略④。中国古代军事家孙武的传世之作《孙子兵法》是中国古代最早的对战争进行全局谋划的战略著作，其中所蕴含的各种战略思想和经典理念，至今仍被许多国家的企业和政府采用，成为战略管理理论和实践的指南。

---

① 潘晶．泉州物流企业发展战略研究［D］．北京：华侨大学，2006：45-48.

② 杨锡怀，王江．企业战略管理［M］．北京：高等教育出版社，2010：4-9.

③ 中国人民解放军军事科学院．中国人民解放军军语［M］．北京：军事科学出版社，1997：66.

④ 阎学通．和平崛起与保障和平：简论中国崛起的战略与策略［J］．国际问题研究，2004（3）：12-16.

在西方，“战略”一词最早出现于拿破仑等一些军事将领的军事论述中。“strategy”源于希腊文“strategia”，原意是“将军”，被引申为“在战争中实行的一套克敌制胜的策略”。

“战略”这个概念产生于军事斗争的实践，长期以来也一直运用于军事领域①。但随着政治、经济和社会的发展，战略的内涵和外延不断得到扩展、演变和发挥，在政治、经济领域被广泛运用。“商场如战场”，“战略”这一概念也常被用在企业经营管理方面。需求、技术和产业结构等外部环境的变化，以及市场、顾客、资源的竞争加剧，迫使企业对其长远生存和发展做出全局性谋划，以建立长期竞争优势。1962 年，阿尔费雷德·钱德勒（Alfred Chandler）的《战略与结构：工业企业史的考证》一书揭开了企业战略问题研究的序幕，奠定了企业战略研究的基础②；1965 年，伊戈尔·安索夫（Igor Ansoff）的《企业战略论》一书的出版，初步构建了企业战略研究的理论框架；1979 年，安索夫又出版了《战略管理》一书，使“战略管理”成为一个研究企业战略的专有名词。20 世纪 80 年代，迈克尔·波特（Michael Porter）提出了以产业结构为特征的企业战略管理整体研究方法。此后，战略管理思想被普遍应用于企业和政府等各类组织的管理。

（二）战略的内涵

1. 战略的定义

尽管战略思想被广泛应用于管理领域，但对于其定义却是众说纷纭，不同的管理学家对战略有着不同的理解。

（1）安索夫的构成要素战略定义。安索夫认为，战略是联系产品和市场之间的一种“共同经营主线”，并将战略分解为四个具体的构成要素：产品与市场范围、竞争优势、增长方向和协同作用③。

（2）安德鲁斯的目标战略定义。安德鲁斯认为，战略是一种决策方式，它规定了组织的目标、意图或者目的，是为达到这些目标、意图或者目的而制定一系列措施的一种模式④。

---

① 丁晓昌，张政文．军事理论教程［M］．南京：南京大学出版社，2011：100-101.

② 朱晓．企业战略与薪酬政策研究综述及启示［J］．财会通讯，2009（5）：48-49.

③ 冯正虎．论安索夫的战略管理模式［J］．外国经济与管理，1988（1）：16-19.

④ 项保华，罗青军．安德鲁斯战略思想及其扩展［J］．科研管理，2002（6）：1-6.

（3）明茨伯格（Mintzberg）的5PS战略定义。明茨伯格借鉴市场学中四要素（4PS）的提法，从五个不同的方面理解战略：

计划（plan）——战略是一种有意识的、有预见的行动，是为实现组织目标而采取的、对组织行为具有指导和引导作用的一种方针。

计谋（ploy）——在特定的环境下，组织将战略作为具有对抗性和竞争性的一种具体手段，通过公布组织的战略意图和将采取的行动，给竞争对手造成心理威慑。

观念（perspective）——强调所有的战略都是一种抽象的概念，它存在于战略者的头脑之中，是他们的价值理念、独创性和精神意志的表现，是一种远景透视、发展蓝图，同价值观、文化一样应为组织成员所共享。

定位（position）——根据组织的内外特征确定其在环境中所处的位置是战略的作用之一。战略成为组织与环境之间的桥梁，使组织的内部条件和外部环境更加匹配。

模式（pattern）——战略是组织的一种行为模式，是组织为了实现目标不断探索的过程。战略除了具有计划的作用外，更重要的是，它是对计划外事件的一种反映行为方式①。

根据以上种种理解，我们可以把战略定义为：战略是组织在一定的环境和资源条件下所制定的，面向未来、谋求发展的全局性谋划。战略界定了组织的发展目标和实现手段。

2. 战略的特点

战略作为全局性的规划，具有以下特征：

（1）整体性。战略是对组织未来发展纲领性的文件，是组织的发展框架，目的是引导组织取得整体性胜利，组织的一切活动都在战略的框架下进行。

（2）长期性。组织战略着眼于未来，考虑的是组织未来长期的发展问题，而不仅仅是维持组织现状。

（3）导向性。战略规定组织在一定时期的发展目标以及实现目标的途径，这些都是具有指导性、概括性的行动纲领，决定了组织日常的具体工作计划的制订和实施方向。

① 明茨伯格．公司战略计划［M］．张艳，译．昆明：云南大学出版社，2002：23-58.

(4) 稳定性。战略一经确定，就具有很高的权威性，因为它总览全局，如果朝令夕改，会使管理层无所适从，让组织处于动荡不安的局面，所以要保持一定的稳定性。同时，为了应对环境的变化，战略也要保持一定的应变能力，因而战略也是一个动态平衡的过程。

(5) 不确定性。在不确定、变幻莫测的环境中，虽然组织可以通过战略来降低风险，但是环境的不可控会导致战略实施结果同预定目标之间存在差异，战略并不能消除风险。

(三) 战略管理的作用

在19世纪末20世纪初到第二次世界大战这段时间内，企业的外部环境相对稳定，市场的供给小于或平衡于市场的需求，整个市场处于由卖方市场向买方市场过渡的阶段；企业面临的压力和风险相对较小，企业只要能够提供价格低廉的标准化的产品或者灵活运用营销策略满足市场需求，就可以在竞争中生存和发展，实现组织的目标。第二次世界大战以后，形势发生变化，世界政治、经济、技术和社会环境发生了巨大的变化，产品供过于求，市场由买方主导，竞争日益激烈。企业面临在错综复杂的环境中谋求生存与发展的重大挑战，不仅要着眼于内部管理，更要注意外界环境的变化；不仅要把握企业的今天，更要把握企业的明天。越来越多的企业认识到只有站在战略的高度，把握未来客观环境的变化，强化自身的应变能力，保持企业内部资源条件与外部环境的发展平衡，才能促进企业长期发展。20世纪50年代以后，企业管理领域开始步入战略管理的时代。到了20世纪80年代，战略管理除了在私人部门得到广泛应用外，也逐步应用于政府公共部门①。

战略管理是一个动态的过程，代表一整套管理方法，是组织以战略为核心进行管理的过程与方法的总称。具体而言，战略管理就是组织明确其任务，根据组织外部环境和内部条件确定组织的战略目标，以及为了实现目标而进行谋划、决策、实施和控制的过程。战略管理作为当代组织管理最重要的特征，其思想方法已经得到广泛应用。

战略管理作为一种管理方式，在组织的运行中发挥了极其重要的作用：

(1) 战略管理可以培养组织的创新进取意识。战略管理要求组织能全面、

① 乔雨．企业管理进入战略运筹时代：战略管理专家刘红松教授访谈［J］．管理评论，2000（9）：49.

正确地把握目前和未来的方向，客观地了解组织的优势和弱点，理性地分析机会和危险，及时准确地把握机会，规避风险，扬长避短，灵活地应对组织面临的一切问题，重视战略的评价和更新。只有这样，才能使组织在新的基础上对战略进行持续的探索。

（2）战略管理可以防患于未然。中国有“凡事预则立，不预则废”的说法，西方有“做对的事情”比“把事情做对”更重要的观点，都说明确立前瞻性战略的重要性。战略管理重视当前的决策对未来发展的影响，将内部资源与外部环境结合起来考虑，对影响组织生存和发展的种种因素的变化具有高度的警惕性，不仅可以对出现的问题及时进行处理，还可以防止某些不利情况的发生。

（3）战略管理可以充分发挥组织潜能。战略在为组织指引前进方向的同时，又保持了适度的灵活性，在威胁和机会出现的时候能够及时改变方向。战略管理可以促成组织不断改进决策方法，优化组织结构，增强组织的凝聚力。让员工参与战略计划、决策与实施过程，可以减少改革的阻力，最大限度地激发员工的激情与潜能，从而确保战略目标的最终实现。

（4）战略管理可以实现资源的最佳组合。战略管理在实施的过程中，注意同日常的经营计划有机地结合起来，从而形成了部分目标与总体目标、短期目标与长期目标的统一，通过资源的合理配置，寻求发展最具潜力的领域，不断在各种方案中做出最佳的选择。

（5）战略管理可以使组织更加适应环境的变化。战略管理将组织的成长与发展置于变化的环境之中，可以促使管理层不断检查和评估目前战略的价值与合理性，重视对环境的研究。当原有战略的合理性基础受损或改变时，组织可以及时调整或制定战略以适应环境，实现两者的最佳组合，提高组织的适应性与应变能力。

（四）城市发展战略的含义

城市发展战略是关于城市的生态环境、产业结构、城市建设和社会发展的总体性规划，是城市经济和社会发展的目标、措施和步骤的前瞻性部署①。

城市发展战略对城市经济和社会发展的作用主要表现在五个方面：第一，

① 周天勇．城市发展战略［M］．北京：高等教育出版社，2005：38-58.

科学地认识和尊重城市的能源、资源和自然环境对城市产业和人口发展的承载力。第二，在认识自然环境、产业结构、人口发展和城市建设之间关系的基础上，把握城市发展的方向。第三，科学地确定主导产业的个数和相互关系，正确把握城市经济发展的主导环节。第四，指导城市经济和社会发展计划、城市规划的制定。第五，对本城市与所在城市体系之间的关系做出科学的定位，有利于形成城市与城市体系之间的良性互动关系。

（五）城市发展战略的内容和类型

1. 城市发展战略的内容

城市发展战略的内容包括：一是科学地确定城市的主导产业；二是科学地预测城市的人口规模；三是科学地规划城镇体系和城市布局；四是科学地规划城市基础设施尤其是交通设施体系；五是科学地认识和尊重城市发展赖以生存的自然地理和经济地理等客观条件所决定的承载力；六是部署城市经济和社会发展战略的目标、重点、措施和步骤。

2. 城市发展战略的类型

城市发展战略的类型包括城市经济发展战略、城市社会发展战略、城市科技发展战略、城市文化发展战略和城市生态保护战略。每一类型的发展战略又有其各自的内容。

（1）城市经济发展战略。城市经济发展战略的内容包括：①国内生产总值增长数量和年增长率，人均国内生产总值增长数量和年增长率；②主导产业产值增长数量和年增长率，为城市内外的主导产业配套的各类产业产值增长数量和年增长率，各类共同产业的产值增长数量和年增长率；③产业结构的转型和发展；④经济体制改革的措施；⑤城市基础设施建设的目标和政策；⑥提高市民物质生活水平的目标和措施。

（2）城市社会发展战略。城市社会发展战略的内容包括：①城市人口发展战略；②城市社会保障发展战略；③城市教育、卫生、体育等公共事业发展战略；④城市社区发展战略；⑤城市社团发展战略；⑥城市社会安全管理的目标和政策。

（3）城市科技发展战略。城市科技发展战略的内容包括：①为主导产业服务，保持产品研发的领先水平，攻克技术难关；②为配套产业服务，加强应用研究和科技服务；③为城市的基础设施建设服务，解决基础设施建设的技术难题；④通过多种经济手段鼓励企业根据行业和自身特点，逐步提高研发投入占销售收入的比重；⑤提高科技支出占城市财政总支出和城市生产总值的比重，建设一支精干的事业单位科技队伍，为城市公共服务提供技术支持；⑥大力发展科普工作，提高市民科技素养。

（4）城市文化发展战略。城市文化发展战略的内容包括：①发展电视台、报刊、广播电台等公共媒体事业的目标和政策；②建设和发展公共图书馆、博物馆、文化馆的目标和措施；③深入开展建设和评选文明单位、文明小区、文明家庭的活动；④保护和发展地方性戏剧、曲艺的目标和措施；⑤搞活文化市场，进行必要而适度的监管，满足市民多样化的文化需求；⑥引导和扶持群众性文化；⑦规划、建设和普及公共网络文化。

（5）城市生态保护战略。城市生态保护战略的内容包括：①水资源保护战略；②治理空气污染的目标和措施；③治理土壤和农产品的污染，为城市居民生产绿色、质优、价廉的农副产品；④实现垃圾分类、密封运输、垃圾处理资源化和无害化；⑤城市园林绿化的发展目标和政策。

二、我国城市发展战略

城市政府主管部门是公共部门的一部分，其自身的发展和外部的要求使得战略管理得以在市政主管部门推行①。城市发展战略关注城市中整体和长远发展影响的问题，进行重大、全局、决定性意义的规划。城市发展战略研究关注两方面的内容：一是从宏观层面上把握城市发展的定性、定位、定向；二是重点关注土地利用的空间结构、生态格局、交通系统。城市发展战略，简单地说，就是结合城市社会经济现状及其区域地位对城市的未来发展所做的重大、全局性、长期性、相对稳定、决定全局的谋划②。

（一）城市管理引入战略管理的原因

1. 全球化的挑战

全球化增大了政府管理的复杂性和难度，同时也加剧了国家之间的竞争。为了舒缓国际竞争的压力，政府需要从更宏观、更长远的视角来制定城市发

① 王郁．城市管理创新：世界城市东京的发展战略［M］．上海：同济大学出版社，2004：45-52.
② 仇保兴．面对全球化的我国城市发展战略［J］．城市规划，2003（12）：5-12.

展战略，以提高城市竞争力。

2. 公共利益的诉求

城市政府是公共利益的代表。公共利益要求政府治理兼顾整体利益和局部利益、长远利益和眼前利益。城市管理部门必须构建系统、整体、长期的发展战略，实现城市的可持续发展。这需要城市政府具有战略管理的理念和眼光。

3. 对城市政府角色的重新认识和定位

在新公共管理运动之前，许多政府是无限政府、万能政府，在社会管理中发挥着重要的作用。20 世纪 80 年代，新古典主义流派对大政府的观念表示质疑，要求政府摆脱具有明显集权主义色彩的政府角色，在公共服务领域引入市场机制，建立最小化政府，将政府由“划桨者”变为“掌舵者”。这种角色的转变要求政府更加关注长远目标的实现，因此，实行战略管理势在必行。

（二）制定中国城市发展战略的依据和原则

制定城市发展战略是一个长期的过程，不仅要考虑当前城市居民的生产和生活问题，还要考虑未来城市发展的远景。

1. 制定中国城市发展战略的依据

制定中国城市发展战略的依据有：

（1）国家和上级政府的生产力布局等规划。科学确定城市主导产业的重要依据是国家和上级政府的生产力布局规划，这是把握城市整体发展的重要前提。

（2）由市场在资源配置中发挥决定性作用与政府调控相结合而形成的城市体系。

（3）自然地理、经济地理和人文地理条件。在影响城市形成和发展的自然地理各种因素中，首要的是江河湖泊。

（4）城市经济和社会发展水平的现状。

（5）城市能源、资源和自然环境的客观条件所构成的对城市产业和人口的承载力。

2. 制定中国城市发展战略的原则

城市发展的终极目标是让人们的生活更加美好。为了实现这一目标，制定和实施城市发展战略的原则有以下几点：

（1）实事求是。实事求是中国共产党始终坚持的为人民服务的基本原则，实践证明，坚持这项原则对于各项管理工作都有着支撑性意义。

（2）始终抓住主要矛盾。在城市发展过程中，矛盾无处不在、无时不有，只要抓住了主要矛盾和矛盾的主要方面，就抓住了问题的关键和实质，从而有利于各项问题的解决。

（3）统筹兼顾城市发展战略各组成部分的关系。城市科技发展战略是城市发展战略的先导和关键，科学技术是第一生产力，抓住这个关键和根本，将有利于城市发展战略的布局和实现。

（4）长远目标与分期实施相结合。

（5）法制化。中国正在法制化的道路上快速前进，在人口逐渐向城市集中的情况下，人人守法，尊重法律，对法律怀有敬畏之心，将有利于我国城市走向繁荣富强。

（三）城市发展战略的制定、实施和评估

城市发展战略的制定和实施是决定一个城市未来的发展方向以及执行城市发展既定目标的决策过程①。城市发展战略管理的过程大致分为三个基本阶段：战略制定、战略实施和战略评估。

1. 战略制定

城市发展的战略制定是在综合分析城市内外部环境的基础上研究拟订、选定战略的过程，主要包含以下几个方面的活动：

（1）分析环境，认清优势和机遇。城市发展战略目标及其途径的确定必须建立在对一个城市内外部环境正确认识的基础上，这样才能符合实际。为此，可以通过 PEST 方法和 SWOT 分析法对城市各规划项目的内部环境和外部环境进行认真的分析梳理，找出优势和弱点、机会与威胁，在此基础上对城市的发展战略形成一个概括性的判断。

（2）确定城市的发展目标和权限。在这一过程中，要使政府的主要决策者意识到战略目标对城市长远发展的重要性，在此基础上，形成对城市权限、

① 何勇，骆金龙，刘钢．城市发展战略规划的全方位跟踪与适时修订：基于东京 3 年“实行计划”的配套落实经验［J］．上海城市管理，2015（4）：37-41.

使命及其价值观比较统一的战略共识。

(3) 确认战略议题。在对城市内外部环境进行认真分析和准确把握的基础上，结合城市发展目标，确定战略议题。组织通过确定议题的优先顺序，并将议题与 SWOT 分析结合，遵循“依托优势、克服弱点、利用机会、规避威胁”这一原则，确定备选战略。

(4) 选择战略目标及实现途径。综合分析城市状态，根据对利益相关者和所需资源的分析，由城市决策者在各种可能的战略基础上选择出具有可能性和可行性、符合组织使命的战略目标及其途径。

我国城市政府制定城市发展战略的周期为 2~5 年，需要经过以下阶段：第一阶段，由市委和市政府组织起草城市发展战略；第二阶段，由市人民代表大会审议和通过城市发展战略；第三阶段，依法经过上级政府审批，取得上级政府的认可，在完成制定城市发展战略的程序后生效。

2. 战略实施

城市制定发展战略之后，就进入了战略实施阶段。战略实施就是战略执行的过程，主要活动如下：

(1) 组织动员。城市政府要把城市发展目标变为现实，必须通过各种方式向所属各部门宣传解释战略目标，使得全员清楚地了解和掌握战略目标的内容和意图，从而在未来的实施中予以理解、支持并采取行动。

(2) 组织准备。确定战略目标任务的实际承担部门，并在内部建立有效的组织机构，形成必要的沟通和协调机制，从而保证城市发展战略能够实施。

(3) 目标分解。将城市发展的总目标分解成一系列的具体目标，分配到相应的政府各部门并制定衡量标准，便于把握实施进度和进行监督考核。

(4) 资源供应。资源是城市发展战略实施的基础，有效的资源配置是城市发展战略实现的必要条件。应根据城市发展的战略目标来配置相应的人力、财力和物力，从而保证战略目标的实现。

(5) 实施控制。由于环境的不确定性和战略的未来导向性，在实施过程中必须追踪战略任务的执行情况，及时了解正在发生或可能要发生的事情，对出现的偏差采取行动，修正、补充和完善战略。

我国城市发展战略需要采取三方面的规划来加以执行。所谓执行，指的是贯彻战略意图，完成预定目标的操作过程和能力①。三方面的规划包括：一是城市规划；二是城市经济和社会发展规划；三是城市政府向市人民代表大会提交的下一年度的工作计划以及各工作部门的年度工作计划。

3. 战略评估

战略评估贯穿于城市发展战略管理的全过程，即从城市发展战略目标的选择到战略实施，再到战略绩效的评估。城市发展战略评估致力于建立一种反馈机制，通过对战略实施结果的评价，纠正管理中存在的错误，为下一轮战略管理过程提供经验，保持组织与环境的互动性和连续性。城市发展战略评估主要涉及以下活动：

（1）检查战略基础。重新评价城市的内外部环境，了解构成战略的优势与弱点、机会与威胁是否发生变化，发生了何种变化，因何而变化。

（2）考核战略绩效。将实际的绩效结果和预定目标加以比较，对战略执行情况做出综合评价，并反馈考核结果。在评价报告中要总结经验，找出优点和不足。对成功之处要加以坚持和发扬，对缺点和不足要反思和纠正。

（3）修正调整战略。在战略检查和绩效考核的基础上，做出持续战略、调整战略、重组战略或终止战略的选择。

（四）我国城市发展战略方法参考与应用

纳特（Nutt）和巴可夫（Backoff）在《公共和第三部门组织的战略管理：领导手册》一书中指出，“在公共部门或具有显著公共性的组织中，战略领导在运用私人部门的一些假设——清晰的目标、利润或经济企图，不受限制的行动权限，秘密发展，对行动承担有限责任，密切关注反映财务结果的市场机制时，必须小心谨慎”，“公共权威以及它所带来的制约与问题使得企业的战略管理方法不适用于公共组织”②。可见私人部门的有些战略管理方法可以直接应用于公共部门，但有些管理方法无法满足公共性的要求，公共部门不能生搬硬套，必须对其进行转化或者另辟蹊径。

1. 私人部门的战略管理方法

（1）行业分析法。通过分析五力模型来预测战略成功的可能性。这五种

---

① 张阳，周海炜，李明芳．战略管理［M］．北京：科学出版社，2013：289.

② 纳特，巴可夫．公共和第三部门组织的战略管理：领导手册［M］．北京：中国人民大学出版社，2001：87-98.

市场的决定力量分别是：现有竞争者之间的竞争、购买者讨价还价的能力、供应商讨价还价的能力、替代品的威胁和潜在的行业新进入者。

（2）波士顿矩阵法。波士顿矩阵由波士顿咨询公司开创，其目的在于通过划分产品所处的不同象限，使企业采取不同决策，以保证其不断地淘汰无发展前景的产品，保持“问题”“明星”“现金牛”产品的合理组合，实现产品及资源分配结构的良性循环。

波士顿矩阵对于企业产品所处的四个象限具有不同的定义和相应的战略对策。

第一，明星产品（stars）。它是指处于高增长率、高市场占有率象限内的产品群，这类产品可能成为企业的现金牛产品，需要加大投资力度以支持其迅速发展。对明星产品，采用的发展战略是：积极扩大经济规模和市场机会，以长远利益为目标，提高市场占有率，加强竞争地位。管理与组织明星产品最好采用事业部形式，由对生产技术和销售两方面都很内行的经营者负责。

第二，现金牛产品（cash cow），又称厚利产品。它是指处于低增长率、高市场占有率象限内的产品群，已进入成熟期。其财务特点是销售量大，产品利润率高、负债比率低，可以为企业提供资金，而且由于增长率低，也无须增加投资。因此，现金牛产品成为企业回收资金，支持其他产品，尤其明星产品投资的后盾。对现金牛产品，采用的发展战略是：①把设备投资和其他投资尽量压缩；②采用榨油式方法，争取在短时间内获取更多利润，为其他产品提供资金。对于这一象限内的销售增长率仍有所增长的产品，应进一步进行市场细分，维持现存市场增长率或延缓其下降速度。现金牛产品适合用事业部制进行管理，其经营者最好是市场营销型人物。

第三，问题产品（question marks）。它是处于高增长率、低市场占有率象限内的产品群。前者说明市场机会大、前景好，后者则说明在市场营销上存在问题。其财务特点是利润率较低，所需资金不足，负债比率高。例如，在产品生命周期中处于引进期、因种种原因未能开拓市场局面的新产品即属问题产品。对问题产品，应采用选择性投资战略。因此，对问题产品的改进与扶持方案一般均列入企业长期计划中。管理问题产品，最好是采取智囊团或项目组织等形式，应选拔有规划能力、敢于冒风险、有才干的人负责。

第四，瘦狗产品（dogs），也称衰退类产品。它是处在低增长率、低市场占有率象限内的产品群。其财务特点是利润率低，处于保本或亏损状态，负债比率高，无法为企业带来收益。对这类产品应采用撤退战略：首先，应减少批量，逐渐撤退，应立即淘汰那些销售增长率和市场占有率均极低的产品。其次，应将剩余资源向其他产品转移。最后，应整顿产品系列，最好将瘦狗产品与其他事业部合并，统一管理。

通常有四种战略目标分别适用于不同的业务：一是发展。以提高经营单位的相对市场占有率为目标，甚至不惜放弃短期收益。要使问题类业务尽快成为明星类业务，就要增加资金投入。二是保持。投资维持现状，目标是保持业务单位现有的市场份额。对于较大的现金牛类业务，可以此为目标，以使它们产生更多的收益。三是收割。这种战略主要是为了获得短期收益，目标是在短期内尽可能地得到最大限度的现金收入。对处境不佳的现金牛类业务及没有发展前途的问题类业务和瘦狗类业务，应视具体情况采取这种策略。四是放弃。目标在于清理和撤销某些业务，减轻负担，以便将有限的资源用于效益较高的业务。这种目标适用于无利可图的瘦狗类和问题类业务。企业必须对其业务加以调整，以使其投资组合趋于合理。

波士顿矩阵法的应用不但提高了管理人员的分析和战略决策能力，同时还帮助他们以前瞻性的眼光看问题，更深刻地理解企业各项业务活动之间的联系，加强了业务单位和企业管理人员之间的沟通，使企业及时调整业务投资组合，放弃萎缩业务，加大在更有发展前景的业务中的投资，紧缩那些在没有发展前景的业务中的投资。但同时也应该看到，这种方法难以兼顾两项或多项业务的平衡[①]。

在使用波士顿矩阵法时，要尽量占有更多资料，审慎分析，避免因方法的缺陷而造成决策的失误。制定和实施城市管理战略是一个长期的过程，城市发展的各项政策指标也需要借助波士顿矩阵来做适当的调整。

（3）PEST 分析法。PEST 分析是指宏观环境的分析，P 是政治（politics），E 是经济（economy），S 是社会（society），T 是技术（technology）[②]。在分析一个企业集团所处的背景的时候，通常运用这四个因素来分析企业集团所面临

① 王双．波士顿矩阵的运用［J］．企业改革与管理，2001（8）：30-31.

② RECHSTEINER M. PEST sequences and regulation by proteolysis［J］. Trends in Biochemical Sciences，1996，21（7）：267-271.

的状况。

第一，政治环境。政治环境主要包括政治制度与体制、政局、政府的态度等，具体包括：政治环境是否稳定，国家政策是否会改变法律从而增强对企业的监管并收取更多的赋税，政府所持的市场道德标准是什么，政府的经济政策是什么，政府是否关注文化与宗教，政府是否与其他组织签订过贸易协定。

第二，经济环境。构成经济环境的关键战略要素包括 GDP、利率水平、财政货币政策、通货膨胀、失业率水平、居民可支配收入水平、汇率、能源供给成本、市场机制、市场需求等。

第三，社会环境。其中，影响最大的是人口环境和文化背景。人口环境主要包括人口规模、年龄结构、人口分布、种族结构以及收入分布等因素。文化背景主要包括：①信奉人数最多的宗教；②这个国家的人对于外国产品和服务的态度；③语言障碍对产品市场推广的影响；④这个国家的男人和女人的角色；⑤这个国家的人均寿命和老年阶层的富裕程度；⑥这个国家的人如何看待环保问题。

第四，技术环境。技术环境不仅包括发明，还包括与企业市场有关的新技术、新工艺、新材料的出现和发展趋势以及应用背景。具体来说，要考虑：①科技是否降低了产品和服务的成本，并提高了质量；②科技是否为消费者和企业提供了更多的创新产品与服务，如网上银行、新一代手机等；③科技是如何改变分销渠道的，如网络书店、机票、拍卖等；④科技是否为企业提供了一种全新的与消费者进行沟通的渠道，如 Banner 广告条、CRM 软件等。

（4）SWOT 分析法。所谓 SWOT 分析，即基于内外部竞争环境和竞争条件下的态势分析，将与研究对象密切相关的各种主要内部优势、劣势，以及外部的机会、威胁等，通过调查列举出来，并依照矩阵形式排列，然后用系统分析的思想，把各种因素相互匹配起来加以分析，从中得出一系列相应的结论，而结论通常带有一定的决策性。运用这种方法，可以对研究对象所处的情景进行全面、系统、准确的研究，从而根据研究结果制定相应的发展战略、计划以及对策等[①]。

---

① 唐韬智．竞争情报的 SWOT 分析法与竞争战略选择［J］．情报杂志，2002（3）：36-37.

S 是优势（strengths），W 是劣势（weaknesses），O 是机会（opportunities），T 是威胁（threats）。按照企业竞争战略的完整概念，战略应是一个企业“能够做的”（即组织的强项和弱项）和“可能做的”（即环境的机会和威胁）之间的有机组合。SWOT 分析法是用来确定企业自身的竞争优势、竞争劣势、机会和威胁，从而将企业的战略与企业内部资源、外部环境有机地结合起来的一种科学的分析方法。

SWOT 分析法从某种意义上来说隶属于企业内部分析方法，即根据企业自身的既定内在条件进行分析。SWOT 分析有其形成的基础。著名的竞争战略专家迈克尔·波特提出的竞争理论从产业结构入手对一个企业“可能做的”方面进行了透彻的分析和说明；而能力学派管理学家则运用价值链解构企业的价值创造过程，注重对企业的资源和能力的分析。SWOT 分析法在综合两者内容的基础上，以资源学派学者为代表，将公司的内部分析（即 20 世纪 80 年代中期管理学界权威们所关注的研究取向，以能力学派为代表）与产业竞争环境的外部分析（即更早期战略研究所关注的中心主题，以安德鲁斯与迈克尔·波特为代表）结合起来，形成了自己结构化的平衡系统分析体系。与其他分析方法相比较，SWOT 分析法从一开始就具有显著的结构化和系统性的特征。就结构化而言，首先，在形式上，SWOT 分析法表现为构造 SWOT 结构矩阵，并对矩阵的不同区域赋予不同的分析意义。其次，在内容上，SWOT 分析法的主要理论基础也强调从结构分析入手对企业的外部环境和内部资源进行分析。

由于企业是一个整体，并且由于竞争优势的来源具有广泛性，所以，在做 SWOT 分析时必须从整个价值链的每个环节上，将企业与竞争对手做详细的对比。例如，产品是否新颖，制造工艺是否复杂，销售渠道是否畅通，以及价格是否具有竞争性等。如果一个企业在某一方面或某几个方面的优势正是该行业企业应具备的关键成功要素，那么，该企业的综合竞争优势也许就强一些。需要指出的是，衡量一个企业及其产品是否具有竞争优势，只能站在现有潜在用户的角度上，而不是站在企业的角度上。

从整体上看，SWOT 分析法可以分为两部分：第一部分为 SW，主要用来分析内部条件；第二部分为 OT，主要用来分析外部条件。利用这种方法，可以找出对自己有利的、值得发扬的因素，以及对自己不利的、要避开的东西，发现存在的问题，找出解决办法，并明确以后的发展方向。根据该分析，可以将问题按轻重缓急分类，明确哪些是急需解决的问题，哪些是可以稍微拖后一点儿的问题，哪些属于战略目标上的问题，哪些属于战术上的问题，并将这些研究对象列举出来，依照矩阵形式排列，然后用系统分析的思想，把各种因素相互匹配起来加以分析，得出一系列带有一定决策性的结论，从而帮助领导者和管理者做出较正确的决策和规划。

SWOT 分析法的贡献就在于用系统的思想将一些看似独立的因素相互匹配起来进行综合分析，使得战略计划的制订更加科学全面。

2. 城市管理部门的战略管理方法

（1）问题组合法。问题组合法是从波士顿矩阵方法引申而来的，是一种以问题为焦点，通过对主要活动进行分类、评估，确定哪些活动需要改变、哪些活动需要取消的方法。运用这一方法的关键在于找出有待改进的问题①。在公共部门的战略管理中运用这一方法时，利益相关方的可控性和支持度分别取代了波士顿矩阵中市场占有率和市场增长率，对问题的分析代替了对产品和服务的分析。可控性是指组织成功解决某一问题的可能性，它取决于技术、规模目标人群和人口构成等因素。问题的可控性越低，公众的接受程度也就越低。支持度是指表明受到某种政策实施影响的公众所持的态度，利益相关者的支持程度越高，问题的接受程度也就越高。矩阵中的议题可分为四种类型：黑马类、睡狗类、怒虎类和孵鸭类。公共部门可将组织面临的问题划分为这四种类型，并对属于不同类型的议题采取不同的措施。

第一，黑马类（dark horses）。这类问题具有高可控性，但是利益相关者的支持度较低。公共部门有能力解决黑马问题，但采取的行动很可能招致公众的反对。为此，公共部门应该解决此类问题，并将取得的成果公之于众，以赢得公众的信任。

第二，睡狗类（sleeping dogs）。这类问题可控性低，利益相关者的支持度也低，如果这类问题无法归入较易处理的问题中去，公共部门可将其排除在议程之外，不予关注。

第三，怒虎类（angry tigers）。这类问题一般具有较低的可控性和较高的

① 王郁．城市管理创新：世界城市东京的发展战略［M］．上海：同济大学出版社，2004：10-49.

支持度。对于这类问题要求立即采取行动，但是公共部门受到能力的限制，暂时无法解决这类问题，可以考虑的处理办法是“顾左右而言他”，如处理其他象限的问题以降低公众对怒虎类问题的关注程度。房价过高等属于怒虎类问题。

第四，孵鸭类（sitting ducks）。这类问题具有高可控性和高度的利益相关者支持，既在公共部门的能力范围之内，又顺应民意，所以这类问题的处理比较简单。这类问题的处理不仅可以为公共部门带来声誉，而且能够为处理怒虎类问题赢得时间。

（2）利益相关者分析法。这是一种由行业分析法演化而来的方法。由于公共部门更强调相互合作而非竞争，而且大多数部门无须担心进入和退出的问题，因此用利益相关者取代五种竞争力量①。利益相关者一般是处于某种位置，能够对组织施加影响的利益个体。公共部门的利益相关者一般包括服务对象、法律机关、监督机构和政府官员等。在制定战略时必须考虑到社会、政治、经济等方方面面的因素，确定每个利益相关者的目标，并根据利益相关者的重要程度和影响对其进行排序和分类，据此找到一个可以满足各相关方利益者要求的战略。

（3）改进的 SWOT 分析法。公共部门和私人部门两者的战略都需要根据组织的环境来决定所要完成的目标，明确发展的方向，以及考虑环境的多变性②。

SWOT 分析法常常被用于制定集团发展战略和分析竞争对手情况，在战略分析中，它是最常用的方法之一。进行 SWOT 分析时，主要有以下几个方面的内容：

第一，分析环境因素。运用各种调查研究方法，分析企业所处的各种环境因素，即外部环境因素和内部环境因素。外部环境因素包括机会因素和威胁因素，它们是外部环境对企业的发展产生直接影响的有利和不利因素，属于客观因素；内部环境因素包括优势因素和劣势因素，它们是企业在其发展中自身存在的积极和消极因素，属于主观因素。在调查分析这些因素时，不

① 沙勇忠，刘红芹．公共危机的利益相关者分析模型［J］．科学经济社会，2009（1）：58-61.
② 赵定涛．公共管理学［M］．合肥：中国科学技术大学出版社，2006：23-76.

仅要考虑到历史与现状，更要考虑未来发展问题。

优势具体包括有利的竞争态势、充足的财政来源、良好的企业形象、技术力量、规模经济、产品质量、市场份额、成本优势、广告攻势等。

劣势具体包括设备老化、管理混乱、缺少关键技术、研究开发落后、资金短缺、经营不善、产品积压、竞争力差等。

机会具体包括新产品、新市场、新需求、外国市场壁垒解除、竞争对手失误等。

威胁具体包括新的竞争对手、替代产品增多、市场紧缩、行业政策变化、经济衰退、客户偏好改变、突发事件等。

SWOT 分析法的优点在于考虑问题全面，是一种系统思维，而且可以把对问题的“诊断”和“开处方”紧密结合在一起，条理清楚，便于检验。

第二，构造 SWOT 矩阵。将调查得出的各种因素根据轻重缓急或影响程度等排序方式，构造 SWOT 矩阵。在此过程中，将那些对企业发展有直接、重要、大量、迫切、长远影响的因素优先排列出来，而将那些间接、次要、少许、不急、短暂的影响因素排列在后面[①]。

第三，制订行动计划。在完成环境因素分析和 SWOT 矩阵的构造后，便可以制订出相应的行动计划。制订计划的基本思路是：发挥优势因素，克服劣势因素，利用机会因素，化解威胁因素；考虑过去，立足当前，着眼未来。运用系统分析等综合分析方法，将排列与考虑的各种环境因素相互匹配起来加以组合，得出一系列企业未来发展的可选择对策。

在进行 SWOT 分析的时候要遵循以下规则：①必须对企业的优势与劣势有客观的认识；②必须区分企业的现状与前景；③必须考虑全面；④必须与竞争对手进行比较，如优于还是劣于竞争对手；⑤保持 SWOT 分析法的简洁化，避免复杂化与过度分析；⑥因人而异。

SWOT 分析法作为一种定性分析方法避开了营利性和竞争性，但是公私两部门同样受内部条件和所处环境约束。所以，相对而言，SWOT 分析法对于公共部门具有比较可靠的适用性，但仍需根据城市发展的具体情况加以改进。

---

① 冯峰，李庆均．公共政策分析［M］．合肥：中国科学技术大学出版社，2008：34-67.

由于公共部门与私人部门的性质有差别，SWOT 分析的重点也有所差异。私人部门与政治的关联程度较弱，但公共部门则受到政治的强烈影响。另外，私人部门的优势和劣势来自组织内部，机遇和威胁则可能来自组织外部；但是公共部门具有公共性，导致优势和劣势不受组织能力的限制而有可能来自组织外部，机遇和威胁可能来自组织内部。因此，公共部门在使用 SWOT 分析法时，必须清醒认识到上述区别，对 SWOT 分析法加以改进。随着城市化进程的加快和各种管理方法的成熟，将进一步研究和深化城市政府部门的战略方法，一些战略管理工具可以为城市发展战略提供有益的指导和参考。

三、我国城市发展方式

随着经济全球化的深入，城市化已经成为一个国家现代化的基本特征，我国的城市由原来功能分散向功能集中发展，并最终向以大城市为中心的城市群发展是大势所趋。

(一) 我国城市发展方式的全球化背景

全球信息化是推动中国城市发展的重要因素，宏观环境的变化迫切要求中国城市政府采取全局性、长远性的思维模式，制定实施宏观的城市发展战略。我国城市实行战略管理的构成要素主要包括以下几个方面。

1. 先进的管理理念

城市要实现全球化背景下的战略管理，首先要有认识上的转变，树立顺应新时代潮流的管理理念。

(1) 整体理念。城市政府必须把自身放在全球化的环境中来谋求发展和壮大，这是面对全球化挑战的前提和基础。为此，城市政府人员应该清醒地认清国际形势，培养开放性思维，在与其他城市的合作与竞争中不断提升城市综合竞争力。

(2) 创新理念。城市政府只有时刻保持创新意识，培养创新思维能力，适时转变管理模式，才能灵活地适应环境变化和敏锐地把握时代要求，满足人民群众对政府的要求。

(3) 服务理念。在全球化形势下，城市政府面临着激烈的外部竞争，只有以公众的需求为导向，在制定和实施政策的过程中将公众视为政府服务的购买者、政府绩效的评估者，倾听人民的心声，与人民群众保持密切的联系，才能增强城市政府政策的有效性，提高自身的适应能力。

2. 合理的城市政府职能

要根据市场经济的要求，理顺城市政府的内外关系，界定合理的政府职能，实现从全能政府向有限政府、微观管理向宏观调控的转变，培育和发挥社会团体的力量，更好地促进城市政府的发展和人民生活水平的提高。

3. 强大的城市政府能力

全方位提升政府能力是中国城市走向战略管理的关键。在资源稀缺和经济利益竞争“有规则，无裁判”的世界市场中，强大的政府能力有助于维护国家和民族的应得利益，在激烈的全球竞争中趋利避害，求得生存和发展，在世界舞台上赢得一席之地。

4. 科学的管理方式

高效的城市管理必然要借助于现代化的管理手段。城市政府要加快建设以信息技术为核心的高科技行政的进程，构筑数字化政府，建设电子政务，实现决策的科学化、公开化和透明化。

综上所述，中国应该借鉴有价值的国际经验，提高城市政府行政的国际适应性，同时加快经济体制和行政体制改革的步伐，使中国城市政府逐渐步入战略发展的轨道。

（二）我国城市发展方式的基本定位

改革开放以来，中国城市发展战略的沿革，经历了20世纪80年代以国内生产总值增长率为主导的城市发展战略阶段、90年代注重经济增长方式转变的城市发展战略阶段、21世纪以来以习近平新时代中国特色社会主义思想为指导的城市发展战略阶段。

城市发展方式是指城市在既定的发展战略目标的指导下，按照城市建设和城市管理的基本规律，适应城市发展的最新要求，选择适合城市自身内外要素协调发展的道路和方式①。我国城市发展方式是根据各个城市自身的特点并结合国际化背景而形成的。

① 刘士林．文化城市与中国城市发展方式转型及创新［J］．上海交通大学学报：哲学社会科学版，2010（3）：5-13.

1. 可持续发展型城市

可持续发展型城市的含义是指在城市发展过程中实现人口、经济、社会、环境、资源的协调，不仅满足城市人们当前的生活需要，而且还能将这种发展保持下去，使得子孙后代依然能享受城市文明的好处，不断完善城市与人的和谐发展①。

建设可持续发展型城市的要求在于：首先，是坚持中国特色社会主义的思想，正确处理当代城市人口与未来城市人口的发展关系；其次，在城市人口、资源、环境、社会、经济之间实现协调发展；最后，实现城市全面发展。

2. 环境友好型城市

环境友好型城市是一种人与自然和谐共生的城市发展形态，其核心内涵是城市的生产和消费活动与自然生态环境系统的协调可持续发展。环境友好型城市更为强调生产和消费活动对于自然生态和环境的影响，强调人类必须将其生产和生活强度规范在自然生态与环境的承载范围之内，强调综合运用技术、经济、管理等多种措施降低经济社会对环境的不利影响。环境友好型城市的实质是以循环经济为纽带，将城市生态系统与城市发展系统结合起来，造就一种城市社会进步、经济发展、环境良好、城市居民与城市环境良性互动的新型现代化城市发展方式。

3. 集约型城市

建立集约型城市是城市化的趋势。所谓集约型城市，是指城市在集中资源、产生规模效益的情况下，在生产、流通、消费等领域，通过采取法律、行政法规和经济措施，以最小的成本实现最大的城市经济社会效益，以保证城市的可持续发展。集约具有三种含义：一是要集中资源，以免产生无谓的浪费；二是要节省社会资源，勤俭运转一个城市，不要有铺张浪费现象；三是要注意资源循环使用，重视开发可再生资源，合理利用资源。

建设集约型城市，必须转变城市生产方式，从粗放型经济向集约型经济转变，鼓励技术创新和技术革新，推动城市居民走向新型创业，从而推动城市的全面发展。

---

① 柴锡贤．可持续发展城市规划初探：绿色城市规划与创新［J］．城市规划学刊，1999（5）：15-19.

4. 科教型城市

科教型城市把科学教育作为城市发展的主线，由此产生一系列的生产和生活服务配套设施。科教型城市在科学技术、文化教育、国家重点实验室等方面走在其他城市的前列。1999 年，国务院授予北京、西安、成都、合肥为国家四大科教基地。随着城镇化的推进和经济的发展，将会有更多的城市运用科教兴城的发展模式。

（三）布局中国特色的城市化发展战略

塞德于 1867 年在《城市化基本理论》一书中首次提出了“城市化”的概念。他认为城市化是一个动态过程，而不是一个静态结果。城市化涉及的领域和包含的内容不是单一的，而是多元的，包括有形的城市化和无形的城市化。有形的城市化包括人口城市化、非农业产业城市化（第二、三产业在空间上向城市集中，人口城市化的基础）、地域城市化；无形的城市化是指生活方式、精神意志的城市化。城市化是城市在社会经济生活中逐渐占据主导地位的过程。总之，城市化是一个动态过程，是人口、非农产业、地域城市化的过程，是意识、行为方式、生活方式城市化的过程，是城市在社会经济生活中逐渐占据主导地位从而引起城市关系转型的过程①。

探究我国城市化发展的动力，会发现城市化的发展受多方面因素的制约和影响。其中，农业发展是城市化的初始动力，农业是城市化的基础；工业化是城市化的根本动力；制度安排和变迁对城市化有推动和阻滞作用；世界人口剧增也是推动城市化发展的重要因素。以产业和人口的流向为标准，城市化可以分为集中性城市化和分散性城市化。集中性城市化指产业和人口一方面主要向城市中心区域聚集，另一方面过度地向大城市集中，它发生在城市化的早期和初级阶段。分散性城市化指产业和人口一方面从大城市中心区域逐步向郊区和农村分散，另一方面从大城市逐步向中小城市和小城镇分散。以城市化与经济发展的关系为标准，城市化可分为积极型城市化和消极型城市化。积极型城市化指城市化与经济发展相适应，城市化与经济发展相互促进和协调，形成经济发展与城市化的良性互动关系。消极型城市化指城市化与经济发展相脱节，可以进一步分为低度城市化和过度城市化两类。低度城

---

① 胡美娟．衡水市城市化水平与经济增长的实证分析［J］．北方经济，2013（7）：82-83.

市化指城市化落后于工业化；过度城市化指城市化超前于工业化，它的典型表现是大批农民进入城市却找不到工作。

改革开放以来，我国城市发展发生了显著的变化，取得了骄人的成绩。面对全球形势，不同的城市仍然在及时调整定位，不断地调整产业布局，在已经形成的城市群、城市圈、城市带的区域经济发展中寻找自己的定位。

1. 构筑城市群

大城市是带动城市腾飞的“领头雁”。超越行政区划的诸多城市以某个具备特长的城市为核心，形成具有一定特色的城市群体，是我国当前城市化进程中一个鲜明的特征。这样的城市群是一个密度大、关联性强的区域经济空间。实施城市群战略，是解决我国目前大城市不大不强的一个有效方法。例如，北京、上海、广州、深圳通过实施城市群战略，获得了更大的发展空间和经济整合效应，缓解了城市空间不足的问题。周边一些城市相应地追随大城市发展的步伐，也得到了发展。又如，在长江三角洲城市群中，除上海、苏州、无锡发展突飞猛进之外，杭州、嘉兴、南通也得到了发展。一个城市的单独发展是不可思议的，而推进区域经济一体化、构筑大城市发展群，就成为这些大型城市做大并谋求成为国际化大都市的必然选择。

目前我国大城市发展战略的特点如下：

（1）在科学技术研究和科技产业化方面，瞄准国际先进水平，引进、吸收和自主创新，引领大城市的主导产业和中小城市的科技研究。

（2）大城市一般是综合性城市，往往有多个主导产业，因而十分注意主导产业之间的互补性和协同性。

（3）在制造业方面，大力发展先进制造业，运用高新技术对传统的主导产业进行技术改造，并且着力打造运用高科技的新主导产业。

（4）在产业结构方面，大城市率先扩大第三产业的比重，使第三产业的比重在国内生产总值中占大部分。

（5）大力培育和完善各种生产要素市场。

（6）建设和健全交通类基础设施。

（7）建设与产业功能和地理条件相适应的标志性建筑和景观地区。

（8）带动周围中小城市发展。

2. 培育都市圈

大城市群并不是许多大中小城市的简单相加，而应是多个城市的深度聚合。例如，以上海为中心的长江三角洲城市群，就包含苏锡常、杭州湾、南京都市圈等多个都市圈。培育都市圈的目标不在于扩张规模，重点是经济的整合和做强，是利用城市群所产生的规模效应来实现城市内在的价值，并反过来促进城市群规模效应的提升。都市圈促进了具有内在经济联系的众多大中城市的经济整合，使都市圈内各个城市之间能够优势互补、资源共享。中型城市在谋求自身发展的同时，要以大城市为依托，确立都市圈战略，融入都市圈，与其他城市形成合力，赢得发展机遇，实现自己的目标。

3. 打造中小城市带

相对于城市群、都市圈来说，城市带是又一种城市化的层级形态。中小城市的城市化不在于做大，而在于做精、做巧、做专，重点是在城市的特色化和专业化的分工基础上实现城市现代化。中小城市应依托于城市群和都市圈，实现城市的特色化发展。例如，珠江三角洲以中山、东莞、顺德等现代化中小城市为主体所形成的区域经济带中，各中小城市既形成了具有自身特色的产业优势和核心竞争力，又避免了基础设施重复建设等弊端，从而带动了区域经济发展，提高了中小城市的城市化水平。

阅读材料

合肥“1331”市域空间发展战略规划

宋　艺

2013 年 6 月 20 日，合肥“1331”市域空间发展战略规划正式公布。按照规划，未来的合肥将被打造成长江三角洲地区继沪宁杭之后的现代化新兴中心城市，其城市人口将达到千万以上。

一、从主城区“141”扩展为市域“1331”

从环城到环湖，从“141”城市组团，到“1331”市域空间战略，大合肥在成长。为了给合肥未来的发展制订一个合理的“生长计划”，2012 年 5 月，该市从来自全球的多个方案中选出 5 个入围方案，公示并征求市民和专家意见，最后整合为目前的“大合肥规划”。

“目前大合肥‘1331’的空间格局是‘141’格局的继承与发展。”合肥市规划局相关负责人介绍说。根据最新的“1331”规划，“大合肥”被定位为“大湖名城、创新高地”，将依托“城湖联动、转型创新”的发展战略，将合肥打造成泛长江三角洲西翼中心城市、具有国际竞争力的现代产业基地、具有国际影响力的创新智慧城市、国际知名的大湖生态宜居城市和休闲旅游目的地。

“转型创新”即实现“从一般省会城市走向功能更加多元完善的中心城市，从传统科教城市走向以创新驱动为核心的智慧城市”的转型。

“1331”中第一个“1”是对原“141”格局的概括，包括1个老城区、1个“滨湖新区”和4个城市组团；而第一个“3”延伸出“巢湖、庐江和长丰”3个城市副中心；第二个“3”则为“合巢产业新城、庐南产业新城和空港产业新城”3个产业新城；最后一个“1”为环巢湖示范区。

二、主城区结构：双心两扇两翼

“双心”是指位于老城区的“老城中心”和位于滨湖新区的“新城中心”。“双心”强化提升了城市的服务功能，彻底打破了过去单中心城市结构。合肥的“城湖联动”具体将体现在主城区与巢湖相互依托、城湖共生，城市地区与巢湖地区在生态修复、文化保护、产业发展、旅游发展、城乡建设、交通组织等6个方面实行联动。“两扇”位于合肥的西北方和东南方，两个扇形区域主要发展现代生态服务业，打造水绿交融的空间特色。“两翼”则位于合肥的东北部和西南部，通过产业集聚，提升产业档次，通过空间重构解决工业围城。

未来，合肥将实现从一般省会城市走向功能更加多元完善的中心城市、从传统科教城市走向以创新驱动为核心的智慧城市的“转型创新”升级。

三、巢湖、庐江和长丰升级为“副中心城区”

巢湖、庐江和长丰三县市在“1331”规划中，将升级为合肥的“副中心城区”。

其中，巢湖城区要发展特色，定位为：现代产业发展高地，全国著名的旅游休闲度假胜地，山川秀美的生态之城。庐江城区要综合拓展，定位为：合肥南部重要副中心城市，新兴现代产业基地，区域商贸中心。长丰城区则要优质建设，定位为：市域北部发展极，合肥经济圈重要枢纽城市，对接淮南的综合产业基地。

四、大“产业新城”升级工业，强化服务业

未来的合肥，将在依靠科技创新的新型工业化基础上多元发展。这在“1331”规划的三大“产业新城”中有着突出的体现。

“合巢产业新城”以合宁与合巢芜两大发展轴为共同支撑，定位为产业拓展，为未来合肥产业承接的战略储备空间。其重点发展高端装备制造业、清洁型先进制造业等。

“庐南产业新城”定位为合肥—皖江联系方向上以循环重化、采矿冶金为主的产业新城。其重点利用庐南丰富的铁矿、硫铁矿、铜矿资源，发展矿业采选以及后续硫基化工、钢铁、冶金建材、金属深加工等产业，承接中心城区外迁的化工企业，建设循环重化园区等。

“空港产业新城”则定位为创新发展的临空生态科技产业基地。其重点发展高新制造、电子商务及现代物流业等，构建新型发展空间，建设成为市域以临空产业为特色的增长极，带动长丰、寿县的邻近乡镇发展。

五、湖城共生，环巢湖感受合肥慢生活

感受湖城共生的最美合肥，体验度假休闲的轻松慢生活，都可以在环巢湖地区中实现。这一区域将以生态保护为前提，以旅游发展为特色，保护环巢湖自然生态网络。

该区域将利用中庙、黄麓、烔炀、中垾、散兵、槐林、长临河、三河、白山、盛桥等乡镇，按照“两带四区”来发展。其中“两带”分别是：北岸民俗文化景观带和南岸画里乡村休闲带。“四区”分别是：滨湖休闲旅游区、巢湖半岛国际慢城、巢湖综合旅游区和三河百塘乐活天堂。

六、合肥将成长为千万人口级别的特大城市

按照“1331”的发展布局，未来的合肥将成长为千万人口级别的特大城市，将以占全省约8%的国土面积，承载全省约20%的人口和30%的经济总量，真正成为安徽的强力龙头与长江三角洲的西翼中心，跻身一流省会城市行列。

按照规划，未来合肥市域总人口有1 300万~1 500万人，未来城镇化率在85%左右，城镇人口有1 100万~1 300万人，主城区人口有850万~1 000万人。

资料来源：宋艺．合肥“1331”市域空间发展战略规划正式公布［EB/OL］．［2015-

06-20]. http://ah.anhuinews.com/qmt/system/2013/06/20/005790435.shtml.（有删改）

思考题

1. 什么是战略？战略跟计划有什么不同？
2. 制定城市发展战略对城市的发展有什么意义？
3. 分析制定城市发展战略的阶段。
4. 用SWOT分析法来衡量你所在城市的综合实力。
5. 简述现代城市发展方式。

拓展阅读篇目

[1] 赵定涛. 公共管理学 [M]. 合肥：中国科学技术大学出版社，2006.

[2] 范广垠. 市政管理 [M]. 天津：南开大学出版社，2008.

[3] 樊勇明，杜莉. 公共经济学 [M]. 上海：复旦大学出版社，2008.

[4] 姜杰，孙晓红. 城市管理学 [M]. 济南：山东人民出版社，2008.

[5] 滕玉成，于萍. 公共管理学 [M]. 北京：中国人民大学出版社，2008.

[6] 冯峰，李庆均. 公共政策分析 [M]. 合肥：中国科学技术大学出版社，2008.

[7] 王佃利，张丽萍，高原. 现代市政学 [M]. 北京：中国人民大学出版社，2011.

[8] 王琳，汤秀娟. 市政管理学 [M]. 北京：北京理工大学出版社，2011.

[9] 王郁. 城市管理创新：世界城市东京的发展战略 [M]. 上海：同济大学出版社，2004.

[10] 张阳，周海炜，李明芳. 战略管理 [M]. 北京：科学出版社，2013.

[11] 杨锡怀，王江. 企业战略管理：理论与案例 [M]. 北京：高等教育出版社，2014.

第八章 现代城市竞争力

城市竞争的现象古已有之，古今中外，围绕着城市竞争，产生了许多脍炙人口的诗词、成语和典故。“欲把西湖比西子，淡妆浓抹总相宜”形象地反映了城市竞争优势，“以邻为壑”刻画了城市竞争中冷酷的利益博弈，“撒上盐来犁地，要让迦太基寸草不生”的血腥历史场景令人叹息，“腰缠十万贯，骑鹤上扬州”则生动地呈现了竞争优胜城市对于稀缺资源的磁吸作用。当然，城市竞争的优胜者尽管富有吸引力，却远非完美，市民们享受高度文明成果的同时，往往要承担“长安米贵，居之不易”的代价。

古往今来，城市的兴衰在不断上演，城市的排名也随着时间呈现出动态的变化，许多历史上的名城黯淡、没落了，一些原本默默无闻的城市则竞相崛起了。汉唐时期的长安（西安的古称），俨然是中国乃至世界的中心，彼时北京还未建城，上海至多不过是偏僻农村，深圳则未必有人烟，但时至今日，后三者的城市竞争力已经远远超过西安；战国时期富甲天下的大梁（北宋汴京、今开封），今天只能在三四线城市的排行榜中寻觅踪影。表 8-1 列出了部分国内城市 1990 年到 2012 年期间城市竞争力排名的变迁，从中可以看到，近几十年间，城市排名的起落幅度也是相当大的。

表 8-1　1990—2012 年部分国内城市竞争力排名的变迁①

城市	1990—1997 年城市竞争力指数均值	排名	1998—2004 年城市竞争力指数均值	排名	2005—2012 年城市竞争力指数均值	排名	一二阶段排名变化	二三阶段排名变化	一三阶段排名变化
上海	0.551	2	0.588	2	0.609	1	0	1	1
深圳	0.663	1	0.594	1	0.608	2	0	-1	-1
苏州	0.161	27	0.298	8	0.555	3	19	5	24
广州	0.358	4	0.448	3	0.554	4	1	-1	0
东莞	0.195	20	0.299	7	0.449	6	13	1	14
北京	0.350	5	0.437	4	0.443	7	1	-3	-2
天津	0.268	7	0.251	11	0.434	10	-4	1	-3
合肥	0.153	28	0.172	23	0.355	13	5	10	15
中山	0.168	26	0.211	15	0.352	14	11	1	12
南京	0.240	12	0.207	17	0.352	15	-5	2	-3
温州	0.245	10	0.265	10	0.285	20	0	-10	-10
太原	0.150	29	0.053	30	0.188	27	-1	3	2
西安	0.179	22	0.144	24	0.188	28	-2	-4	-6
石家庄	0.202	17	0.174	22	0.175	29	-5	-7	-12
郑州	0.213	15	0.099	29	0.174	30	-14	-1	-15

一、城市竞争

城市竞争的现象已为我们所熟知，但对城市竞争的内涵、形式和决定竞争结果的关键因素，则众说纷纭。接下来，我们将从城市竞争的定义开始，逐步学习相关概念和理论。

（一）城市竞争的定义

关于“城市竞争”这一概念，学者们从不同的角度提出了各自的观点，其中较有代表性的有三种。第一种观点认为：对于城市而言，生存和发展所

① 刘金石，李小江．中国城市竞争力指数测度及其影响因素：基于 1990—2012 年中国 30 个城市面板数据的实证研究［J］．财经科学，2013（8）：92-100.

面对的资源十分广泛，包括土地、资本、人才、教育、科技、产业、市场、生态环境、城市形象、管理制度等，其中绝大部分资源是稀缺的，而且某个城市在某方面资源的增加，是以其他城市在相同资源方面的减少或不增加为条件的，因为在某一时间点上资源总量是不变的①。例如，一个国家一年吸收的国际资本是既定的，A城市吸收的国际资本多了，其他城市吸收的国际资本就相对少了。城市资源中有一些资源并不是绝对稀缺的，或至少不以其他城市相同资源的减少为条件。例如，城市优良的生态环境、管理制度并不是绝对稀缺的，其不以其他城市生态环境的恶化和管理制度的倒退为条件，但每个城市为改善生态环境和优化管理制度又要投入新的资源，而这些资源往往又是稀缺的。因此，从资源的稀缺性和占有资源而论，城市之间确实存在着竞争性。事实上，城市之间的竞争从根本上看也是对涉及城市发展的稀缺资源的竞争②。第二种观点认为：城市竞争的实质是一种企图对生产要素更多占有，以求获得更大经济效益和更为舒适的生活环境的关系③。第三种观点认为：在我国，城市竞争实际上是一种制度竞争，我国城市竞争的路径和效率与国家区域制度安排存在密切关系，正是国家区域政策造就了当今城市竞争的基本格局，并对城市间相对竞争力及未来走势产生重要影响④。例如，城市对资源的竞争实质上是对生产要素和有利社会发展的其他稀缺资源的竞争，目的是集聚更多的文明要素，而这种竞争的直接结果就是城市在发展水平上的差异性。美国纽约在19世纪和20世纪上半叶比美国任何一座城市都集聚了更多的生产要素，从金融资本到商业人才，从跨国公司总部（企业组织从某种意义上讲也是一种生产要素）到市场体系，所以在大约100年内，纽约发展得比其他任何一座城市都要快。自20世纪下半叶开始，美国加利福尼亚州的一些城市（如旧金山、硅谷的城市群）发展迅速，也是因为这些城市比其他城市集聚了更多的文明要素，尤其是科技人才和科技产业。中国的城市也同样存在着在集聚生产要素和其他要素方面的竞争关系，如长江三角洲城

---

① 徐康宁．论城市竞争与城市竞争力［J］．南京社会科学，2002（5）：1-6.

② 萨克森宁．地区优势：硅谷和128公路地区的文化与竞争［M］．上海：上海远东出版社，1999：125.

③ 谭贤伟．论中国城市竞争战略［J］．理论与改革，2001（3）：59-61.

④ 王文清．中国城市竞争的新格局和武汉发展的战略适应［J］．管理世界，2005（9）：154-155.

市群与珠江三角洲城市群之间的类似竞争关系是客观存在的。20世纪八九十年代，珠江三角洲城市群在集聚适于出口加工业发展的生产要素方面，如外商投资、廉价劳力、市场渠道、优惠政策（从中可以看出制度也是一种生产要素）等，竞争性明显超过长江三角洲城市群。直到现在，珠江三角洲的加工业出口能力仍然大大超过长江三角洲城市群。自20世纪90年代中后期开始，长江三角洲城市群集聚了更多的有利于信息产品制造和高技术产业发展的生产要素，如境外产业型资本（而不是贸易型资本）充足，而且拥有大量的优良技术人才等，使其在该领域的发展势头超过了珠江三角洲城市群。

综上，在本书中，我们将城市竞争定义为：城市为了实现自身的生存和发展，争相获取或吸纳各类相关资源，如制度、土地、资本、人才、技术等的过程，其手段表现为尽可能多地获取相关稀缺资源，其目的在于改善或促进城市本身的生存或发展。

（二）城市竞争的形式

在工业社会以前，城市竞争的主体通常是政府。以春秋战国时代为例，秦国的咸阳、齐国的临淄、吴国的姑苏等都是较为著名的区域中心城市。这些城市的兴起，大抵是因为其本国执政者决心要建设一个区域中心城市，然后利用行政命令调动全国人力、物力等各类资源，兴建或改造该中心城市。这些城市之所以成为中心城市，并在其后数百年或上千年中继续保持这样的地位，通常得益于两个方面的优势。一是城市自身的资源禀赋。例如，姑苏享有水运交通方面的便利和物产丰饶的优势。二是优厚的政策资源。这些中心城市在建立之初常常是某一诸侯国的都城，政治资源自然是十分丰厚的，再加上创业阶段的执政者通常较为开明，能颁布一些切合实际的政令，从而使城市的资源禀赋得到充分利用，以至于确立其中心城市地位，并长期保持下去。“挥汗成雨，摩肩接踵”的齐国临淄，就是“鱼盐之利”的资源禀赋与管仲的重商政策相结合的产物。

进入工业时代以后，随着城市化进程的不断推进，城市在社会经济系统中的地位越来越重要。整个20世纪，可以称为全球城市化的世纪。在20世纪70年代前后，发达国家的城市化水平一般在70%以上，普遍实现了高度城市化。不少发展中国家也进入了快速城市化时期。2000年全世界的城市化水平已经达到47%，近一半人口居住在城市中。而中国2000年城市人口已占到总人口的36.09%。按照国家发展和改革委员会宏观经济研究院的研究成果，2002年我国城镇化水平达到39.09%，2013年则为53.70%。城市已经成为人类社会财富的主要创造者、拥有者和消费者。世界历史和现实已经证明，一个国家、一个地区的现代化、工业化与城市化是相互推动、互为因果的统一过程，是人类文明进步的必然趋势。

城市数量的增多，城市规模的扩大，使得城市的重要性日益提高，城市已经或正在成为人类生活和生产的最重要、最主要场所，城市在全球政治、经济、文化中也占有绝对主导的地位。从总量上看，城市经济正成为社会发展的主导。从功能上看，城市的主导作用更加明显。城市竞争将成为国家与地区之间竞争的主要形式之一，其结果将直接影响各国的综合国力位次。

尽管所有城市都希望发展壮大，所有国家都希望其中心城市在国际上的重要程度能得以保持并与时俱进，但是并非每个城市都能如愿。事实上，在一些城市快速成长的同时，另一些城市却成长缓慢，甚至衰退。经济学解释经济增长的理论可以使我们更加了解城市成长的机理。乘数原理将城市经济区分成基本的和非基本的两个部门，当投资于基本部门时，能带动整个经济部门的经济多轮成倍增长。基本部门是城市的出口部门，多数情况下是工业部门。在城市区域投资建设推动性的主导产业，不仅本身能迅速增长，而且可以通过乘数效应带动整个城市区域经济的增长。其机理大致是这样的：工业的增长和城市的扩大可以看作一个相关的过程，一旦城市中建立了新的工业，就会提高当地就业水平，使消费需求增长，于是消费品工业和服务业就会发展。工业的建设也带动了相关产业的发展，使得城市基本部门发展壮大，市政收入增加；市政收入增加后，城市基础设施建设投入就会加大，水平也会提高。产业规模扩大，就业机会多，基础设施改善，又可吸引更多的工业投资和劳动力向城市集中，于是带来了新一轮的发展，并形成一系列的发展循环，工业城市规模就在这种循环积累过程中不断扩大。显然，发展条件好的城市的循环发展不但有累积作用，还有加速作用。条件好的城市的发展速度越来越快，规模越来越大，条件差的城市的发展则受到限制。城市对周围区域（包括周围乡村和城市）产生两种作用，即扩散效应和回流效应。扩散效应指的是发达地区对落后地区的积极作用，如增加对原材料和初级产品的需求，技术扩散等；回流效应是富裕地区对落后地区造成的伤害作用，从而加大贫富地区之间的差距。这种副作用是通过三种形式产生的：首先，吸引邻近区域年轻的具有较高技能的劳动力，造成落后地区劳动力数量不足，素质下降；其次，将落后区域的资本吸引到富裕地区，造成落后地区投资减少；最后，市场的扩大常常会增强核心区域工业的竞争力，偏远的问题区域（problem region）企业的发展会更加困难①。

二、城市竞争力及其测度

城市竞争的过程与结果只是现象，观察现象可以知其然，但是，要知其所以然，则需要分析其本质：究竟是什么原因使城市竞争的形式呈现出目前的状态？城市的兴衰又是由哪些关键因素所导致的？这些问题，都无一例外地指向了一个概念：城市竞争力。

（一）城市竞争力的定义和内涵

当前，市场经济是全球最普遍的经济制度。总体而言，市场经济是竞争经济，在市场体制中，一切实体的兴亡存废，皆通过竞争来达到优胜劣汰。市场经济的动力，源自竞争；市场机制的活力，端在竞争。本来，竞争力主要是指企业竞争力，而后在此基础上逐步延伸、扩大、组合为城市竞争力、区域竞争力，乃至国家竞争力。按世界惯例，评定企业和国家的排名，常以竞争力为标准。城市也不例外，以竞争力分高低、决胜负，反映其发展水平和发展能量。企业竞争力表现在微观层面，国家竞争力表现在宏观层面，以城市为中心的区域竞争力则表现在中观层面，成为衔接宏观和微观的中间枢纽。城市管理和建设以提高城市竞争力为最终目标，城市竞争力的提高以城市管理和建设为基本手段，两者之间存在着有机的内在联系。学术界对于城市竞争力的研究兴趣和研究方法是从对国家竞争力的研究中转移而来的。迈克尔·波特指出："竞争力在国家水平上唯一有意义的概念是国家的生产率。"国家的基本目标是为其人民提供高水准的生活，实现这一目标的能力则取决于运用劳动与资本等国家资源所得到的生产力。推及城市：一个城市的竞争力乃是指城市的生产率。波特认为，城市竞争力是指城市创造财富、提高收入的能力。在波特提出的"钻石模型"中，影响产业竞争力的因素有六个，

① 陈大鹏．城市战略规划研究［D］．杨凌：西北农林科技大学，2005：81-82.

包括四个直接因素和两个辅助因素。四个直接因素即生产要素状况、需求状况、相关及辅助产业的状况，以及企业的经营战略、结构和竞争方式；两个辅助因素即机遇和政府行为（见图 8-1）。政府通过一系列政策实施可以直接影响企业和产业的国际竞争力，从而影响到国家或地区的竞争力。这六个因素相互影响、相互加强，共同构成一个动态的激励创新的竞争环境。

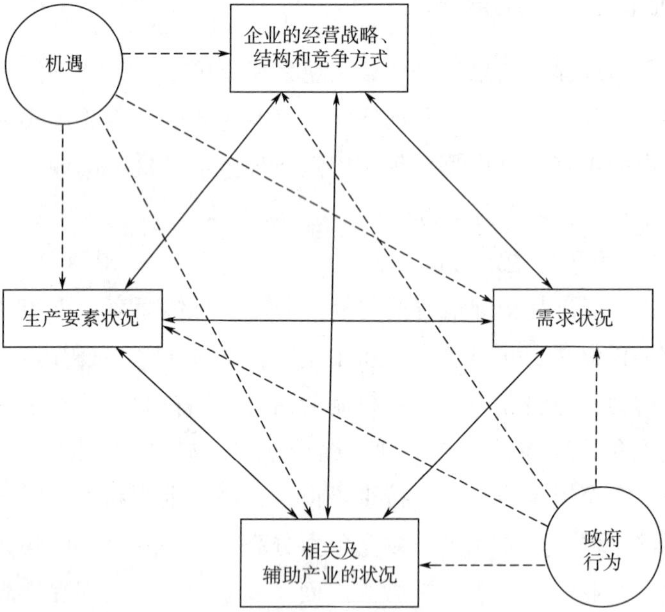

图 8-1　钻石模型

随着对城市竞争力研究的深化，近年来，关于城市竞争力，学术界逐渐达成了如下共识：

第一，国家和城市的竞争是关于其财富及其增长的竞争，但又包括多个侧面。

第二，为评价城市竞争力而建立的指标体系，必须有一个令人信服的理论基础和理论框架，不能随意抽取指标进行组合。

第三，城市竞争力的许多关键指标是软指标即问卷指标。

第四，研究城市竞争力既要研究其表现，又要研究其构成要素。

基于以上共识，结合国内外学者的研究成果，我们在本书中将城市竞争力定义如下：所谓城市竞争力，是指一个城市在经济全球化和区域经济一体化背景下，与其他城市相比较，在资源要素流动过程中所具有的抗衡乃至超越现实的和潜在的竞争对手以获取持久的竞争优势，从而促使城市价值持续良性增长的系统合力[①]。这个定义包括以下含义[②]：①城市竞争力是一种系统合力，它不是现象上的种种比较优势，不是作为城市要素的种种资源，也不是局部或环节上的能力或城市职能活动，而是资源要素以及运作水平的有机集合体；②城市竞争力是获取持续竞争优势的一种自组织力量，是组织系统高度有机、用于开发和配置资源的一种机制；③城市竞争力是抗衡和超越竞争对手的一种力量，其竞争者是现实的或潜在的；④竞争力的强弱或大小，不仅取决于自身，还与对手的竞争态势以及总体竞争态势相关；⑤城市竞争力以资源在全球的流动为背景。

城市竞争力以实现城市价值为最终目的。一个城市的价值主要体现在两个方面，一是城市形态高级化，二是城市价值最大化。

（二）基于主观赋权的城市竞争力测度模型——城市价值链模型

用于城市竞争力的测度模型种类繁多，其中应用较为广泛的有弓箭弦模型和城市价值链模型。其中，城市价值链模型是由北京国际城市发展研究院在国际竞争力理论和国家竞争优势理论的基础上建立的。在本节中，我们将介绍这个模型的构成[③]，并以一个实例来演示如何利用该模型测度城市竞争力。

1. 城市价值链模型的构成

城市价值链模型的构成如图 8-2 所示，我们将逐一介绍其构成。

（1）城市实力系统。城市实力系统反映一个城市特定时期所拥有的整体实力，是对一个城市经济、社会和可持续发展等方面实力的全面评价。本指标体系使用以下 5 个层面的指标来衡量城市实力。

第一，经济规模：一个城市的经济实力首先体现在它的经济总量或经济规模上。从一般经验看，经济总量越大，反映城市实力越强，并在一定情况下反映出较强的城市竞争力程度。在这里，我们选用城市 GDP、人均 GDP、

---

① 倪鹏飞，刘高军，宋璇涛．中国城市竞争力分析［J］．中国工业经济，2003（7）：34-39.
② 项光勤．城市竞争力研究［M］．北京：中国工商出版社，2006：4-5.
③ 项光勤．城市竞争力研究［M］．北京：中国工商出版社，2006：26-36.

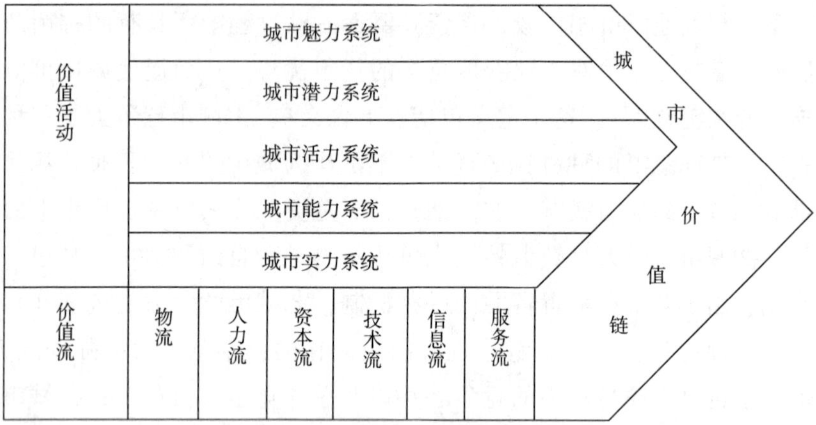

图 8-2 城市价值链模型的构成

GDP 密度、地方财政收入以及上缴中央财政 5 个指标反映一个城市的经济规模或经济总量。

第二，产业结构：一个城市产业结构是否合理、科学并且符合现代城市的发展趋势，直接关系着城市战略模式及城市竞争力的综合水平。一个现代化城市的产业结构应该是以第三产业为重心的。其中，现代服务业在第三产业中所占比重的大小直接反映着后工业化城市的现代化水平和未来城市的价值取向，也与这个城市的价值流量正相关。因此，我们选用第三产业占城市 GDP 的比重和现代服务业在第三产业中的比重 2 个指标来衡量一个城市的产业结构。

第三，城市功能：基础设施是城市价值功能发挥作用的必要条件，是城市竞争力的物质支撑。基础设施分为生产性基础设施、生活性基础设施和社会性基础设施。在这里，我们使用人均住房面积、人均铺装道路面积、人均公共绿地面积、城市绿化覆盖率、燃气普及率、人均生活用水量、人均生活用电量、人均通信光纤长度、人均公共体育场馆面积、每万人拥有公共汽车数量以及每万人拥有医院床位数 11 个指标反映城市基础设施在发挥城市功能方面的作用。

第四，社会进步：社会进步指数是城市经济实力的综合体现，是城市竞争力综合作用的结果，也直接地反映了城市竞争力程度的大小。在这里，我们选用城市化指数、信息化指数、生活质量指数、社会安全指数、社会保障指数、知识发展指数、基尼系数以及恩格尔系数 8 个指标反映社会进步状况。

第五，可持续发展：城市可持续发展就是“确保城市居民达到或维持一个适宜的、不下降的福利水平而不危害城市周边地区居民的福利”。城市可持续发展强调人口、资源和能源、生态环境各系统之间的和谐与均衡，强调不断增强城市实力基础上的人口自然增长率的零增长、资源和能源消耗速率的零增长以及生态环境退化速率的零增长。在这里，我们选用人口自然增长率、资源和能源消耗速率、生态环境退化速率 3 个指标来反映城市可持续发展状况。

（2）城市能力系统。从市场微观角度看，城市竞争力就是城市生产力。而发展生产力首先必须占有资源和要素，并且占有更多的优势要素和资源，因此城市竞争力的竞争优势与占有、配置生产要素和资源的能力正相关。市场化配置资源的权利是由以城市实力为基础的城市集聚能力、辐射能力、流通能力和增长能力产生的。

第一，集聚能力：集聚是指在某一特定区域下的一个特别领域，一些相互关联的公司、专业化供应商、服务提供商、机关机构，以及关联产业和专门化的制度和协会在某一地域集中，它们既相互竞争又相互合作的一种状况。对于城市来讲，集聚在于以城市的优势环境和条件吸引众多资源和要素在相对狭小的空间达到有效配置和利用，从而使城市成为资源转换中心、价值增值中心、物流中心、资金配置中心、信息交换处理中心、人才集聚中心和经济增长中心，进而提高城市的竞争能力。人口密度、劳动力人口占总人口的比重、每万人吸引的外地人口数、每万人吸引的常住外籍人口数、资本密度、人均储蓄额、人均贷款额、人均吸引外资额、企业密度、支柱性产业对 GDP 的贡献率以及支柱性产业占全国同行业的比重 11 个指标，可以用来反映城市集聚能力的水平。

第二，辐射能力：城市的集聚是为了进行扩散和辐射。如果仅仅为集聚而集聚，没有扩散和辐射，这种集聚是无法持续的。辐射就是通过点辐射、线辐射、面辐射，把巨大的辐射网络联系起来，从而扩大城市市场化占有、配置和利用资源和要素权利的作用范围，构筑更大空间的经济协作体系，扩散城市的优势能力，确立城市对周边的主导地位，增加开放度，提高外向依存度、全球化水平和国际交流能力。我们选用区位国际衔接性指数、生产外向依存度、经济外向依存度、资本外向依存度以及国际交往能力指数 5 个指标来反映城市辐射能力在全球化过程中的作用。

第三，流通能力：城市流通能力体现出城市集聚和辐射功能的发挥程度。流通能力是集聚能力和辐射能力的综合体现，只有集聚和辐射相互协调，整体水平高，才能真正提高流通规模和质量。在这里，我们选用物流指数、人力流指数、资本流指数、技术流指数、信息流指数以及服务流指数 6 个指标，反映城市流通能力的大小。

第四，增长能力：一个城市经济增长的快慢，直接反映了城市竞争力综合水平的高低。经济增长是一系列要素互相结合、互相作用的极其复杂的动态过程。决定经济增长的因素很多，其中资本、劳动力、技术进步等都是经济增长的主要决定因素。此外，体制因素、组织因素、文化因素和政府作用因素等也通过改变要素投入和要素生产率间接地影响经济增长。在这里，我们选择 GDP 增长率、投资增长率、消费增长率、进出口增长率、财政收入增长率、科技对 GDP 贡献率、文化对 GDP 贡献率、教育对 GDP 贡献率、社会劳动生产率以及劳动就业率 10 个指标反映经济增长能力。

（3）城市活力系统。城市创造价值的能力体现为城市的活力。城市是一组资源的集合体，城市之间的竞争围绕着资源的争夺与利用展开。一个城市的市场地位，不仅取决于其所拥有资源的数量和质量，更取决于其对资源的利用效率。前者是城市竞争的必要条件，但它与城市的竞争地位不一定成正比；而后者才是城市保持持久活力的关键。本指标体系中使用 5 个层面的指标来衡量城市活力。

第一，企业活跃度：企业是城市活力的灵魂。一般来看，城市活力的强弱与这个城市拥有的民营企业、外资企业、名牌企业、超亿元企业和上市公司的数量和质量正相关。在这里，我们选用民营企业占 GDP 的比重、外资企业占 GDP 的比重、名牌企业占 GDP 的比重、超亿元企业占 GDP 的比重以及上市公司占 GDP 的比重 5 个指标反映一个城市的企业活跃度。

第二，资本市场成熟度：资本是城市的稀缺性资源，是城市竞争的必要条件。资本市场是集聚和配置资本的主要载体和平台，资本市场的成熟度对资本的集聚和配置有直接关联。一般来看，资本市场越成熟，资本集聚和配置效率越高，城市活力越强。在这里，我们选用金融信用指数、金融供给程度、储蓄—投资转化效率、企业融资难易度、上市公司数量、资本市场违规数量、企业并购指数以及资本意识8个指标反映城市资本市场的成熟度。

第三，市场开放度：市场开放与管制程度是衡量一个城市是否具有活力的重要标志。政府对市场的干预程度、关键性产业的非垄断程度、行政审批的简化程度、进出口的限制程度和地方保护程度等直接反映着城市竞争力水平。越是竞争力强的城市，市场开放度越高，政府管制程度越低；而政府管制程度高的城市，市场开放度必然低，竞争力必然弱。在这里，我们使用政府干预程度、关键性产业的非垄断程度、行政审批简化程度、进出口限制程度以及地方保护程度5个指标反映市场开放度对城市竞争力的作用。

第四，创新环境：创新是提升竞争力的源泉和动力。创新不仅为城市产业结构带来升级和优化，而且将促进产业扩充和产业价值链的形成，提升城市价值。在这里，我们使用高新技术产业增加值占GDP的比重、高新技术产业产值占工业总产值的比重、R&D投入占GDP的比重、高新技术企业R&D费用占销售收入的比重、风险资本投入占GDP的比重、每万人中专业技术人员数、每万人拥有的专利数、每百万人新创企业数、每百万人拥有的企业家数以及每万人拥有的中等收入人数10个指标反映创新环境对增强城市活力的影响。

第五，城市治理结构：当下，通过正式或非正式的力量和制度方式建立一个政府、市场、社会互动的城市治理结构已成为提升城市竞争力的关键环节。从权力管理到权威治理，从行政审批到政务公开，一个具有强竞争力的城市是和一个负责任的、高效率的政府行政管理联系在一起的。高效、诚实和注重绩效的政府，有合理、清晰的管理政策，法治能得以公正贯彻且有公信力，高素质的市民和媒体在提高政府责任度方面有独立发言权，这样的城市才是具有可持续竞争力的城市。在这里，我们使用政治职能转变指数、政府控制力指数、政府管理绩效指数、政府透明度指数以及政府公信力指数5个指标来反映治理结构对城市竞争力的影响。

(4) 城市潜力系统。城市潜力是城市竞争力的重要组成部分，反映城市在未来或潜在竞争中能够获得控制制高点所需的要素支持的完备程度，是城市延续与发展的后劲。城市潜力系统利用城市资源在市场空间的有效配置促使城市效率最大化，以实现生存平台的跨越和生存模式的革新，获得城市再生和更高层次的新生。这里使用5个层面的指标反映城市潜力系统。

第一，市场空间：市场是拉动城市竞争力的重要力量。市场需求水平与城市潜力正相关。在这里，我们使用市场规模、市场成熟度、细分市场吸引力指数、市场占有率、市场购买力指数以及市场链关系指数6个指标来反映市场需求水平与城市潜力之间的关系。

第二，资源效率：资源效率的高低与对城市有限资源的挖掘和运用程度正相关，资源效率高，意味着对资源潜力和资源开发能力的综合利用程度高。资源利用效率的高低与城市潜力有直接关系。在这里，我们使用资源消耗量占GDP的比重、资源转化率、资源存量、可再生资源利用率、资源集约化指数以及资源组合优势度6个指标反映资源效率与城市潜力的关系。

第三，投资吸引：投资吸引力是衡量一个城市是否具有潜力的重要标志。资本是城市竞争力系统中的稀缺性资源，也是资源配置和利用过程中必不可少的条件。投资吸引力越强，资本集聚程度越高，资源配置机制发挥作用的空间越大。在这里，我们使用区位优势度、基础设施适应度、综合服务质量、优惠政策、法制环境以及国际化水平6个指标来反映投资环境与投资吸引力对城市潜力的影响。

第四，社会成本：成本是制约城市竞争力提升的重要因素，对城市潜力也产生重要影响。成本越高，效率越低，潜力作用越小。特别是制度成本、机会成本等隐含性成本对城市潜力的作用更为明显。在这里，我们使用风险成本指数、机会成本指数、制度成本指数、交易成本指数以及营运成本指数5个指数反映社会成本与城市潜力之间的关系。

第五，人力资源：一个城市是否有潜力，不是取决于这个城市有多少富人和穷人，而是取决于这个城市的中等收入阶层的人数是在快速增长还是在下降。如果这个城市中等收入阶层的人数快速增长的话，则城市潜力大。此外，人的素质和教育水平也与这个城市的潜力直接相关。在这里，可以使用人力规模指数、人力结构指数、人力素质指数、人力资本指数以及人力供求指数5个指标来反映人力资源与城市潜力之间的关系。

（5）城市魅力系统。城市魅力是城市竞争力的重要体现，是推动城市快速发展的加速器，是现代城市的灵魂。城市魅力的主要功能在于对外界施加强烈的影响力，产生巨大的吸引力，充满迷人的亲和力，激发丰富的想象力。城市魅力是多种积极因素的综合性组合，这种组合使城市具有潜质，对城市发展具有乘数效应。可以使用城市品牌认知度、城市形象影响力、城市文化凝聚力和城市游客满意度 4 个层面的指标来反映城市魅力。

第一，城市品牌认知度：城市品牌是最宝贵、最有价值的城市财富。品牌价值最具魅力之处在于它能够使人们的意识、观念和思维方式发生根本性变化，从而使其成为城市的潜在消费者。城市的竞争力说到底是品牌的竞争力。可以使用城市品牌的知名度指数、美誉度指数、忠诚度指数以及联想度指数 4 个指标来反映城市品牌认知度对城市魅力产生的影响。

第二，城市形象影响力：城市形象是一个整体的系统，是城市理念、城市行为和城市视觉标志三者的有机统一体。可以使用城市理念识别指数、城市行为识别指数以及城市视觉识别指数 3 个指标来反映城市形象影响力与城市魅力的关系。

第三，城市文化凝聚力：城市文化是指城市内部将各种力量统一于共同方向上所形成的某种特定的价值标准、道德规范、历史传统或文化观念等，这种意识形态有助于增强城市市民的向心力、凝聚力和持久力。我们使用本土文化独特性、外来文化兼容度、文化资源开发利用程度、文化市场消费指数、文化传播指数以及文化生态环境指数 6 个指标来反映城市文化凝聚力对城市魅力的影响。

第四，城市游客满意度：游客满意度是指能够满足游客需求和超越游客期望值的实现程度。游客满意度的高低直接反映城市的信用程度、秩序程度和文明程度的好坏，与城市魅力正相关。可以使用游客期望值指数、城市信用指数、城市秩序指数、公共服务质量指数以及城市文明程度指数 5 个指标来反映城市游客满意度与城市魅力之间的关系。

2. 城市价值链模型的应用

到目前为止，国际上尚无一个成熟并被广泛接受的测度城市竞争力的方法以及指标体系。在城市竞争力的测度方面，许多显性指标，如 GDP 总量和人均可支配收入等，国内外存在统计口径的差异，许多关键资料的准确性、真实性参差不齐。此外，城市竞争力还涉及大量的非显性指标，其原始数据通常不是数值型的。因此，当涉及统计口径不一致和非显性指标时，指标本身的具体评分，以及指标的权重大小，目前比较多地采用专家打分法予以确定。在这里，我们将展示城市价值链模型的具体应用，其指标权重和部分指标的分值由专家打分法确定。

如前所述，城市价值链模型实际上是一个三级指标体系，整个模型由城市实力系统、城市能力系统、城市活力系统、城市潜力系统和城市魅力系统 5 个一级指标组成。每个一级指标又由若干个二级指标构成，以城市实力系统为例，即包括经济规模、产业结构、城市功能、社会进步和可持续发展 5 个二级指标。相似地，二级指标由若干个三级指标构成，以城市实力系统的二级指标“经济规模”为例，即包含城市 GDP、人均 GDP、GDP 密度、地方财政收入、上缴中央财政 5 个三级指标。对于这样一个三级指标体系，可以使用加权平均法来进行测算。我们简单介绍一下“加权平均”的思想。假定上述三级指标按 5 分制计分，其得分如表 8-2 所示。

表 8-2　三级指标分值

指标	城市 GDP	人均 GDP	GDP 密度	地方财政收入	上缴中央财政
得分	5	3	4	4	4

如果求 5 个三级指标的算术平均值，则可得：（5+3+4+4+4）/5＝4。算术平均值实际上假设所有指标都具有相同权重，或者说所有指标对城市经济规模这一指标得分的影响是相同的。但在现实世界中，这一假设未必成立。假如我们认为上述 5 个三级指标中，城市 GDP 这一指标的重要性高于其他指标，譬如说认为其对上一级指标的影响力是其余指标的两倍，而其余 4 个指标的重要性彼此相同，那么，我们就应该在表 8-2 中添加权重，得到表 8-3。

表 8-3　三级指标分值和权重

指标	城市 GDP	人均 GDP	GDP 密度	地方财政收入	上缴中央财政
得分	5	3	4	4	4
权重	1/3	1/6	1/6	1/6	1/6

在赋予权重之后，我们就可以计算加权平均值。加权平均值的计算方法可以用公式表示为：

$$S_i = \sum_{j=1}^{n} W_j \cdot X_j$$

式中：W_j 为第 j 个三级指标权重；X_j 为第 j 个三级指标得分；S_i 为这些三级指标所对应的二级指标得分。

在本例中，S_i（即“经济规模”）得分为 4.17，其值较先前求出的算术平均值稍大，原因在于城市 GDP 这个三级指标因为被赋予较大权重，从而对平均值产生了更大的影响。

显然，我们可以用加权平均法求出其他二级指标的值，假定我们对“城市实力系统”中的所有二级指标都如法炮制，求出的值如表 8-4 所示。

表 8-4　二级指标分值

指标	经济规模	产业结构	城市功能	社会进步	可持续发展
得分	4.17	4.09	3.53	3.08	3.45

再假设我们依据这 5 个二级指标的重要程度，分别对其赋予权重，得到表 8-5。

表 8-5　二级指标分值和权重

指标	经济规模	产业结构	城市功能	社会进步	可持续发展
得分	4.17	4.09	3.53	3.08	3.45
权重	0.3	0.25	0.25	0.1	0.1

加权平均值的计算方法可以用公式表示为：

$$F_i = \sum_{j=1}^{n} W_j \cdot S_j$$

式中：W_j 为第 j 个二级指标权重；S_j 为第 j 个二级指标得分；F_i 为这些二级指标所构成的一级指标的得分。

在本例中，F_i（即“城市实力系统”）得分为 3.81。

有了计算二级指标和三级指标的经验，就知道最终的城市价值该如何计算了。假定我们已经计算了所有一级指标的得分，并根据其重要程度分别赋予了权重，得到表 8-6。

表 8-6　一级指标分值和权重

指标	城市实力系统	城市能力系统	城市活力系统	城市潜力系统	城市魅力系统
得分	3.81	3.65	4.23	4.50	3.93
权重	0.3	0.2	0.2	0.1	0.2

加权平均值的计算方法可以用公式表示为：

$$V_i = \sum_{j=1}^{5} W_j \cdot F_j$$

式中：W_j 为第 j 个一级指标权重；F_j 为第 j 个一级指标得分；V_i 为第 i 个城市的整个城市价值链的总分。

在本例中，V_i 得分为 3.96。在求出总分以后，如有必要划分等级类别，可按表 8-7 将分数转化为相应的竞争力评价等级。

表 8-7　分值—等级转换表

得分	4.50~5.00	3.50~4.49	2.50~3.49	1.50~2.49	<1.50
等级	优	良	中	较差	极差

在本例中，V_i 得分为 3.96，其对应等级为良，表示该城市的综合竞争力处于较为良好的状态。

三、城市竞争力的提升战略及其实施

打造自身的核心竞争力，获取并保持竞争优势，从而在城市竞争中立于不败之地，这是所有城市梦寐以求的状态。要达到这一理想状态，制定战略规划是一个基本的手段。一般而言，提高城市竞争力的战略活动由战略目标设置、竞争战略选择和竞争战略实施三个部分组成。

（一）城市定位及战略目标设置

在全球化背景下，可以按照城市的综合实力，将中心城市分为若干等级。例如，按照跨国机构、银行和跨国集团总部的集中程度，将中心城市分为三个等级：全球城（global city），即伦敦、纽约和东京等世界中心城市；二级城市，即区域中心城市，如新加坡、北京、上海、柏林等；三级城市，即地区中心城市，如开普敦、布宜诺斯艾利斯等①。

除了上述按照某些要素的集中程度来划分位序的分类方法外，还可以按照城市自身的特征，将城市分为若干类型，具体包括②：

第一种：开放型城市。在开放型城市形态中，城市竞争力增长速度非常迅速，城市结构是柔性的，实行弱控制的调节机制，市场化配置资源及要素的能力极强，基本形成“小政府、大市场、强社会”的新结构。

第二种：成长型城市。在成长型城市形态中，城市结构由封闭式转向开放式，城市竞争力增长速度加快，其调节机制表现为从主要由政府强控制逐步转向主要由市场来分配资源。

第三种：停滞型城市。在停滞型城市形态中，城市竞争力增长缓慢，旧结构脆性很大，强控制是主要调节机制，潜组织成长十分困难。

第四种：衰退型城市。在衰退型城市形态中，城市结构表现为复合型状态，或封闭、或开放、或脆性、或柔性，有时也呈现半封闭、半开放状态，实行强控制的调节机制，无组织力量增长缓慢，城市竞争力综合水平程度很低，潜组织成长十分困难。

第五种：濒危型城市。在濒危型城市中，城市结构呈现为信息不对称和技术不规则趋势下的混乱状态。无组织力量的不断增长对强控制的调节机制和潜组织成长起到强大的遏制作用。城市竞争力在某种程度上成为这个旧结构保持壁垒森严，防止革新者建立替代组织的保护伞。因此，对这种结构形态来说，城市竞争力强度越大，控制越强，延续竞争的惯性越大，旧结构的风险也越大。

城市常常依据其禀赋和现有位次进行定位，然后依据定位提出愿景或战略目标。准确的城市定位是城市规划成功的重要依据，对城市发展起着至关重要的作用。城市的定位在现有的城市规划体系内主要是通过城市职能和城市性质的讨论体现出来的。城市职能是城市在国家和地区的政治、经济、文化生活中所担负的任务和作用。城市性质是指城市的主要或主导职能。科学地确定城市性质是充分发挥城市作用的重要前提，因为这样才能为城市建设

① 索恩利，于泓．面向城市竞争的战略规划［J］．国外城市规划，2004（2）：7-12.

② 姜杰，张喜民，王在勇．城市竞争力［M］．济南：山东人民出版社，2003：50-51.

和发展提供明确的方向，合理选择建设项目，控制城市规模，进行城市总体布局、组织城市用地和安排各项设施。城市定位是城市规划中的战略性研究，所以在城市战略性规划中也成为战略研究的首要问题。例如，在广州概念规划中对广州发展的定位是：广州是华南地区的中心城市，还将面临持续快速增长，广州应当建设成为现代化国际性区域中心城市。

（二）城市竞争战略选择

在清晰地设置战略目标之后，应该为实现其目标做些什么，即成为城市管理者所面临的现实问题。与企业企图从竞争中获得优势一样，城市也希望在竞争中获得优势，鉴于这种任务和目标方面的一致性，在城市竞争战略方面，我们可以借鉴企业竞争战略的相关理论和方法。对于任何一个城市而言，为了在与同类城市的竞争中获取优势，有三种基本竞争战略可供选择，即成本领先战略、差异化战略和目标集聚战略①。

1. 成本领先战略

成本领先战略是指企业在提供相同的产品或服务时，其成本或费用明显低于行业平均水平或主要竞争对手的竞争战略。总成本领先的城市竞争战略可以考察两方面的成本。一是对于投资置业者的成本。城市在这方面如果能保持一个最低成本，它对城市以外的投资吸引力就大，借此可以获得竞争优势。例如，在招商引资过程中，内地城市往往以相对低廉的土地价格和用工成本，作为与沿海城市竞争的有效手段，从而尽可能多地吸纳生产要素，提升其城市价值。二是从城市政府投资的角度来考察的成本。城市政府在提供基础设施以及进行政策管理、教育科研、环境保护时，如果能维持一个低成本，则城市的经济负担较轻，在与其他城市花费同样多的成本时，就能提供更加完善的城市公共设施和公共管理，从而取得竞争优势。在世界各国，从公共服务的平均成本的角度来看，大城市都比小城市更有规模经济优势，因而可以在更低的平均成本水平上提供更多、更优质的公共服务。例如，在一个千万人口的大城市中建设和运营一个大型图书馆的建设成本，可能是在数十万人口的中小城市建设和运营一个中小型图书馆的建设成本的十倍，但其服务的人口却是中小型图书馆的几十倍到上百倍，因此，在

① 陈大鹏．城市战略规划研究［D］．杨凌：西北农林科技大学，2005：89-93.

提供这项公共服务方面，千万人口的大城市显然具有人均成本方面的优势。此外，相对于中小型图书馆的藏书量，大型图书馆优势明显，所以，一个大型图书馆的读者，实际上是以比中小型图书馆读者更低的成本（尽管这个成本并不是由读者本人直接支付的），享受了更为优质的服务。在大城市和小城市的竞争中，这种事半功倍的规模效应，在科教文卫等各类公共服务方面都有所体现。

2. 差异化战略

采取差异化战略的企业更直接地强调企业与用户的关系，即通过向用户提供与众不同的产品或服务，为用户创造价值。在差异化战略的指导下，企业针对客户广泛重视的一种或多种特质，为其选择一种独特的地位以满足客户的要求，企业因其独特的地位而获得溢价的报酬。波特认为，一个能创造和保持经营差异性的企业，如果其产品价格溢价超过了它为产品的独特性而附加的额外成本，它就成为其产业中盈利高于平均水平的佼佼者。

城市发展中的差异化战略的应用有广阔的前景。城市系统远较一个企业复杂，要做到全面的成本领先并非易事，因此差异化战略的应用空间是巨大的。北上广深等一线城市的地价、生活成本、劳动力成本都很高，但因其基础设施条件好、教育科研实力强，以及政策灵活、管理先进而成为外商投资的热点地区。城市特色是城市在形成发展中所具有的自然风貌、形态结构、文化格调、历史底蕴、景观形象、产业结构和功能特征的总和。每个城市由于地域、人类活动、发展历史的差异，从整体形式上表现出强烈的个性（即特点）。城市特色是实现城市间差异化竞争的重要资源，是城市有别于其他城市的重要亮点，是城市的魅力所在。城市特色表现的是城市与城市之间的差异性，这种差异性体现出城市的特质，这种特质又使得城市的竞争力增强。丽江古城以其独特的民族文化特色，促进了旅游业的繁荣。杭州、苏州以其文化底蕴深厚、风景优美的江南古城特色吸引了投资和人才的集聚，带动了城市经济的发展。这些实例都说明通过城市特色表现出来的城市的差异化是城市竞争的重要方式。城市的差异化战略主要应用在城市的文化、景观、教育和科技水平、公共服务与管理、产业特色等方面。城市的文化和景观特色通过影响城市居住和游憩活动，进而影响劳动力、教育等活动而产生价值。发达的教育和科技水平使城市得以为城市产业的发展提供高素质劳动力和高水平技术支持。城市交通、市政设施、服务设施的高水平、特色化，能为城市各项基本活动提供优越的发展条件，促进城市价值活动的产出。城市在特定的产业领域形成完善的生产服务体系，发展关联性支持产业，在城市地域产生产业集群，会强化产业的价值活动。

3. 目标集聚战略

企业竞争的第三种基本战略是目标集聚战略。因其着眼于在产业内的一个狭小空间内做出选择，这一战略与其他战略相比迥然不同。采用目标集聚战略的企业选择产业内一种或一组细分市场，并量体裁衣使其战略为它们服务而不是为其他细分市场服务。通过对其目标市场进行战略优化，企业致力于寻求其目标市场上的竞争优势，尽管它并不拥有在全面市场上的竞争优势。集聚战略有两种形式，即特定目标市场上的成本领先和特定目标市场上的差异化。在特定目标市场上的成本领先战略指导下，企业寻求其目标市场上的成本优势；而在特定目标市场上的差异化战略中，企业则追求其目标市场上的差异优势。

城市采用目标集聚战略实际上就是城市的专门化。矿业城市一般都将目标集中于与矿产资源相关的产业，并由于资源方面的优势而具有竞争力。它或者因为资源条件的优势而较其他资源地具有成本上的优势，此时的城市战略就是特定目标市场上的成本领先战略；或者由于资源的独特性而获得竞争优势，此时的城市战略就是特定目标市场上的差异化战略。例如，位于珠江三角洲的东莞，已经成为一个国际性加工制造业基地，形成了以电子及通信设备制造业、电气机械及器材制造业、服装及其他纤维制品制造业、纺织业、造纸及纸制品业、食品饮料加工制造业、电力蒸汽热水生产和供应业为支柱的现代化工业体系，加工产品种类达到数万种，拥有同行业上下游产品之间、不同行业之间完善的产业体系。东莞已成为全球重要的电脑及周边产品生产基地，“东莞制造”已成为中国 IT 制造的代名词，在全球市场也举足轻重。IBM 大中华区副总经理李祖藩对此的评价是：“如果东莞通往深圳皇岗的公路被切断，全球 70%的计算机商将受影响。”一年一度的东莞国际电脑资讯产品博览会，吸引了全世界众多商家参展。东莞实际上是在以 IT 产业为龙头的制造业领域，采取成本领先的战略获得发展的。无独有偶，浙江省义乌市将城市发展目标集中在小商品贸易上，大力实施“兴商建市”发展战略，培育出

“华夏第一大市场”，走出了一条富有特色、以商贸业为龙头推动区域经济发展的“义乌之路”。其经济社会综合水平跃居全国县（市）第 19 位。目前，小商品外贸出口成为义乌市场的一大亮点，市场内 60%以上的经商户从事外贸生意，年出口 20 万只标准集装箱商品，远销 189 个国家和地区，市场外向度达 50%。同时，3 800 多名外商常驻义乌采购小商品，500 多名义乌人在国外经商。一年一度的“义博会”升格为国际性展会后，5 500 多名外商前来参观洽谈，义乌正逐步成为中国小商品生产、出口和外商采购的重要基地。

（三）城市竞争战略实施

竞争战略告诉城市管理者应该“做什么”或者“不做什么”，而具体到“怎样做”的问题，则涉及战略实施。在这里，我们将接触产业政策、空间布局规划和公共投资等战略实施措施①。

1. 城市产业政策

城市经济的发展，归根结底要靠城市产业的发展。而产业配置结构是影响经济增长效益的重要因素。配置合理、高效、协调的产业结构，是城市经济快速、稳定、健康发展的基础。所以，根据产业演进规律配置资源，建立合理、高效的产业结构，促进城市主导产业的快速增长，是推动和促进城市经济增长的动力因素。合理、高效的产业结构的形成与发展，除了需充分发挥市场机制配置资源的决定性作用外，还要靠科学、合理的产业政策的引导。

城市产业政策应该在国家产业政策的指导下制定，以保持全国产业政策的一致性。制定城市产业政策的关键是为城市确定一个或一组带动作用强的主导产业，并甄别需要扶持的弱小产业、需要政府投资的基础性产业等，然后根据不同类型的产业，制定不同的产业政策。目前我国的产业政策包括以下五种类型：

（1）支持性产业政策。对提高国家竞争能力、对产业升级起重要作用的特定产业、特定企业及特定产品，国家将通过注入资本金、财政贴息、发行债券、债转股等手段给予支持。

---

① 陈大鹏．城市战略规划研究［D］．杨凌：西北农林科技大学，2005：163-172.

(2) 鼓励性产业政策。对于国家鼓励的传统产业改造，以及成长性的战略产业、成长性的战略产品，在一定时期内，国家将给予减免税收的办法鼓励其发展。

(3) 竞争性产业政策。除了涉及国家安全的行业、自然垄断的行业、提供重要公共产品和服务的行业，以及支柱产业和高新技术产业中的重要骨干企业外，大多数行业、企业、产品都属于竞争性产业的范畴。国家将从公平的投资税收政策、严格的技术质量标准、规范的反垄断法规和快速的市场信息服务四个方面创造公平、公正和透明的政策环境，实现优胜劣汰。

(4) 限制性产业政策。对污染环境、技术水平落后、严重供大于求的产品，实行限制性产业政策，或坚决予以淘汰。

(5) 保护性产业政策。针对农业和服务业这两个国家竞争能力较弱的产业，特别是针对一些幼稚产业，可以实施既不违背世界贸易组织法律框架，又能适度保护我国产业安全，有利于加快幼稚产业以及农业和服务业发展的保护性产业政策。

城市政府可以参照上述国家产业政策的分类方法，制定不同的产业政策。在城市的产业政策中，可以运用信贷政策、财税政策、公共投资政策、限制性政策、土地政策和建设政策，以支持或限制相关产业的发展。对城市需要扶持和鼓励的产业，采取优先供地的政策。而对限制性产业，则在其取得城市建设用地方面加以控制，如规定在城市规划区内不准提供造纸、建材等重污染企业的用地。对扶持发展的新兴产业，如高新技术产业，还可以通过建设高新技术产业园区的方式，为其提供包括政策和规划建设在内的“一揽子”优惠政策，使其成长为带动城市经济发展的城市内部的增长极。

2. 城市空间布局规划

对城市空间进行规划是政府为了纠正市场在配置空间资源时的缺陷而采取的宏观调控手段，也是政府管理公共物品（空间和土地）的重要措施。为了实现战略规划中的空间战略安排，政府对空间进行类型划分，并按照划分的不同类型区域进行不同的用途管制。例如，在珠江三角洲城镇群规划中，为了促进城镇群的协调发展，防止各城镇建设的无序蔓延，引导不同地域的城乡建设和发展，确保城市形成较为理想的空间形态，将珠江三角洲划分成四种空间类型区，即都会区、市镇密集区、开敞区、生态敏感区。一般而言，可对城市所属区域的空间做以下基本区划，并进行分区管制。

（1）城镇发展区。城镇发展区是指规划城市发展或城市周围相关城镇发展的区域，即区域中的以中心城市为主导所形成的城市化地区。在城镇发展区宜安排区域的工业等非农业产业，以及建设城镇型居民点。此区内又可以结合具体城镇的规划，划定城市规划区，城市规划区适用《城乡规划法》，要按照《城乡规划法》进行建设管理。集约使用土地，促进非农业产业项目集聚建设，以及建设高度人工化的景观是这一分区的特征。对这一区域的管理实际上就是对城市内部空间的管理。该管理具体包括以下四个方面：

首先，建设项目选址规划管理。建设项目选址规划管理主要应讨论研究建设用地选址区在面积、地质状况、水源、自然灾害情况等方面与建设项目的适应性，交通、能源等市政配套设施条件是否满足建设项目的要求，是否符合城市规划对选址区在用地性质、污染控制、建筑景观控制等方面的要求，是否满足项目建设后居住及公共服务设施建设的要求，是否满足保护城市文物古迹、历史街区等要求，是否满足民航、气象、军事设施保护、无线通信管理等方面的特殊要求。在综合讨论上述问题，确信建设项目能满足各种要求后，再核定建设项目是否符合城市规划确定的建设选址区的用地性质和容积率控制指标要求，才能决定建设项目选址的可行性。

其次，建设用地规划管理。建设用地规划管理是建设项目选址规划管理的继续。它是指城市规划行政主管部门根据相关法律法规，确定建设用地面积和范围，提出土地使用规划要求，并核发建设用地规划许可证的管理工作。建设用地规划管理的主要内容是：控制土地使用性质和土地使用强度，即在建设项目选址规划管理阶段确定土地使用性质、容积率和建筑密度的基础上，通过审核设计方案控制土地使用性质和土地使用强度；确定建设用地范围，即通过审核建设工程设计总平面图确定建设用地范围；调整城市用地布局，即对现状不合理的用地进行调整；核定土地使用其他规划管理要求，即对需要在用地中优先安排或配套建设的环卫设施、消防通道、绿化用地等提出要求。

再次，建设工程规划管理。建设工程规划管理主要包括三个方面，即建筑工程规划管理、市政管线工程规划管理和市政交通工程规划管理。建筑工程规划管理的任务是对建筑物使用性质、建筑容积率、建筑密度、建筑高度、建筑间距等指标进行控制，是通过审查建筑设计方案的方式进行的；市政管线工程规划管理是对电力、电信、燃气、给水、热力、雨水、污水等市政管线的平面位置、竖向布置、管线敷设与行道树及其他绿化的关系、与其他设施的关系等进行规划控制，以避免相互矛盾和干扰；市政交通工程规划管理主要是对城市道路、公路、地下铁路及其相关联的工程设施，如桥梁、隧道、人行天桥等进行控制和管理。

最后，历史文化遗产保护规划管理。对于历史城市，有价值的文物古迹、历史街区、古建筑的保护，是保持城市文化特色的重要方面。保护城市的历史文化遗存，要进行建设项目选址规划管理、建设用地规划管理和建设工程规划管理。历史文化名城保护常常需要对城市空间发展形态进行彻底的调整，即将城市发展建设的重点向郊区转移、向新建区转移，通过城市空间结构的调整达到发展新城、保护老城的目的。历史文化名城的保护还要继承历史的文脉，保持城市空间格局的历史特色。例如，古城苏州前街后河、河路相间的双棋盘式格局，古城西安的中轴对称的棋盘格式路网结构，均应在城市发展中有机地继承和保留，以体现历史文化名城古代与现代城市建设一脉相承的历史联系。保护历史文化名城还要对古城赖以存在和发展的山水形胜进行保护，在空间发展中不破坏城市建设与自然环境的相互依存关系。保护历史文化名城还要体现历史真实性、生活真实性和风貌完整性原则，使古城的历史文化价值得到真实的再现。

（2）农业发展区。农业发展区是城市外部规划保留的农业地带，其中也包括农村型的居民点。在这一分区中，农业是主导产业，是为了城市区域的整体空间环境或经济特征的需要而强制保留的农业地段。要限制把农业用地转化为城镇建设用地或工业用地。此区既是农业发展的地带，又是限制城镇蔓延的屏障，使得区域中的工农和城乡取得协调发展。

（3）生态敏感区。生态敏感区是对整个区域的生态环境起决定性作用的大型生态要素和生态实体，其保护、生长、发育的好坏，决定了区域生态质量的高低。例如，森林、河流、水库、水源地等地域，一旦遭受破坏将带来整个区域的生态退化。对生态敏感区要加强建设控制，设定严格的建设项目管制标准，不准有污染的或大型的项目建设。在充分论证的前提下，对无污染的、小型的项目可以定点建设，如建设城市的郊野生态公园、自来水厂、农林生态科研机构等。

（4）自然保护区。自然保护区是指为了自然保护的目的，把包含保护对象的一定面积的陆地或水体划分出来，进行特殊的保护和管理的区域。保护对象为：有代表性的自然生态系统，珍稀濒危动植物，水源涵养区，有特殊意义的地质构造、地质剖面和化石产地等。对自然保护区要进行最为严格的建设控制，尽量避免人类活动对自然生态系统基础的破坏。但自然保护区又是科学研究的天然实验室，是向广大群众普及自然知识的重要场所，所以应该在自然保护区中再细划出不同的空间结构，分别进行不同目标的管制。一般可以将自然保护区的空间结构分成核心区、边缘区和实验区。核心区是绝对保护区，要求没有任何人类活动的侵入，保持良好的天然状态。边缘区又称缓冲区，分布在核心区的外围，允许进行非破坏性的科研和标本采集活动，也可以进行教学活动，但不能开展旅游活动。实验区位于缓冲区的外围，可以进行植物引种、栽培，以及动物饲养、驯化、招引等试验，允许参观和旅游。

（5）风景名胜区。风景名胜区是指具有观赏、文化或科学价值，自然景物、人文景物较为集中，环境优美，具有一定范围，可供人们游览、休息或进行科学文化活动的地区。我国的风景名胜区由国家或省级地方政府划定，并实行专门的管理。

3. 城市公共投资

城市本身在一定程度上就是社会的公共产品。城市是社会公共产品最集中和规模最大的地方，因而也是公共投资最集中的地方。为实现城市战略规划的设想，就需要合理运用公共投资工具，促进城市发展。与城市发展相关的投资领域主要集中在以下两个方面：

（1）城市基础设施的投资。城市基础设施的投资建设是城市经济社会发展的基本保证。良好的基础设施条件有利于降低生产成本，增加资本供给，吸引科技人才，强化城市内外部的联系。对城市基础设施建设的公共投资要考虑三个方面的问题：①基础设施投资占城市 GDP 的比例问题。联合国推荐发展中国家基础设施投资占 GDP 的比例为 3%~5%，占固定资产投资的比例应大于10%。②基础设施投资的结构与重点。在城市发展的不同阶段，城市基础设施建设的结构和重点都不一样，在城市高速发展阶段和新区开发中基础设施投资的内部比例也是不断变化的。在城市发展的初级阶段，政府公共投资的重点是提供必要的自然垄断性公共物品，如道路、运输、供水供电等，为城市生产企业创造前提条件，为居民生活提供便利；在城市发展进入成熟期以后，公共物品的投资重点应转向优效性公共物品，如教育、文化、保健等。因此，在对基础设施进行公共投资时，应结合城市发展的阶段，重点选择制约城市经济发展的领域进行投资建设。③提倡和鼓励各类资本进入公共投资领域。一般认为，城市基础设施具有公共物品的性质，其投资回报率低，资本系数高，不适宜民间资本的介入，政府公共机构应该取代民间企业或私人投资者承担起城市基础设施投资的职责。但是，从实践来看，对于具有非纯粹公共物品性质的城市基础设施，让市场发挥作用效果更好。近二三十年来，一些发达国家在城市基础设施领域都不同程度地进行了政策调整，其目标是把过去一向认为最不适合由市场调节，因而只能由政府严格管理的公共事业，引向应用市场原则实现资源配置的效率。

（2）城市公共企业的投资。公共企业属于国有企业，在市场经济条件下，国有企业存在于三大领域：第一，关系到国家与社会安全和国家经济命脉的军工、金融、邮电、通信、铁路、能源、重要原材料的开采与加工等产业部门；第二，为社会各行各业乃至千家万户提供生产、工作和生活所必需的公共产品的产业部门，如供电、供水、供气、市政建设、环保工程等；第三，先导性的新兴产业。为了增强国力，提高国民素质，增进经济发展的后劲，国家必须在先导性的新兴产业，主要是教育与科技部门投入大量人力与物力。这些产业的特点是投资大、风险大、周期长，一定时期内无相应的效益，但为了社会的未来发展，国家必须投入。上述三大领域，构成了国有企业的三大部类。第一部类具有垄断性，第二部类具有基础性，第三部类具有先导性，分别体现了国有企业在国家和社会生活中起着控制、服务与先导作用的三大功能。城市公共企业就是面向公众的国有企业，主要包括企业化经营的城市基础设施部门（如城市供水、供电、通信等部门）和先导部门（如企业化的技术研究部门、高新技术企业等）。城市的基础设施部门为城市的社会经济发展提供基础性的保障，而城市的先导部门对城市社会经济的长远发展将起到拉动作用，因此需要城市在这两方面进行公共投资。至于涉及国防安全的企业部门，一般为国家层面的投资领域，不属于城市公共投资的领域。城市政府在进行公共企业投资时可以采用全额直接投资、政府控股等多种形式，建设投资公司、开发区、产业园等。公共企业投资的关键是要确定投资的方向和重点。除了要重点加强各类基础设施建设投资以外，对先导产业或主导产业的投资也应成为公共投资的重点。我国各城市积极地建设高新技术产业开发区，投入大量的资源，就是为了壮大城市的先导产业，以带动城市经济产业结构的高级化，提高城市竞争力。

阅读材料

“丝绸之路经济带”节点城市竞争力测评及政策建议

高友才　汤　凯

目前城市竞争力的测度大体采用加权平均法来获得综合竞争力数值，但权重的赋予多采用专家打分法，这种方法不免带有较为浓厚的主观色彩，其赋值也往往因选取不同专家而有所差异。这里将介绍一种以信息熵作为权重的测评方法，并展示以该方法分析“丝绸之路经济带”上 70 个城市所得到的城市竞争力排名。

一、测度方法简介

本例采用熵权法确定指标权重，然后以所有指标的加权平均值测度城市竞争力，该方法的特点是权重采用客观数据计算得到，基本排除了主观因素的干扰。现将熵权法的操作步骤简介如下。

（一）确定指标

本例的指标如表 1 所示。

表中的大多数指标为正向指标，即该指标的取值越大，则对城市竞争力综合评分的提高越有利。最后三个指标为逆向指标，即该指标的取值越大，则对城市竞争力综合评分的负面影响越大；取值越小，对城市竞争力综合评分的提高反而越有利。

表 1 “丝绸之路经济带”节点城市竞争力评价指标及属性

目标层	标准层	指标层	单位	属性
“丝绸之路经济带”节点城市竞争力	经济发展竞争力	GDP 规模	USD	正
		人均 GDP	USD	正
		地均 GDP	USD	正
		GDP 增长速度	%	正
	对外开放竞争力	航空客运量	人次	正
		航空货运量	吨	正
		外资企业比重	%	正
“丝绸之路经济带”节点城市竞争力	科技创新竞争力	申请专利数	个	正
		拥有 ISO 认证公司比例	%	正
		高等院校数量	个	正
	基础设施竞争力	航线数	条	正
		飞机起降架次	架	正
		铁路放射性干线数	条	正
	企业竞争力	企业数量	个	正
		企业持续经营平均时间	年	正
		企业年销售额增长率	%	正
	营商环境竞争力	企业注册的启动程序	个	逆
		财产登记程序	个	逆
		合同执行时间	天	逆

（二）数据的标准化

由于城市竞争力各项指标数据的量纲不同，所以所有指标数据都需进行标准化处理。本例采用 Min-max 标准化，正向指标的处理公式为：

$$X_{ij} = \frac{x_{ij} - \min(x_j)}{\max(x_j) - \min(x_j)}$$

逆向指标的处理公式为：

$$X_{ij} = \frac{\max(x_j) - x_{ij}}{\max(x_j) - \min(x_j)}$$

式中：X_{ij}为第 i 个城市第 j 项指标标准化后的量值；max（x_j）为所有城市第 j

项指标的最大量值；min（x_j）为所有城市第 j 项指标的最小量值；x_{ij} 为第 i 个城市第 j 项指标的原始量值。

（三）计算在第 j 项指标下第 i 个城市的特征比重

特征比重记为 P_{ij}，其公式为：

$$P_{ij} = \frac{X_{ij}}{\sum_{i=1}^{n} X_{ij}}$$

本例中 $n=70$，即样本共包含 70 个城市；另外，把标准化后为 0 的量值统一赋值为0.000 1，因为 $0<X_{ij}\leqslant 1$，所以 $0<P_{ij}\leqslant 1$。

（四）计算第 j 项指标的熵值

熵值 E_j 的计算公式为：

$$E_j = -\ln(n)^{-1}\sum_{i=1}^{n} P_{ij}\ln P_{ij}$$

（五）计算差异系数

差异系数 D_j 的计算公式为：

$$D_j = 1 - E_j$$

由差异系数 D_j 的公式可以看出，E_j 越小，D_j 越大，即熵值越小，则差异系数反映的信息量越大。

（六）计算指标权重

指标权重 W_{ij} 的计算公式为：

$$W_{ij} = \frac{D_j}{\sum_{j=1}^{k} D_j}$$

式中，k 为指标数，在本例中为 19。

由该公式可见，指标的熵 E_j 越小，其差异系数 D_j 越大，则该指标的权重越大。

（七）计算城市竞争力

城市竞争力 UC 的计算公式为：

$$UC_i = \sum_{i=1}^{k} W_j X_{ij} \cdot 100$$

式中，UC_i 为第 i 个城市竞争力的综合评分，其值越大，代表城市竞争力越强。

二、"丝绸之路经济带"节点城市竞争力测度

(一)样本选择

"一带一路"沿线共涉及64个国家，其中"丝绸之路经济带"涉及近50个国家，节点城市众多①。本研究选取节点城市样本的标准是：中国以《推动共建丝绸之路经济带和21世纪海上丝绸之路的愿景与行动》中涉及省区的省会城市和明确定位为中国内陆重要节点的城市为样本，其他国家主要以首都城市为样本，共选取70个城市，其中，中国城市20个，其他国家城市50个。根据《推动共建丝绸之路经济带和21世纪海上丝绸之路的愿景与行动》及中央电视台发布的"一带一路"版图，"丝绸之路经济带"共有三个走向，也即有三条节点城市带，由北向南依次称为北线、中线、南线。

北线节点城市带：中国—俄罗斯—欧洲。主要沿第一亚欧大陆桥分布，大部分分布于俄罗斯境内。东起中国北京，西到波兰华沙，节点城市共26个，其中，中国5个，蒙古1个，独联体国家3个，波罗的海国家3个，欧洲其他国家14个。

中线节点城市带：中国—中亚—西亚—波斯湾—地中海。中国境内主要沿第二亚欧大陆桥分布。东起中国郑州，西到土耳其安卡拉，节点城市共35个，其中，中国12个，中亚国家7个，西亚国家5个，波斯湾国家7个，地中海国家4个。

南线节点城市带：中国—东南亚—南亚—印度洋。节点城市共9个，其中，中国3个，尼泊尔、印度、不丹、孟加拉国各1个，巴基斯坦2个。

(二)数据来源及处理

GDP规模、人均GDP、地均GDP、GDP增长速度、企业数量数据主要来源于中国社会科学院GUCP数据库，该数据库尚未收录的部分城市数据来源于所属国家统计年鉴及城市统计局网站，再按照GUCP数据库统计口径与标准进行数据处理；申请专利数量来源于GUCP数据库、中国国家知识产权局、欧洲专利局、其他国家专利局。

① 曹小曙，李涛．基于陆路交通丝绸之路经济带可达性与城市空间联系［J］．地理科学进展，2015（6）：657-664.

企业持续经营平均时间、企业年销售额增长率、拥有ISO认证公司比例、外资企业比重四项指标数据来源于世界银行集团企业调查数据库。企业注册的启动程序、财产登记程序、合同执行时间数据来源于世界银行全球营商环境数据库，该数据库数据都基于标准化案例进行收集，每个案例都假设一家当地企业在所在城市启动或进行商业活动，依此统计出各项指标数据。

机场航线数来源于各机场网站；中国城市高等院校数量数据来源于教育部全国高等学校名单，其他国家城市高等院校数量数据来源于GUCP数据库、各城市政府网站；铁路放射性干线数据来源于谷歌地图主数据库；航空客运量、航空货运量、飞机起降架次数据来源于*WORLD TRAFFIC*2014。

以上所有数据都按照Min-max方法进行了指标标准化处理，用SPSS 10.0的信度分析模块Reliability Analysis进行了信度检验，检验结果显示样本的信度系数Alpha值为0.675，表明所采用的数据信度可以接受。

(三) 确定指标权重

根据指标权重计算公式计算出各指标的权重，结果如表2所示。

表2 “丝绸之路经济带”节点城市竞争力的各项指标权重

标准层	权重（%）	指标层	差异系数（D_j）	权重 W_j（%）
经济发展竞争力	23	GDP规模	0.15	8
		人均GDP	0.14	7
		地均GDP	0.12	6
		GDP增长速度	0.03	2
对外开放竞争力	27	航空客运量	0.15	8
		航空货运量	0.26	14
		外资企业比重	0.10	5
科技创新竞争力	20	申请专利数	0.20	11
		拥有ISO认证公司比例	0.08	4
		高等院校数量	0.09	5
基础设施竞争力	15	航线数	0.07	4
		飞机起降架次	0.13	7
		铁路放射性干线数	0.06	4

续表

标准层	权重（%）	指标层	差异系数（D_j）	权重 W_j（%）
企业竞争力	8	企业数量	0.07	4
		企业持续经营平均时间	0.03	2
		企业年销售额增长率	0.03	2
营商环境竞争力	7	企业注册的启动程序	0.05	3
		财产登记程序	0.03	2
		合同执行时间	0.03	2

（四）测度沿线城市竞争力

利用表2所确定的权重，结合沿线城市各项数据，分别计算所有沿线城市各项标准层指标得分，并用加权平均法计算出所有沿线城市的综合竞争力，其结果如表3所示（表中各标准层指标分值是已经进行加权处理过的分值）。

表3 “丝绸之路经济带”节点城市分项竞争力与总竞争力

排名	城市	经济发展竞争力	对外开放竞争力	科技创新竞争力	基础设施竞争力	企业竞争力	营商环境竞争力	总竞争力
1	北京	11.00	17.04	10.51	12.83	5.46	1.63	58.47
2	莫斯科	9.02	12.04	10.37	11.59	4.11	4.92	52.05
3	迪拜	13.18	21.26	2.95	7.61	2.29	4.45	51.74
4	特拉维夫	13.04	4.04	12.47	4.27	3.72	3.99	41.53
5	多哈	12.95	7.84	1.17	3.87	2.35	3.36	31.53
6	布达佩斯	6.56	1.97	6.47	6.22	2.42	4.90	28.55
7	阿布扎比	11.00	6.32	1.22	2.89	2.19	4.68	28.31
8	成都	4.71	6.03	6.24	6.58	2.83	1.73	28.12
9	布拉格	6.58	6.12	3.13	5.77	2.52	3.76	27.87
10	华沙	5.88	2.33	6.16	5.55	3.06	4.37	27.36
11	新德里	3.92	7.02	3.74	6.19	3.63	1.61	26.11
12	武汉	5.42	3.21	6.50	5.06	2.42	2.07	24.69
13	德黑兰	4.56	6.12	2.09	6.72	1.62	3.53	24.64
14	卢布尔雅那	8.01	2.65	4.31	2.16	2.66	4.59	24.38

续表

排名	城市	经济发展竞争力	对外开放竞争力	科技创新竞争力	基础设施竞争力	企业竞争力	营商环境竞争力	总竞争力
15	萨格勒布	11.74	2.76	1.85	1.81	2.23	3.92	24.30
16	利雅得	9.51	4.43	0.70	3.45	2.66	3.41	24.16
17	斯科普里	10.22	2.62	2.32	1.37	2.45	4.72	23.70
18	重庆	4.37	4.21	3.45	6.46	2.84	2.17	23.49
19	长沙	5.72	3.20	5.94	4.00	2.64	1.60	23.10
20	昆明	2.96	4.91	3.92	6.21	2.48	1.78	22.26
21	塔林	5.36	4.41	2.35	2.54	2.46	5.05	22.16
22	西安	3.54	3.86	4.09	6.28	2.29	2.04	22.10
23	布拉迪斯拉发	3.86	4.76	3.90	2.59	1.95	4.27	21.33
24	马斯喀特	10.84	2.28	0.52	1.49	1.32	4.86	21.32
25	麦纳麦	9.94	2.66	0.96	1.64	1.58	4.38	21.16
26	沈阳	5.51	2.07	5.67	4.04	2.18	1.35	20.82
27	维尔纽斯	5.12	3.21	1.22	2.39	2.24	5.36	19.56
28	哈尔滨	3.95	1.90	5.19	3.61	2.52	2.00	19.17
29	贝鲁特	7.47	1.96	1.42	1.38	2.66	3.78	18.67
30	比什凯克	2.72	5.16	2.28	0.96	1.72	5.62	18.46
31	郑州	3.56	3.33	2.91	4.36	2.47	1.73	18.36
32	索菲亚	3.05	2.31	3.76	3.11	1.69	4.28	18.20
33	布加勒斯特	4.21	1.47	2.58	4.11	1.83	3.92	18.12
34	长春	3.87	1.31	5.35	3.24	2.43	1.83	18.02
35	安卡拉	4.74	1.55	2.74	2.15	2.62	3.86	17.65
36	里加	3.04	2.71	1.64	2.92	1.92	4.68	16.90
37	乌鲁木齐	2.93	2.82	3.22	3.52	2.39	1.66	16.54
38	明斯克	2.48	2.51	2.61	1.54	1.81	5.09	16.04
39	贝尔格莱德	2.66	1.51	2.74	3.01	2.11	3.94	15.97
40	科威特城	6.00	2.75	0.76	2.06	2.05	2.27	15.89
41	埃里温	1.42	1.39	3.60	2.01	1.65	5.41	15.48
42	卡拉奇	2.74	1.96	2.82	1.67	2.29	3.86	15.33

续表

排名	城市	经济发展竞争力	对外开放竞争力	科技创新竞争力	基础设施竞争力	企业竞争力	营商环境竞争力	总竞争力
43	南昌	4.10	1.30	3.13	2.56	2.20	1.61	14.90
44	巴库	2.56	0.32	2.57	2.07	1.57	5.38	14.47
45	呼和浩特	3.94	1.39	3.48	1.99	2.20	1.47	14.47
46	阿拉木图	4.16	1.09	1.25	1.79	1.50	4.53	14.32
47	合肥	4.15	0.75	3.09	2.75	1.86	1.66	14.27
48	基辅	1.57	1.27	2.57	3.53	1.31	3.95	14.21
49	南宁	2.84	1.69	2.59	3.02	2.56	1.26	13.95
50	第比利斯	1.41	1.37	1.00	1.68	2.18	5.94	13.57
51	达卡	2.78	1.30	3.32	1.85	1.83	2.36	13.43
52	杜尚别	1.61	1.69	1.38	2.04	1.83	4.54	13.10
53	兰州	2.65	1.25	3.03	2.13	2.37	1.56	12.99
54	伊斯兰堡	1.20	1.02	3.79	1.84	2.18	2.78	12.81
55	安曼	2.40	1.71	1.21	1.97	1.96	3.50	12.75
56	阿斯塔纳	3.68	0.52	0.92	1.69	1.33	4.46	12.59
57	地拉那	3.40	0.72	2.00	0.64	1.58	4.25	12.58
58	基希纳乌	1.50	1.51	1.91	1.27	1.83	4.38	12.40
59	塔什干	1.65	2.90	1.34	1.87	1.64	2.85	12.24
60	西宁	2.52	1.09	2.86	1.55	2.19	1.88	12.08
61	阿什哈巴德	2.71	1.21	0.36	1.09	1.97	4.40	11.74
62	银川	2.39	1.01	2.53	1.54	2.25	1.68	11.39
63	乌兰巴托	0.93	2.14	0.90	0.83	1.84	4.52	11.16
64	萨拉热窝	1.50	2.26	1.11	0.65	1.91	2.65	10.06
65	大马士革	1.65	0.34	0.69	1.62	2.07	3.45	9.81
66	加德满都	1.09	0.57	0.53	1.52	1.86	4.02	9.59
67	喀布尔	1.47	0.01	2.81	0.24	1.47	3.44	9.42
68	拉萨	1.45	0.54	2.73	0.65	2.15	1.38	8.90
69	波德戈里察	0.38	0.79	0.79	1.25	1.41	4.00	8.61
70	廷布	0.95	0.47	0.17	0.00	2.12	4.26	7.98

三、“丝绸之路经济带”节点城市竞争力评析

（一）节点城市总竞争力评析

1. 节点城市总竞争力水平整体偏低

根据表3，可把70个样本城市的总竞争力分为强、较强、一般、较弱、弱5个等级。各等级分类标准及在三条线路上的分布情况如表4所示。

表4　“丝绸之路经济带”节点城市竞争力结构

	弱 $UC \leqslant 10$	较弱 $10 < UC \leqslant 20$	一般 $20 < UC \leqslant 30$	较强 $30 < UC \leqslant 40$	强 $UC > 40$
北线（26）	1	14	9	0	2
中线（35）	2	20	10	1	2
南线（9）	3	4	2	0	0
合计	6	38	21	1	4
比重（%）	8.60	54.30	30.00	1.40	5.70

从表4可以看出，“丝绸之路经济带”节点城市竞争力水平整体偏低。竞争力较强和强的城市仅有5个，仅占总样本城市数的7.1%，而较弱和弱的城市有44个，占总样本数的62.9%。

2. 三条线路间总竞争力水平差距明显

北线整体水平最强，竞争力强和较强城市占样本总数的7.7%，一般城市占34.6%，弱和较弱城市占57.7%；南线整体水平最弱，不仅没有一个竞争力强和较强城市，而且一般城市只占22.2%，弱和较弱城市占77.8%。

3. 节点城市间总竞争力差距大，短板效应明显

北线中，北京、莫斯科的总竞争力分别为58.47、52.05，而紧邻的呼和浩特、乌兰巴托、基辅的竞争力分别为14.47、11.16、14.21，形成了明显的短板效应。中线中，迪拜的竞争力为51.74，紧邻的第比利斯、马斯喀特的竞争力只有13.57、21.32，特拉维夫的竞争力是41.53，而紧邻的安曼、大马士革的竞争力只有12.75、9.81，形成了明显的竞争力塌陷。南线，不仅整条线路竞争力水平低，而且又在低水平上出现竞争力塌陷，如印度首都新德里的竞争力是26.11，而紧邻的加德满都、伊斯兰堡的竞

争力只有9.59、12.81。

（二）节点城市分项竞争力评析

1. 各线路分项竞争力比较评析

北线：经济发展竞争力呈现为中端城市差距相对较小，前后端城市差距较大，如前端的北京、莫斯科较强，紧邻的乌兰巴托、基辅形成明显短板，后端的萨格勒布、斯科普里较强，而萨拉热窝、波德戈里察形成短板；对外开放竞争力、科技创新竞争力、基础设施竞争力、企业竞争力以前端的北京、莫斯科为引领，紧邻的呼和浩特、乌兰巴托成为“断崖”，后端水平相近；营商环境竞争力前端弱后端强，中国城市均处末位。

中线：经济发展竞争力较强城市主要集中于后端中东地区，该区域有7个城市位列经济发展竞争力前十名，因为石油资源丰富而具有较高的人均GDP；对外开放竞争力差距较大，最开放的城市迪拜和最封闭的城市喀布尔均在该线路上；科技创新竞争力表现为两端强中间弱态势；基础设施竞争力整体水平相对较高，有5个城市进入竞争力前十名；企业竞争力水平较低，后十名城市中有7个城市在中线；营商环境竞争力表现为两端弱中间强态势，中国城市仍为最低。

南线：经济发展竞争力、对外开放竞争力、科技创新竞争力、基础设施竞争力都呈现两端强中间弱态势，中间城市如加德满都、拉萨、廷布等因地理区位条件较差，基础设施建设难度大，且加德满都、廷布两个城市尚无铁路运营。企业竞争力水平差距较小，表现最差的加德满都也位居总体第50位，企业持续经营时间较长。据世界银行统计，加德满都企业持续经营时间为15.3年，新德里为12.1年，廷布为11年。营商环境竞争力，中端城市优势明显，前后端城市表现较弱，中国城市仍为最差。

2. 节点城市自身分项竞争力比较评析

由表3可知，各节点城市自身的分项竞争力也存在不均衡现象，长短板之间甚至差距较大。如北线斯科普里的经济发展竞争力为10.22，而基础设施竞争力仅为1.37；中线多哈的经济发展竞争力为12.95，而科技创新竞争力仅为1.17；南线廷布的营商环境竞争力为4.26，而基础设施竞争力仅为0.002。各节点城市内部分项竞争力的不均衡不仅对总竞争力造成严重影响，也使短板效应表现明显。

（三）“丝绸之路经济带”中国段节点城市竞争力评析

中国20个样本节点城市中有10个总竞争力水平在中值以上，两个进入总竞争力前十名，两个居总竞争力后十名。北京居所有样本城市总竞争力第一名；拉萨居倒数第五名，在中国城市中居末位。分项竞争力中，科技创新竞争力、基础设施竞争力较强，分别有6个、5个城市居前十名。营商环境竞争力整体极差，无一城市能达到中值水平，比一些极为落后国家的城市还差。如总竞争力居末位的廷布的营商环境竞争力居第26位，而中国排名最好的重庆居第51位。廷布注册开办企业有8道程序，财产登记有3道程序，合同执行时间是225天；而北京的平均水平分别是14道、10道和340天。

资料来源：高友才，汤凯．“丝绸之路经济带”节点城市竞争力测评及政策建议［J］．经济学家，2016（5）：59-67.（有删改）

思考题

1. 什么是城市竞争力？它由哪些内容构成？
2. 结合城市价值链模型，评价一下你家乡城市的竞争力状态。
3. 想一想，如何验证你对家乡城市竞争力的判断？
4. 对于城市竞争力测度，基于主观赋权的测度方法有什么利弊？
5. 根据阅读材料中的测度结果，对于“丝绸之路经济带”的北线、中线和南线的总体经济发展，你有何建议？
6. 根据阅读材料中的测度结果，对于“丝绸之路经济带”上我国城市的竞争力提升，你有何建议？

拓展阅读篇目

［1］倪鹏飞．中国城市竞争力报告No. 17：住房，关系国与家［M］．北京：中国社会科学出版社，2019.

［2］倪鹏飞．中国城市竞争力报告No. 16：40年，城市星火已燎原［M］．北京：中国社会科学出版社，2018.

[3] 杨建军，曹康，班茂盛．城市规划与城市竞争力［M］．杭州：浙江大学出版社，2013.

[4] 黄江松．城市营销：提升城市竞争力［M］．北京：同心出版社，2007.

[5] 刘江华，张强，张赛飞．中国副省级城市竞争力比较研究［M］．北京：中国经济出版社，2009.

[6] 罗天昊．大国诸城：21世纪中国城市与区域竞争［M］．杭州：浙江大学出版社，2012.

第九章

现代智慧城市

随着城市逐步向知识、信息、智能方向转型，“智慧城市”逐步成为世界范围内现代化城市管理的重要手段，它也为解决全球城市发展面临的难题提供了手段。我们应正视“智慧城市”带来的发展机遇，积极应对，推动城市走上科学发展之路。

一、智慧城市概述

智慧城市将通过全面感知、互联互通、信息智能处理，实现城市经济、社会资源的优化配置和智能管理，实现政府、企业、家庭和居民智能化，确保城市管理和公共服务的高效率与人民生活的高质量，确保城市现代化和可持续科学发展。智慧城市的建设与发展将极大地推进高度文明的和谐社会进程。

（一）智慧城市的内涵

城市是人类文明的摇篮，无论是在美索不达米亚、罗马帝国、古埃及还是在中国，城市始终是文化、贸易、艺术、手工艺和人类进步的缩影。城市的出现和发展推动了人类社会的进步，使人类的生活更加美好。然而，从古至今，人类生活的格局已发生了巨大变化。200 年前，全世界只有 3%的人口居住在城市，现如今全世界一半以上的人在城市生活。随着城市化进程的加快，交通拥挤、缺少医疗卫生保障、大量的人口流动、环境污染、城市管理难度大等都成为如今常见的“城市病”，成为困扰各国发展的难题。使用传统的技术和管理方法已经难以有效解决这些问题，而随着信息科学技术的快速发展，可以使用新一代信息技术、知识和智能技术手段来重新审视城市的本质、城市发展目标的定位、城市功能的培育、城市结构的调整、城市形象与特色等一系列现代城市发展中的关键问题，特别是通过智慧传感和城市智能决策平台解决节能、环保等问题。“智慧城市”正是基于这个背景提出的，其必要性和紧迫性十分明显。作为新一代信息技术与城市管理、城市服务相结合的产物，智慧城市理念一出现就得到了社会各界的广泛关注，成为信息时代世界上很多城市建设的战略选择。

智慧城市是在新一代信息技术支撑下所形成的一种发展城市的新思维、新模式、新形态，能够推动城市产业向高端化、低碳化、可持续方向发展，提高政府执政效能，提升民众生活幸福感。当今城市是一个复杂的巨大系统，包括市政设施、能源、建筑、通信、交通、水资源等多个子系统，各个子系统之间具有错综复杂的关系，形成了一个普遍联系、彼此影响的有机整体。智慧城市借助于物联网等技术，通过物联化、互联化、智能化的方式，使城市地理、资源、环境、人口、经济等方面的城市信息来源互联互通、高度集成，构建基础智慧信息平台，实现各系统的协同作业，为城市治理与运营、城市公共管理与服务提供智慧、实时的决策方案与服务模式，让城市智慧化运行。

由于各个城市的资源禀赋、地理环境、历史文化、产业发展等方面存在差异，各地智慧城市建设虽然呈现出提升城市运行质量与效率的共同特征，但其切入点以及建设路径等因城而异、各具特色。例如，瑞典的斯德哥尔摩就以智慧交通为建设重点，以应对交通拥堵；美国的迪比克市将公共资源智能化作为发展重点，打造智慧宜居城市；爱尔兰的戈尔韦则重点将智慧技术应用于戈尔韦湾自然环境方面，以开发海湾的经济价值。北京借助于物联网示范工程等项目打造信息枢纽，以建成世界城市；宁波立足于智慧港口建设，推进港口物流产业链和智慧贸易产业链的发展；台北通过无线感知网络和建材元件的设计来打造智慧建筑，以降低能源消耗和减少碳排放；深圳重点在公共服务、社会治理、信息经济、城市环境、基础设施和信息安全等方面发力，以打造低碳、绿色环境友好的宜居城市。

（二）智慧城市的特性

1. 智慧性

广泛覆盖的信息网络是智慧城市的基础，它存在于城市的时间、空间、对象等各个维度，能够采集不同属性、不同形式、不同密度的信息，通过在城市重要基础设施、城市公共环境中部署的传感系统以及分布在城市中各个角落的个人、组织、政府信息系统，实现城市信息与数据的实时收集与存储，获得海量的信息资源。这些信息资源构成智慧城市进行精细化管理运营的信息基础，使城市管理者能够更加准确地判断城市状况。智慧城市还可以根据不断触发的各种需求对信息资源进行分析，产生所需知识，自主地进行判断和预测。

2. 互联性

智慧城市的信息感知是以多种网络为基础的，如固定电话网、互联网、移动通信网、传感网、工业以太网等。以上多种网络形成有效连接，实现信息的互通访问和接入设备的互相调度操作，以及信息资源的一体化和立体化，帮助城市管理者从全局的角度分析并实时解决问题，使得工作、任务通过多方协作远程操作成为可能，从而彻底改变城市管理与运作的方式。在智慧城市中，互联可以大大增加信息的交互程度，使网络对所有成员的价值获得提升，从而使网络的总体价值显著提升。

3. 共享性

智慧城市的核心是整合资源，将人、商业、运输、通信、水和资源等城市运行的各个核心系统整合起来，使城市成为一个宏大的“系统之系统”。而在传统城市中，信息资源和实体资源被各种行业、部门、主体之间的边界和壁垒所分割，资源的组织方式是零散的，形成了“信息孤岛”。智慧城市通过智慧化的资源整合联通“信息孤岛”，形成具有统一性的城市资源体系，从而使各类资源可以根据系统的需要发挥最大的价值。这使各个子系统中蕴含的资源能按照共同的目标统一调配，从而使智慧城市的整体价值显著高于各个子系统简单相加的价值。

4. 协同性

在互联互通网络和资源共享的基础上，以政府、城市居民、企业的互动为核心构建公共管理与服务平台，可以为用户提供整合式的协同服务——政府协同办公、城市协同治理、面向城市居民的协同式服务、面向企业的协同式管理等。智慧城市的信息应用应该以开放为特性，不应仅仅停留在政府或城市管理部门对信息的统一掌控和分配上，应通过促进分布在城市不同角落海量数据的流转、交换、共享、比对，为信息应用提供良好的协同工作环境，从而为城市管理与运营提供更灵活、及时的管理服务手段和创新应用模式。

（三）智慧城市的发展

1. 国外智慧城市的发展

2008 年，IBM 公司总裁兼首席执行官彭明盛发表了题为《智慧地球：下一代的领导议程》的演讲，首次提出“智慧地球”（smart planet）的概念。2009 年，在奥巴马与美国工商业领袖们举行的一次圆桌会议上，彭明盛再次提出“智慧地球”的概念，建议美国政府投资建设新一代智慧型基础设施。随后，奥巴马总统提议将智慧地球战略写入美国复兴与再投资计划。2009 年 9 月，美国艾奥瓦州迪比克市和 IBM 共同宣布，将建设美国第一个智慧城市。迪比克市风景秀丽，密西西比河贯穿城区，是美国最为宜居的城市之一。以建设智慧城市为目标，迪比克市计划利用物联网技术，将城市的所有资源（包括水、电、油、气、交通、公共服务等）数字化并连接起来，监测、分析和整合各种数据，进而智能化地响应市民的需求并降低城市的能耗和成本，使迪比克市更适合居住和商业发展。迪比克市的第一步是为所有住户和商铺安装数控水电计量器，其运用低流量传感器技术，防止水电泄漏造成的浪费；同时，搭建综合监测平台，及时对数据进行分析、整合和展示，使整个城市对资源的使用情况一目了然。更重要的是，迪比克市向个人和企业公布这些信息，使其对自己的耗能有更清晰的认识，对可持续发展有更多的责任感。

2009 年的“欧洲智慧城市计划”（European Initiative on Smart Cities）给出了 2010—2020 年的“计划路线图”，主要内容涉及战略目标、具体目标、为实现目标所采取的行动等。2011 年，欧盟推出了“智慧城市和社区计划”（Smart Cities and Communities Initiative），主要用于支持交通和能源项目，通过对能源的可持续使用和生产使得温室气体排放量到 2020 年减少 40%。2012 年 7 月，欧盟委员会发起了“智慧城市和社区的欧洲创新伙伴关系”（Smart Cities and Communication European Innovation Partnership），将能源、交通、信息与通信技术（Information and Communication Technology，ICT）等领域的技术与城市需求相结合，并在特定的城市开展示范项目，如零排放建筑、高效供热和制冷系统、实时能源管理、智能交通、智能仪表等。

2009 年 7 月，日本政府 IT 战略本部制定了“i-Japan 战略 2015”等战略，涵盖电子政务、医疗和教育三大核心领域。该战略意在实现以人为本、安心并且充满活力的数字化社会。产业也积极跟进，SAP 公司、夏普公司、惠普公司、三井不动产有限公司以及面向未来的设计中心协会已经联手启动智慧城市项目，希望能在日本获得成功并将成果推向其他国家。日本的智慧城市建设，很多技术直接针对家庭和个人的生活习惯，与人的需求贴合紧密，生活实用性较强。例如，采用能源消耗可视化软件，方便需求管理；通过卡通冰块面积的变化显示家庭总用电量，很直接；采用智能操作系统，在人离开房间后可实现自动断电，3 秒内自动启用，外出状态下也可提前调控空调；利用 IC 磁片人体感应器控制的办公位空调温度调节系统，可以实现无论人走到哪个区域，相应区域的空调都会自动调节至之前设定的温度；将电动车的充电系统与家庭电网对接，便于人们把车里多余的电量供给家庭应急使用。

2011 年 6 月，韩国首尔发布了“智慧首尔 2015”（Smart Seoul 2015）计划，以利用信息化积极应对气候和环境变化，促进新产业发展及加快生活方式变革。该计划正视首尔面临的环境危机，提出要实现“智能绿色城市”的信息化发展具体目标，并制定了长期绿色政策，从运用智能电网、云计算以及提供智能交通信息、智能环境信息等方面，提出了一系列措施。该计划还特别提出要发展全球化的创意经济，扶持安全保护企业，培养应用软件高级专门人才，开放和利用公共信息，建设“一次性综合窗口”，构建民、官电子文件绿色沟通体系，确立“世界城市电子政府组织”准国际机构的地位，增加电子政府网络体验和海外访问等领域，以实现“智能型信息的利用”“与市民沟通的未来市政”两个具体目标为抓手，从以供给者为中心的电子政府服务向以需求者为中心的电子政府服务转变。

2. 国内智慧城市的发展

建设智慧城市，对加快工业化、信息化、城镇化、农业现代化融合，提升城市可持续发展能力具有重要意义。我国也高度重视智慧城市建设工作，2010 年国家科技部认定武汉、深圳为国家 863 智慧城市项目试点城市。工业和信息化部分别于 2011 年、2012 年批复扬州、常州为“智慧城市”建设试点示范城市。2012 年 4 月，中国工程院公布北京、杭州、武汉、宁波、西安五座城市为“中国智慧城市”试点城市。2013 年 8 月，国务院出台《关于促进信息消费扩大内需的若干意见》，明确提出要加快智慧城市建设，并提出在有条件的城市开展智慧城市试点示范建设。住房和城乡建设部于 2013 年 1 月公布北京市东城区、江苏省无锡市等 90 个城市（区、镇）为首批国家智慧城市试点，并在 8 月再次公布 103 个城市（区、县、镇）为国家智慧城市试点。2013 年 10 月，在工业和信息化部的指导支持下，中国智慧城市产业联盟在北京成立。该联盟由中国电子商会、中国航天科工集团等国内百余家大中型企事业单位、研究机构发起并建立。我国与智慧城市相关的国家级联盟已达到 4 个，分别是中国智慧城市产业联盟、国家智慧城市产业技术创新战略联盟、中国智慧城市规划建设推进联盟、中国智慧城市发展促进工作联盟。此外，中国智慧科学研究院、中国智慧城市网、国脉互联智慧城市研究中心等门户和研究机构纷纷组建，工业和信息化部、住房和城乡建设部、国家发展和改革委员会等下属的支撑机构、行业组织、标准制定机构等也都按照自身定位加快智慧城市布局。2013 年 11 月，国际标准化组织（ISO/IECJTC1）通过了我国提议成立“智慧城市研究组”的决议，并由工业和信息化部电子工业标准化研究院有关人员担任召集人和秘书，美国、法国、韩国、日本、加拿大、荷兰、德国、英国、新加坡均表示将积极参加研究组工作。2014 年 3 月，中共中央、国务院印发了《国家新型城镇化规划（2014—2020 年）》，将智慧城市列为我国城市发展的三大目标之一，并提出到 2020 年建成一批特色鲜明的智慧城市。2014 年 8 月，国家发展和改革委员会、工业和信息化部等八部委联合出台了《关于促进智慧城市健康发展的指导意见》，为中国的智慧城市建设确立了基本原则，包括应用智慧技术推动综合公共服务，推动数字平台的数据收集与分享，促进执法（如通过智慧技术促进依法纳税），推动电子政务，完善群众诉求表达和受理信访的网络平台等。2015 年 4 月，住房和城乡建设部和科学技术部公布了第三批国家智慧城市试点名单，确定北京市门头沟区等 84 个城市（区、县、镇）为国家智慧城市 2014 年度新增试点，河北省石家庄市正定县等 13 个城市（区、县）为扩大范围试点。截至 2015 年 10 月底，我国已有超过 373 个试点城市（区、县）纳入住房和城乡建设部、科学技术部批复的智慧城市试点名单，重点项目超过2 600个，投资总额超万亿元。此外，2014 年 12 月，原国家旅游局正式启动国家智慧旅游公共服务平台建设项目，以 12301 为旅游公共服务号，推进智慧旅游发展。2015 年 5 月，商务部发布《“互联网+流通”行动计划》，旨在加快互联网与流通产业的深度融合，推动流通产业转型升级。2015 年 6 月，交通运输部发布《关于进一步加快推进城市公共交通智能化应用示范工程建设有关工作的通知》，提出要打造综合、高效、准确、可靠的城市公共交通信息服务体系，全面提高城市公共交通智能化水平。具体的智慧城市建设指导政策见表 9-1。

表 9-1　国内智慧城市建设指导政策

发布时间	政策名称	政策描述
2012 年 11 月	《国家智慧城市试点暂行管理办法》	指导国家智慧城市试点申报和实施管理
2012 年 11 月	《国家智慧城市（区、镇）试点指标体系（试行）》	列明智慧城市试点的指标体系
2013 年 8 月	《关于促进信息消费扩大内需的若干意见》	明确提出要加快智慧城市建设，并提出在有条件的城市开展智慧城市试点示范建设，鼓励各类市场主体共同参与智慧城市建设
2014 年 3 月	《国家新型城镇化规划（2014—2020 年）》	明确提出要推进智慧城市建设，指明了智慧城市建设方向
2014 年 8 月	《关于促进智慧城市健康发展的指导意见》	到 2020 年建成一批特色鲜明的智慧城市，聚集和辐射带动作用增强，在保障和改善民生服务、创新社会管理、维护网络安全等方面取得显著成效
2015 年 5 月	《关于推进数字城市向智慧城市转型升级有关工作的通知》	为测绘地理信息部门如何在智慧城市建设中发挥基础性、先行性作用，如何推动智慧城市健康发展提出指导意见
2015 年 6 月	《关于进一步加快推进城市公共交通智能化应用示范工程建设有关工作的通知》	打造综合、高效、准确、可靠的城市公共交通信息服务体系，全面提高城市公共交通智能化水平
2015 年 10 月	《关于开展智慧城市标准体系和评价指标体系建设及应用实施的指导意见》	到 2020 年累计共完成 50 项左右的智慧城市领域标准制定工作，到 2020 年实现智慧城市评价指标体系的全面实施和应用
2016 年 2 月	《关于进一步加强城市规划建设管理工作的若干意见》	到 2020 年建成一批特色鲜明的智慧城市，通过智慧城市建设和采取其他一系列城市建设规划管理措施，不断提高城市运行效率

续表

发布时间	政策名称	政策描述
2016 年 8 月	《新型智慧城市建设部际协调工作组 2016—2018 年任务分工》	明确部际协调工作组中 25 个成员部门的任务职责，共计 26 项
2016 年 11 月	《关于组织开展新型智慧城市评价工作务实推动新型智慧城市健康快速发展的通知》	研究制定了新型智慧城市评价指标、评价工作要求以及评价组织方式
2016 年 12 月	《新型智慧城市评价指标（2016 年）》	按照“以人为本、惠民便民、绩效导向、客观量化”的原则制定，包括客观指标、主观指标、自选指标三部分
2017 年 9 月	《智慧城市时空大数据与云平台建设技术大纲》（2017 版）	在原有数字城市地理空间框架的基础上，依托城市云支撑环境，建设城市时空基础设施，开发智慧专题应用系统，为智慧城市时空基础设施的全面应用积累经验，为推动全国数字城市向智慧城市的升级转型奠定基础
2017 年 9 月	《智慧交通让出行更便捷行动方案（2017—2020 年）》	到 2020 年全面建成城市公共交通智能系统，推动城市公交与移动互联融合发展，鼓励规范城市停车新模式发展

（四）智慧城市的主要组成部分

智慧城市中的城市居民、交通、信息基础设施等组成部分之间普遍联系、相互促进、彼此影响，共同构成一个复杂的生态系统。在过去的城市发展过程中，由于科技力量不足，这些组成部分无法为城市发展提供整合的信息支持。而智慧城市借助新一代信息技术，使各组成部分之间相互配合，使城市成为可以指挥决策、实时反应、协调运作的“系统之系统”。

1. 智慧交通系统

高效的交通系统对于一个城市的感知度、可用性及经济发展而言至关重要。智慧城市通过道路收费系统、多功能智能交通卡系统、数字化交通智能信息管理系统等多个系统的数据整合，提供基于交通预测的智能交通灯控制、交通疏导、出行提示、应急事件处理管理平台，在公交站点发布公共汽车实时到达时间，利用各种路边标志发布堵车警告或预计行程时间，还可以帮助进行城市路网优化分析，并为城市规划决策提供支持，最大限度地发挥当前城市交通基础设施的潜能。瑞典首都斯德哥尔摩的智慧交通系统为治理当地的交通拥堵发挥了重要作用，该市在通往市中心的道路上设置了18个路边监视器，利用射频识别、激光扫描和自动拍照等技术，实现对一切车辆的自动识别。借助这些设备，该市在周一至周五6：30分至18：30分之间对进出市中心的车辆收取拥堵税，从而使交通拥堵水平降低了25%，同时温室气体排放量减少了40%。

2. 智慧电网系统

智慧城市以物理电网为基础，将现代先进的传感测量技术、通信技术、信息技术、计算机技术和控制技术与物理电网高度集成而形成新型电网。它以充分满足用户对电力的需求、优化资源配置、满足环保约束、保证电能质量、适应电力市场化发展，以及确保电力供应的安全性、可靠性和经济性等为目的，实现可靠、经济、清洁、互动的电力供应和提供增值服务。随着智慧电网时代的到来，世界各国在进行智慧城市建设时就启动了智慧电网建设。日本的智能电网战略已成为国家重要战略，该战略是在政府统一主导和支持下，集国家以及相关力量来制定和推动的。日本将智能电网战略当作其抢占未来低碳经济制高点的重要战略，并且开始抢占用电市场中的技术先机，正在试图将其扩展为世界标准，如日本东京电力公司、富士集团以及三菱公司联合制定了电动汽车接入电网标准。

3. 智慧建筑系统

智慧建筑将计算机技术、通信技术、控制技术、生物识别技术、多媒体技术和现代建筑艺术有机结合，根据用户的需求对建筑物的结构、系统、服务和管理进行最优化组合，将建筑内设备、环境和使用者信息的采集、监测、管理和控制集成，从而为用户提供一个高效、舒适、便利的人性化建筑环境。韩国松岛是韩国政府支持下的智慧城市试点，其位于首尔以西35公里的仁川港，通过填海造陆获得土地资源。在该市的智慧城市建设规划中，整个城市的社区、医院、公司、政府机构的建筑都按照智慧建筑的要求进行设计，数字技术深入到每一户，居民将智能卡运用于大部分生活中，包括支付、查账、寻车、开门等。

4. 智慧政务

智慧政务运用信息和通信技术手段，整合互联网上社会群体与政府治理相关的各项数据信息，对包括经济发展、社会管理、生态保护、文化建设、政治文明、城市服务等公共活动在内的各种需求进行分析判断、科学决策，做出智能回应，在评价政策运行效果的基础上不断改进决策，并以大数据分析为核心，重构智慧感知、智慧评价、智慧决策、智慧管理服务和智慧传播的政府管理新流程，是当前互联网时代政府治理发展的新形态。新加坡在智慧城市建设中逐渐构建一个“以市民为中心”，市民、企业、政府合作的“电子政府”体系，让市民和企业能随时随地参与到各项政府机构事务中。目前，新加坡的市民和企业可以全天候访问 1 600 多项政府在线服务及 300 多项移动服务，这为新加坡居民的衣食住行和企业的商业运作带来了极大的便利，连续多年获得早稻田大学世界电子政府排名第一，并获得联合国电子政府调查特别奖等多个国际奖项。

5. 智慧旅游

智慧旅游是一种将物联网、云计算、下一代通信网络、高性能信息处理、智能数据挖掘等技术应用在旅游体验、产业发展、行政管理等方面，使旅游物理资源和信息资源得到高度系统化整合和深度开发激活，并服务于公众、企业、政府等的面向未来的全新的旅游形态。它以融合的通信与信息技术为基础，以游客互动体验为中心，以一体化的行业信息管理为保障，以激励产业创新、促进产业结构升级为特色。智慧旅游从游客出发，通过信息技术提升旅游体验和旅游品质。游客在旅游信息获取、旅游计划决策、旅游产品预订支付、享受旅游和回顾评价旅游的整个过程中都能感受到智慧旅游带来的全新服务体验。智慧旅游可以通过旅游舆情监控和数据分析，挖掘旅游热点和游客兴趣点，引导旅游企业策划对应的旅游产品，把旅游资源进行整合，为广大游客量身定制，提供满足不同需求的旅游产品。

6. 信息基础设施

信息基础设施是智慧城市的神经网络，智慧城市的运行建立在畅通、完备的信息基础设施之上。一座城市要想跻身智慧城市的行列，首先就需要具备完善的信息基础设施。要制定以管道、基站等为主的信息通信基础设施空间布局规划，在新建园区、住宅小区、商业（办公）楼宇、学校、车站、道路、桥梁、轨道交通等基础设施项目的规划前期，统筹考虑信息基础设施覆盖问题，对通信设施、广播电视传输设施、市政公共设施及基础配套设施进行统一规划安置，合理预留公众通信基站（含广播电视设施）建设场地，结合道路改造，充分利用绿化带建设基站。要大力提升公共配套设施等资源的使用率，充分开放本地政府机关、事业单位、高校、车站、展馆、旅游景点等所属建筑物，充分利用路灯、绿化带、道路指示牌等公共设施，支持信息通信基站、通信管道及室内分布系统建设。要推动光纤网络建设，提升骨干网传输和交换能力，并推进无线网络建设，为智慧城市运行夯实基础。

智慧城市的主要组成部分如图 9-1 所示。

图 9-1　智慧城市的主要组成部分

（五）智慧城市建设的意义

1. 推动政府管理创新

智慧城市建设为政府管理创新提供了良好的技术及平台。城市是由政府、居民、企业所构成的一个复杂有机体，需要提供交通运输、文化教育、医疗卫生、旅游休闲、公共安全等各种公共服务。智慧城市在发展过程中把公共服务功能摆在城市功能的重要位置，把信息科技融入居民的日常生产、生活环境中，利用现代信息技术将城市的公共服务设施加以整合，提供更为优质的服务平台，满足城市居民生产、生活的多样化需求，推动管理部门与民众的直接联系，重构政府与民众的互动关系，使社会管理由原来的重管制向重服务转变。智慧城市还可以利用遥感、卫星定位、移动互联网等无线网络技术，借助大数据和云计算，通过风险模型计算，建立重大事件预防机制，为人们营造安全舒适的城市环境。

2. 提升城市管理水平

城市运行的每分每秒都会产生大量的数据，智慧城市构建的高效城市运行监测体制是收集城市运行中数据的有效手段。城市运行监测依托宽带城域网以及无线通信网络，利用现代通信（卫星、移动电话、集群电话）、计算机网络（互联网、局域网、广域网等）、传感器等软硬件架构，将有关城市管理的专业系统集成于若干个平台，实时收集、处理各终端和节点产生的海量数据，并实现数据共享。智慧城市利用数字化信息处理技术和网络通信技术，将各种数字信息及信息资源加以整合并充分利用，使城市生态环境复杂系统数字化、网络化并虚拟仿真，通过对收集到的大数据进行深入分析及处理，实现可视化，从而为政府环境治理决策提供科学依据。智慧城市整合“信息孤岛”，提高政务信息资源公众开放率，逐步开发公益信息资源，建成一批门类齐全的信息资源数据库，提高教育、科技、医疗、社会保障、文化建设等方面的信息技术应用水平和服务能力，从而推进城市管理水平的提高。

3. 促进城市产业结构优化

智慧城市的智慧交通、智慧医疗、智慧旅游、智慧教育等需要信息产业的支撑，同时也会推动现代服务业的发展。当今世界，一些同信息化相关的新兴业态发展迅速，对社会经济的发展具有极大的促进作用。世界各地城市在进行智慧城市建设时，都结合自身发展的实际情况，勇于创新，促进信息化与城市产业的深度融合，优化城市产业结构，为城市经济社会发展注入强劲活力。韩国首尔在进行智慧城市建设时就立足于自身已有的基础和优势，发掘新产业成长的机会，对其进行积极培育和扶持，促进首尔城市竞争力提升。

4. 便利城市居民生活

智慧城市是以人为本的城市，其核心是运用创新科技手段服务于广大城市居民。智慧城市的智慧交通、智慧医疗、智慧旅游、智慧休闲等以满足城市居民工作和生活的需求为出发点，借助物联网、云计算、大数据等现代信息技术，随时随地感知、收集、存储、传递和处理信息，向城市居民提供便捷的交通、优质的医疗和教育、环境优美的居民小区、生态绿色的自然环境，让城市居民的生活更加方便和惬意。智慧城市中的居民能够充分获取所需信息，改变了以往公共服务中存在的“信息不对称”现象，确保城市居民均等享有医疗、教育、交通等公共服务的权利。智慧城市也是具有良好公共安全的城市，具有防御和处理各类突发公共事件的能力，能确保城市居民的生命和财产安全，使得城市居民能够安居乐业。

二、智慧城市的建设

智慧城市建设是当前我国城镇化发展的重点问题，也是面向未来的战略问题，我们应该紧跟城市发展潮流，充分认识到智慧城市在地方政府行使社会管理、市场监督、经济调节和公共服务等职能方面的积极作用，将其作为变革城市治理和优化社会发展的重要抓手，积极打造数字化、网络化、智能化公共服务平台，全力推动智慧技术应用和智慧产业发展，使公众享受科技发展和改革开放的成果，让生活更加智慧、便捷，城市发展越发绿色、和谐，全面提升城市发展质量和水平。

（一）智慧城市建设的主要技术

智慧城市将城市的基础设施、基础环境、生产和生活相关产业及设施进行全方位的数字化、信息化实时处理与利用，为城市公共管理服务提供更便捷、高效、灵活的应用与服务模式。它突出强调新一代信息技术的应用，最典型的就是物联网、云计算和大数据技术。

1. 物联网

物联网是指通过信息传感设备，按约定的协议，将任何物体与网络相连接，物体通过信息传播媒介进行信息交换和通信，以实现智能化识别、定位、跟踪、监管等功能。其目的是实现物与物、物与人、所有的物品与网络的连接，方便识别、管理和控制。智慧城市借助于物联网技术，通过传感器、图像识别、语音识别、卫星定位等信息感知技术，感知遍布城市各个角落的信息并通过网络传递给城市数据中心，实现物与物、人与物之间的信息传递与控制，建立起城市的神经网络。在物流领域应用运用射频识别技术（Radio Frequency Identification，RFID）、全球卫星定位系统、地理信息等物联网技术，可以实现物品快速标识、准确定位和实时跟踪。利用物流管理系统处理和控制物流信息，可实现企业物流运输合理化、仓储自动化、包装标准化、装卸机械化、加工配送一体化、信息管理网络化，可大大提高物流、供应链管理水平，降低物流成本，进行智慧物流的建设。基于物联网蓬勃兴起的业务及其应用逐渐成为智慧城市的主流。物联网能实现产业优化升级，使城市环境智能完备、城市服务高效灵活、城市治理精准高效，使城市更加智慧，使人们生活更美好。

2. 云计算

云计算是一种按使用量付费的模式。这种模式提供可用的、便捷的、按需的网络访问，进入可配置的计算资源共享池（资源包括网络、服务器、存储、应用软件、服务）后，这些资源能够被快速提供，只需投入很少的管理工作或与服务供应商进行很少的交互。智慧城市是由多应用、多行业组成的复杂系统，多个应用系统之间存在信息共享、交互的需求，各不同的应用系统需要共同抽取数据计算和呈现综合结果，要从根本上支撑这个庞大系统的运行，需要考虑基于云计算的网络架构，建设智慧城市云计算数据中心。通过运用云计算技术，智慧城市支持城市居民在任意位置、使用各种终端获取应用服务，计算资源和能力被隐藏在云后面，用户无须了解，也不用担心应用运行的具体位置，只需要一台笔记本或者一个手机，提出自己对信息服务的需求。云后面，是虚拟化的城市数据中心，大量异构的服务器、存储器和平台被虚拟化成统一的服务资源，信息资源被最大限度地统筹和共享。

3. 大数据

大数据需要新处理模式才能具有更强的决策力、洞察发现力和流程优化能力来适应海量、高增长率和多样化的信息资产。大数据具有大量（volume）、高速（velocity）、多样（variety）、有价值（value）、真实（veracity）的特点。智慧城市是城市发展的新范式。大数据将遍布智慧城市的方方面面，从政府决策与服务，到人们的衣食住行，再到城市的产业布局和规划，以及城市的运营和管理方式，都需要大数据技术的支撑。大数据成为智慧城市的智慧引擎，运用大数据技术，可以了解城市运行情况与发展态势，可以为各部门协同工作、领导决策提供支撑。法国里昂与IBM的研究人员联手建立了一个可以帮助减少道路交通拥堵的系统，使用实时交通路况报告来检测和预测交通堵塞，以保持平稳的车流，而且随着时间的推移，系统中的算法将从最成功的建议中“学习”，并将这些知识应用到将来的预测当中，保障了当地的交通顺畅。

(二) 智慧城市建设模式

智慧城市建设有多种模式，概括起来有创新驱动型、产业驱动型、管理服务驱动型、可持续发展型和多目标发展型等①。

1. 创新驱动型

创新驱动型是指以新兴信息、网络技术的应用为基础，以创新体系建设为核心，包括智慧城市创新主体、创新基础设施建设、创新管理服务体系、创新人才体系、创新资源环境等在内的模式。创新驱动型模式的核心是用创新技术促进城市的发展。其典型代表城市为阿联酋的马斯达尔市。马斯达尔市自2006年开始智慧城市建设，政府战略投资基金完全控股，建设形成了研究所、创新中心、CDM开发公司，并进行实验社区开发。该市使用最新技术，旨在成为全球智慧技术革新、研发以及产品中心。

2. 产业驱动型

产业驱动型是指以高新信息技术产业为导向，以智慧产业链或产业集群为核心推动力的城市发展路径。智慧产业主要包括以信息技术为基础的新兴产业和经智慧化改造后的传统产业。其典型代表城市是中国的佛山。佛山地处亚太经济发展的交汇处、珠江三角洲的腹地，有得天独厚的地理资源优势，旨在形成与周围产业紧密联系、功能互补的智慧城市发展模式。

3. 管理服务驱动型

管理服务驱动型是指利用技术手段优化、提升公共管理服务能力，使城市公共管理功能更精准、高效、智能和便民的城市发展路径。其主要内容包括：信息网络的完善、基础设施的智能化转型建设、公共管理体系和公共服务体系的智能化全面提升。该类型建设路径的典型城市代表是中国的香港和韩国的首尔。2007年香港开展了以“政府投资、购买服务、企业

---

① 王璐，吴宇迪，李云波．智慧城市建设路径对比分析［J］．工程管理学报，2012（5）：34-37.

参与、建设运营”为中心的智慧城市建设，以信息化服务全体市民为主要目标，政府投资建设基础设施，实现资源最优化配置。韩国首尔的公共服务模式则着重于实时、智慧和集成，强化政府服务效率，提升便民效率和公众生活品质。

4. 可持续发展型

可持续发展型是指以环境保护、资源可持续发展等为出发点，实现环境资源的智慧管理以及合理、高效、可重复利用，创建可持续发展的环境资源体系的城市发展路径。其典型城市代表是荷兰的阿姆斯特丹。阿姆斯特丹提出可持续的智慧城市建设计划，旨在建立可持续生活、可持续工作、可持续交通以及可持续拥有公共空间的城市体系，通过为家庭安装智能电表和能源反馈显示设备，促进居民更加关心自家的能源使用情况并学会制订家庭节能方案，减少碳排放量。

5. 多目标发展型

多目标发展型是指在智慧城市建设过程中综合考虑产业的智慧化升级、公共管理服务的提升、居民生活的改善以及资源环境可持续利用等因素而形成的发展路径。其总体思路是坚持以新一代信息技术发展为依托，以智慧应用为导向，以智慧产业发展为基础，以智慧创新为动力，加快推进智慧应用体系。多目标发展型路径是以上几种类型路径的综合。其典型城市代表是中国的深圳。深圳以信息技术为基础，整合城市关键信息，旨在形成生活、产业以及社会管理的综合模式。

（三）智慧城市建设标准①

标准体系是指在一定范围内的标准按其内在联系形成的科学的有机整体。标准体系是特定标准化对象按照一定目标进行标准化活动的依据，是由许多现行的、正在制定的和将要制定的标准组成的具有明确目的性、完整性、预见性以及可行性的成文的概念体系。智慧城市标准体系是由智慧城市范围内相互关联的标准按照一定的结构进行逻辑组合构成的一个有机整体，属于对智慧城市标准化的顶层设计和总体布局，有利于判断和明确智慧城市标准化的方向和重点，对于促进智慧城市的发展具有重要作用。

---

① 陆伟良，吉星，杜昱，等．国家智慧城市标准体系建设［J］．现代建筑电气，2013（4）：1-4.

1. 智慧城市标准的意义

通过推进智慧城市建设，政府可以科学决策、精细管理、快速响应，更好地服务于社会经济发展；企业可以节约投资、快速成长，借助信息智能产业助力城市经济增长；市民可以体会到安全、便捷；城市变得宜居、宜学、宜业、宜游。而智慧城市标准体系对于智慧城市建设具有不可估量的作用，有助于加快智慧城市建设、打破城市发展瓶颈、实现科学发展。

目前，智慧城市正处于开展标准化的有利时机和关键时期，亟须研究标准体系问题，以指导智慧城市建设。同时，我们也应看到智慧城市建设涉及物联网、云计算等众多技术和城市管理、公共服务、市民生活等诸多领域，信息化系统内外部接口多，信息和系统开发共享和协同互动要求高，这些也使得智慧城市标准体系的作用更加凸显。

2. 智慧城市标准的组成

智慧城市标准是由智慧城市相关标准构成的一个有机整体，它的组成按照其价值体现或约束准则可大致分为三类。

（1）指导类标准。指导类标准是理论、方法论的统一，也是理念思想的统一，更是建设过程和建设单位责、权、利的评判标准。指导类标准重在方向性、原则性、保障性，是其他各类标准的约束基础，是智慧城市大系统框架的标准。该系统框架既包含平面系统组成模块的分析维度，也包含建设时间轴上阶段衔接的约束，还包含内部资源、外部资源平衡的原则基础。

（2）工具类标准。工具类标准是建设过程中利用手段的指南和约束，是建设规划、建设构成、建设内容的测度工具。各智慧城市的建设目的和目标是统一的，但智慧城市试点城市的各地情况和服务对象是地域性的。差异性、动态性、系统松散耦合是建设过程中的客观要求，要保障建设成效，需依赖工具类标准对变动的内容进行合理化分析，以获取正确的规划、计划、实施方案、评审内容。

（3）应用类标准。应用类标准是对建设内容中具体对象的约束。要确保系统各个组成模块的自身质量、系统内外部资源的利用率提升，需依赖一系列明确的、具体化的标准约束接口、功能、互通原则，使各类具备特定背景的工程以模块化的操作方式保证子目标建设的有效完成。

以上三类标准相互关联。指导类标准是智慧城市标准体系的基础核心，是审核标准体系内各类标准的意义和价值的参考。工具类标准是在实际建设工作中对指导类标准的具体化、实例化，但区别于应用类标准，其服务对象是指导类标准本身，而应用类标准的服务对象是建设内容或建设对象。应用类标准是由内部标准和外部标准衍生而来的实用标准。因此，这三类标准中前两者属于层级关系，其组合出的整体与应用类标准存在互相映射关系；应用类标准是由内部标准与外部标准衍生所得的，由此反映国内各类标准的现状。

(四) 智慧城市建设风险与管控

智慧城市是一个复杂的系统工程，在智慧城市建设过程中存在诸多的不确定风险因素，需要对其进行系统、动态、全面的风险分析，清楚地描述不同的风险因素并加以管控，切实提升智慧城市的建设水平。

1. 目标可行性风险

智慧城市利用先进的信息技术实现城市智慧式管理和运行，进而为城市中的人创造更美好的生活，涉及民生、环保、公共安全、城市服务、工商业活动等诸多内容，因此其规划设计方案的目标和体系会比较复杂，规划设计者很难依靠快速发展的信息技术解决城市发展过程中遇到的所有问题。由于技术本身的不确定性，以及政府、企业、市民等不同城市活动主体对技术的需求不同，规划设计者在构建技术体系时既难以确定和协调各方预期目标，又很难预想目标后果。此外，规划设计者还可能面临技术、人才、资金、政策等方面的束缚，因此难以保证技术体系、投资规模、投资方式、运营安全保障等多层面预期目标之间的相互协调与匹配，超越城市经济和信息技术支撑能力的智慧城市建设规划也将难以持续推进而面临失败。智慧城市要在系统分析的基础上形成切实可行的目标，提升城市的运行效率，改善人居环境。

2. 战略趋同性风险

尽管智慧城市建设的总体方向是一致的，但不同城市具体的建设思路、方案和目标应该依照城市自身的资源禀赋而体现出差异。虽然智慧城市概念的提出已有十多年的时间，世界各地也在积极地进行实践，但是智慧城市建设总体而言仍然处于探索阶段，不少智慧城市建设规划者在制定城市发展规划时难免会借鉴甚至模仿其他城市的经验，这样就会带来不同城市的规划呈现趋同性这一风险。趋同性规划会使城市个性消失，使得城市发展失去自己的特色，尤其会因核心竞争力趋同而影响智慧产业的有序发展。很多城市的规划都将发展信息产业作为重要内容，没有考虑城市自身的产业基础和优势，而不结合自身特点制定的产业规划对多数城市尤其是中小城市来说是一场灾难。因此，智慧城市建设要考虑因城而异，结合城市的资源禀赋开展智慧城市建设。

3. 规划可持续性风险

智慧城市建设是一个复杂的系统工程，是一个逐渐推进的过程，智慧城市建设规划一定要注意智慧城市建设的阶段性，要统筹规划、依次实现。部分规划者一步到位的建设思路很可能使智慧城市建设同现实脱节。尤其是技术和市民需求本身就是动态变化的，这也会给一步到位带来困难。因此，智慧城市规划应该随着城市发展而不断加入新的内容，如果规划者一开始就致力于制订一个完整全面的方案，则很可能使规划本身陷于路径依赖，失去可持续探索改进的机会。

4. 技术风险

智慧城市建设主要是通过 RFID、条形码以及其他传感技术构建物联网，对城市生活信息进行泛在感知、识别和追踪；通过高速宽带网络和无线网络将汽车、家用电器、医药品等数以万亿计的事物与人紧密相连；通过超级计算机和云计算等技术对海量数据进行整理、预测和分析，将生硬的数据转化为决策依据和行动方案。然而，虽然物联网、大数据等新一代信息技术正在快速发展，但很多城市对这些技术的掌握还远未达到灵活运用的程度，这将可能使得智慧城市建设的很多设计因无法获得有效技术支持而无法实现。另外，智慧城市往往是由政府主导建设的，而政府自身技术能力有限，大都是通过外包方式交由专业机构来设计和实现智慧城市中的一些项目，这存在一定的外包风险。这种风险主要表现为：智慧城市建设使用大量外包商提供的技术、产品、支持和服务，容易对外包商形成不同程度的依赖，外包商的技术能力、发展前景、服务支持等将成为风险源；同时，政府对外包项目的监管能力也将成为智慧城市建设的风险因素。管控这类风险可以从供应商的选择以及政府工作人员信息技术水平提高等角度进行，同时，技术供给和技术监管双管齐下。

5. 人员风险

智慧城市建设需要大量管理人才，而这些管理人才的技术能力、职业道德等都可能成为潜在风险因素，主要涉及以下方面：①人员素质风险，包括智慧城市建设的参与者对核心技术的掌握能力不足，以及相关决策与管理人员的决策能力和管理能力不足等风险；②人才流失风险，包括自然灾害、人为灾害和疾病等对人员生命健康安全的损害，以及人才争夺战中关键性人才流失等风险；③职业道德风险，包括智慧城市建设的技术和管理骨干无序跳槽、泄密等行为引致核心技术流失等风险。因此，要加强对智慧城市建设参与人员的培训，提高他们的技术水平和认识水平，增强信息安全意识，降低人员风险。

6. 经济风险

智慧城市建设是一项系统性的复杂的城市建设工程，必须有强大的城市经济能力作为支撑。例如，目前中国制作一个 RFID 标签的成本大约是 1.5 元，高额成本决定了这项技术目前只能应用在附加值相对较高的商品上，在低价值商品上则无法推广。因此，在智慧城市建设的起步阶段，只有像伦敦、首尔、新加坡等国际性大都市才有能力通过巨大的资金投入来完成基本的工程量，初显规模效应。智慧城市建设的这种经济风险主要包括技术研发投入风险、技术购买投入风险、设备购买投入风险、人才培养投入风险以及产业风险，其中产业风险尤为突出。智慧城市建设需要构建起以信息产业为核心的完整产业体系，单是 RFID 环节就需要一条包括 RFID 芯片设计与开发、电子标签制造、标签封装设备制造、读写器研发与制造、无线射频识别技术应用软件开发、系统集成及咨询在内的产业生态链，只要其中存在一个薄弱或缺失环节都可能使智慧城市建设无法持续推进。

7. 社会环境风险

支撑城市发展的各种社会资源是有限的，智慧城市建设与文化、生态、科技等其他发展主题尽管没有非此即彼的冲突，但不可能与它们同时获得同样的资源投入。如果没有一定的政策倾斜，就难以保证智慧工程项目处于优先发展的位置。另外，智慧城市建设要求建立统一的技术标准和社会规范以调节不同社会主体的利益关系，倘若与之相匹配的技术标准没有统一，有关信息安全责任、个人信息保护、知识产权保护等法律法规没有相应完善，智慧城市中各行为主体的行为界限、风险与责任承担等将缺乏刚性约束，智慧城市的开发建设将陷入混乱，将引发更严重的城市问题。例如，当前我国《个人信息保护法》仍未进入立法程序，法律对公民个人隐私在物联网等新技术环境中的保护几乎是空白，这很可能导致一些掌握信息资源的政府部门或企业滥用权力为己谋利，损害社会公众权益，使智慧城市建设失去公众的参与和支持，由此还会引致智慧城市建设的信任危机和合法性风险。因此，需要营造宽松的政策环境，完善法规体系，提供必要的制度供给，为智慧城市建设奠定坚实的基础。

8. 管理风险

管理风险是智慧城市建设过程中容易被忽略的风险要素。事实上，智慧城市建设作为一个充满风险和机遇的庞大工程，需要系统性、关联性的管理服务，容易引致多方面的风险。管理风险的产生与管理者知识和经验的积累、决策的科学化水平、管理机制的成熟以及信息的流通程度等因素有关。此外，当前智慧城市建设仍处于起步阶段，有关的技术开发有待深入，相关产业链的稳固性需要提高，物联网的社会认知度有待提升，相关企业的赢利模式有待进一步探索，政府、企业、社会对待智慧城市建设的观念、态度、行为等还有差异，从而导致不同管理层面政策的不协调以及管理理念的不一致，进而对智慧城市的发展产生不利影响。管理风险的管控需要全面提升管理人员的素质和能力，注重管理人员协作沟通能力的提高，着力培养管理创新意识和创新能力，最大限度地利用现有条件制订科学合理的计划。智慧城市建设的过程管理要以计划为依据，充分挖掘现有各种资源，实现资源效用的最大化。

三、智慧城市的发展

智慧城市建设需要整合城市各方面资源来满足城市运行、社会管理、公众服务、产业发展等方面的需求，要遵循不断完善、循序渐进、持续提高的建设规律。应从创新发展的视角，顺应信息技术变革和知识经济发展的趋势，借鉴现有智慧城市建设的成功经验，结合城市实际，采取合理措施，推进智慧城市建设，促进城市长期科学发展。

（一）智慧城市顶层设计

顶层设计针对某一具体的设计对象，以系统论的方法为指导，注重规划设计与实际需求的紧密结合，强调设计对象定位上的准确、结构上的优化、功能上的协调、资源上的整合，是一种将复杂对象简单化、具体化、程式化的设计方法。我国智慧城市建设正处于探索阶段，尚缺乏智慧城市建设的成熟经验，加之物联网、云计算等新技术发展迅速，可供选择的技术成果、标准众多，因此需要进行智慧城市顶层设计，整体推动智慧城市的建设进程，使智慧城市得到持续、健康的发展。智慧城市推进如果没有一个整体性的顶层设计指导，必然会遭遇各自为政、“信息孤岛”等城市信息化建设的老问题，增加智慧城市建设失败的风险。因此，顶层设计对智慧城市建设的发展至关重要。

1. 顶层设计的内涵

智慧城市顶层设计应按照科学谋划、合理布局、近远期建设结合、前瞻性和可操作性结合的方针，在城市相关发展规划、政策性文件、建设现状和需求的基础上进行。顶层设计的内涵主要体现为以下几个方面：

第一，考虑整体战略性。智慧城市顶层设计应从城市发展需求入手，明确智慧城市发展的核心目标，对智慧城市的各方面、各层次、各要素统筹规划，集中有限资源，紧紧指向和围绕核心目标，实现预期目标。

第二，理论与实践相结合。智慧城市顶层设计是“自上而下”的设计，并非凭空建构，源于并高于实践，是对实践经验和感性认识的理性提升，其成功的关键是在理想与现实之间绘制出一张指导性的、可控的“蓝图”，并通过实践使之得以实现。

第三，考虑可执行性。智慧城市顶层设计强调设计对象内部要素之间围绕核心目标所形成的关联、匹配与有机衔接，遵循统一的管理和技术标准，实现系统的功能协调、资源共享，这个整体战略蓝图需要全社会共同努力，按照顶层设计要求予以实施。

2. 顶层设计的原则

智慧城市顶层设计是一个不断完善的过程，对于每个城市来说，应在充分借鉴国内外相关顶层设计方法论的基础上，制订符合本地实际的智慧城市顶层设计方案，并能够根据外部环境的发展和变化做相应的更新以及必要的调整，使之符合最新要求。智慧城市顶层设计需要遵循以下原则：

第一，紧密结合城市发展战略，充分考虑城市主体对智慧城市建设的需求，以可持续发展理念为指导，抓住城市演进本质与城市发展关键资源要素进行顶层设计。

第二，用顶层设计的方法，全面、多维、立体地分析智慧城市视角下的城市要素体系、运行管理体系、公共服务体系、技术支撑体系、法律保障体系、目标评估体系及其内在逻辑关系。

第三，要能指导城市各要素高效、协调运作，形成以智慧技术高度集成、智慧产业高端发展、智慧服务高效便民为主要特征的城市发展新模式。

（二）智慧城市发展路径

智慧城市反映以技术创新引导的城市经济社会发展、生产和生活方式变革，是经济发展模式创新在特定空间上的具体体现，已经成为全球城市化发展的必然选择，需要从促进区域科学发展、率先发展、可持续发展的战略高度重视智慧城市建设，采用合适路径促进智慧城市发展。

1. 提升公众信息素养

智慧城市运用现代信息技术将城市的各种信息、资源、组织集成到一起，通过公共部门的信息共享、沟通互动和无缝链接，使得社会公众可以在任何时间、任何地点以任何终端获得所需的信息和相关服务，建立人与物理城市的智慧连接，让人们实时感知城市运行情况并参与信息互动，主动参与到社会管理中去，实现“碎片化”的公共管理和公共服务的有效整合。这些不同于以往的新理念、新知识、新技术和新方式必然会对公众现有的知识形成强有力的冲击，要使公众能积极主动适应这种变革，就必须使其具备同变革相匹配的知识结构与技能，而提升公众信息素养就成为智慧城市建设的一个长期性、基础性的工作。欧盟委员会在其2007年发布的《欧洲中型城市的智慧城市排名》（*Smart Cities Ranking of European Medium-sized Cities*）中，就把智慧公众作为智慧城市的一个重要维度，欧盟各成员国通过政府、非政府组织、社区和志愿者构成的协作体系对公众尤其是社会弱势群体进行信息素养教育，使其具备同智慧城市建设相协调的信息素养。中国台北将公民终生学习理念与弥补数字鸿沟列入智慧城市建设范畴，建设了e-Learning职训学习网络平台，鼓励在职员工进行信息技术再培训，构建公众信息应用环境，多角度提升公众信息素养。进行智慧城市建设的城市要依托基础教育、学历教育和职业教育，构建多层次、多渠道、多形式、重实效的公众信息素养教育培训体系，使公众掌握基础的信息技术，养成使用信息技术工具的习惯；还要依托社区等机构开展形式多样的信息技术培训或比赛，强化公众对信息技术所带来生产和生活变化的认识。同时，为了更好地实现城市惠民的宗旨，政府应该举办各类宣传推广活动，营造智慧城市氛围，提升市民感知，帮助市民参与到智慧城市实践中，使市民充分享受智慧城市的成果。

2. 加大以公共服务为导向的智慧应用建设力度

智慧城市使得城市的经济、社会、文化等发展方式发生转变，聚焦于政府丰富便捷的服务和人文价值的实现，要求城市管理向公共服务转变，以公众为导向来开发多样化、个性化的智慧应用，切实将民生与服务放在智慧城市建设的重要位置。在建设智慧城市时要推进教育、文化、卫生、公用事业、城市交通和社会保障等社会公共领域的智慧应用，让市民切身感知智慧城市建设带来的舒适与便利。要加快教育专网和数字化校园建设，推进现代远程教育，建设内容丰富的电子化学习平台，完善教育信息化公共服务平台，实现优质教学信息资源共建共享；要加大数字图书馆、数字档案馆、数字博物馆、数字影院建设力度，加强文化信息资源整合与共享，健全公益性文化信息基础设施，为公众提供丰富、方便的数字文化资源；要加快城市交通诱导系统、城市交通信号灯智能引导系统、智能公交等子系统的建设与应用，整合出租车电召系统，升级和推广公交一卡通，逐步建成集动态交通数据实时采集、交通运行态势与趋势实时发布、可视化实时管理与控制于一体的智慧交通系统；要加快区域卫生信息平台建设，逐步实现医院、社区、公共卫生部门之间的互联互通、健康数据共享，依托平台推进区域影像系统建设，加快推动居民健康卡应用，实现居民健康连续、动态、全程管理。

3. 加强信息基础设施建设

信息基础设施建设水平直接关系到智慧城市建设的深度和广度，智慧城市建设水平较高的纽约、首尔、新加坡等城市都拥有世界水平的信息基础设施。智慧城市建设要以建设“宽带、泛在、融合、安全”的信息基础网络为目标，大力推进光纤入户，推进城乡信息基础设施一体化，努力促进信息网络覆盖面大幅提升，信息终端普及率、利用率大幅提升，信息基础设施共建共享度大幅提升。具体而言，应该进一步丰富干线光缆路由，提高干线光缆网的安全性，并以光纤尽量靠近用户为原则，在城市新建区域全面推行光纤到户模式，已建区域加快实施接入网络“光进铜退”，提高接入端口带宽供给能力；加强无线宽带接入网建设，持续优化4G网络，加快推广应用5G技术，提高数据流量承载的有效性和可靠性，实现重点区域的深度覆盖，继续完善WLAN网络布局，对高流量区域进行补充，加强商务场所的全面覆盖，提升接入速度，实现数据分流；借鉴纽约等城市智慧城市建设的经验，向低收入群体普及宽带服务，消弭数字鸿沟，使得信息基础设施能为全民所享，提升数字包容性。

4. 加快智慧政务发展

当前全球信息技术革命持续迅猛发展，对经济社会运行、生产和生活方式、治国理政模式正产生广泛而深刻的影响，必须敢于突破，加快智慧政务发展，这样才能适应国家治理体系和治理能力现代化的需要，才能推进智慧城市建设健康有序发展。这就需要政府各部门积极行动，以开放的心态，将互联网时代的精髓纳入政府管理的全过程，实现部门间数据共享，推进管理型政府向服务型政府、传统政务服务向现代政务服务转变，探索经济新常态下深化行政审批制度改革、简政放权、放管结合、创新政务服务管理模式的新途径。要借助大数据分析技术预知群众潜在的服务需求，并做出针对性的主动服务响应，实现服务与需求之间的良性互动。要进行智能化设备建设，在政务服务中充分应用现代科技信息技术，简化办事手续、加快办事速度、厘清办事权责、公开办事过程、明确办事规矩、严肃办事纪律、强化办事监督。要全面推行网上审批、网上服务、网上办事，开通多元化公众自助办事渠道，主动服务、自主服务、互动服务、人性化服务、情境化服务、便捷化服务，提升综合服务效应。基于大数据对政务服务建立模式化分析系统，对审批服务事项提供智慧决策参考，摒弃凡事开会、凡事跑腿、凡事会商、凡事签字、凡事盖章的弊端，充分应用网上签名、电子签章、虚拟流程、证照还原，连通决策后台与服务前沿，进行音视频互动，开辟多元化的知情、决策、指令、回传渠道。依托现代信息技术，对政务服务的环节、环境、方式和渠道等程序进行优化再造，全面推行模式化管理，实现一证审验、一指点击、菜单公示、一单告知，以及一卡填表、一窗递送、一口受理、一站审结、一口出件，控制自由裁量，减少人为干扰。

5. 加快城市产业智慧转型进程

建设智慧城市是对现代信息技术的创新应用，有利于促进城市产业结构的优化调整和推动绿色经济的发展。同时，智慧城市建设也需要城市产业智慧转型升级的支撑，为智慧城市的持续健康发展提供产业基础。在对传统产业智慧升级的同时，还应该把握新一代信息技术发展趋势，重点发展支撑智慧城市建设和应用的 LIE 接入网络设备、无线射频技术、超大规模集成电路等战略性新兴产业，推进无线技术在智能家居、移动安防以及智慧交通等新领域的应用和延伸，引进培育一批龙头骨干企业，建设一批功能互补的信息产业聚集区，形成特色鲜明、配套完备的信息产业集群，加快电子信息产业发展，提升产业结构的智慧含量。

6. 推动信息资源共享与利用

智慧城市基于无处不在的传感器，实现对城市物理空间的全面、综合感知，动态获取城市的各种信息，将城市实体地理数据、智慧交通、智慧政务等各系统无缝整合集成，使得城市信息资源能够便捷地交换与共享。传统的城市产业发展使得不可再生的能源日益短缺，原材料成本愈来愈高，信息资源已经演变成为城市发展的基础性资源，经济发展与社会进步越来越依赖于信息资源的开发和利用。美国为了使联邦政府的信息资源能为公众获取利用，特地开设了 Data. gov 网站，将美国联邦政府所采集、生产和转换来的各类数据集放到该网站上，并提供各类统计工具以支持公众利用网站上开放的信息资源。因此，需要结合智慧城市建设的实际需要，制定信息资源开放共享管理办法，建立信息采集、动态更新、普遍共享机制，建立信息资源目录体系、交换体系、共享体系、服务体系，建设政务信息共享交换平台、公共数据中心和信息资源服务体系，建设统一的城市公共基础数据库，逐步推进相关行政部门城市基础数据的集中收集、分级存储、统一更新、本地备份及异地灾备存储，推动市政公用企事业单位、公共服务事业单位等机构开放信息资源；围绕两化融合、智慧政务、电子商务、智慧公共信息服务平台等信息化重要领域，推动建设在信息资源综合开发利用方面具有重大推广应用价值的信息化示范工程，完善地理、人口、法人、金融、税收等基础信息资源体系，加快宏观经济数据库和统计数据库建设；建立公益性信息资源开发与服务的长效机制，大力推进交通、教育、测绘等信息资源公益性开发，鼓励企业、公众和其他社会力量以各种方式利用政府信息资源提供公益性信息服务，促进信息资源共享。

阅读材料

南通智慧城市建设路径研究

顾继光

智慧城市作为最具创新性的城市形态，已成为全世界城市发展的趋势。南通紧跟城市发展潮流，充分认识到智慧城市在地方政府行使社会管理、市场监督、经济调节和公共服务等职能方面的积极作用，将其作为变革城市治理和优化社会发展的重要抓手。南通是住房和城市建设部智慧城市第二批试点城市和中欧绿色智慧城市的中方试点城市。南通在智慧城市建设实践中，紧扣“创新、智慧、生态”主题，积极探索国家级智慧城市建设新路径，大力培育互联网新兴产业，推动实施一批重点智慧应用示范项目并采取相关特色举措，紧密结合城市的历史文化及产业结构，围绕城市自身需求，以服务民生为导向，积极打造数字化、网络化、智能化公共服务平台，以使公众享受科技发展和改革开放的成果，让生活更加智慧、便捷，城市发展越发绿色、和谐。这些举措有力提升了南通城市化发展的质量和水平。

一、智慧交通体系逐渐形成

交通是城市发展的命脉，智慧交通运用信息技术准确、动态地监控道路使用情况，及时发布信息对交通路线、交通时间等进行预测，让市民同交通系统之间进行良好信息互动，使得市民出行更为方便快捷、交通系统运行更加畅通高效。南通建成交通数据中心、交通基础数据库，设立智能监控点 521 个、交通诱导屏 76 个、动态路况信息牌 54 个，实现城乡道路监控全覆盖，并基于 PGIS 警用地理信息系统，建设了集视频监控、信号控制、三合一电子警察、交通诱导、地磁流量采集、警车警员 GPS 定位、车辆轨迹追踪等于一体的多功能智慧交通系统集成平台，实现了全市出租车、长途客运调度、运营智能化管理，并将市区公交站牌升级改造成电子公交站牌，让市民可以对到站站数及到站时间做到心里有数，并且市民通过手机下载登录“掌上公交” App 就可以足不出户查询需要乘坐的公交车信息，为市民合理规划出行路线与出行时间提供了方便。同时，南通还积极发展绿色交通，稳妥地推广应用新能源汽车，购入多辆新能源公共汽车，并带动社会应用逐步规模化。全市已建成3个大型车辆全自动充换电站、20个小型车辆充换电站，初步形成了充换电相结合、快慢充互补的复合型充电网络，有力推进了智慧交通的绿色出行。

二、智慧公共服务平台初见成效

智慧城市的运行离不开若干智慧公共服务平台的支撑，建设智慧公共服务平台对提升城市运行管理和经济社会服务水平具有非常重要的意义。社区是城市的细胞，智慧社区则是智慧城市的有机组成部分，南通构建了数字电视互动电视资讯平台、社区综合信息平台、社区养老机构管理信息平台等智慧社区公共服务平台，为社区居民提供便捷高效的智慧生活服务，让城市生活变得更加美好幸福。作为国家智慧旅游试点城市，南通在旅游综合数据中心和地理信息系统基础数据库建设的基础上建成了南通智慧旅游公共服务平台，将南通的狼山旅游风景区、军山旅游风景区、濠河风景区等景点以数字的方式呈现给国内外游客，使得游客可以通过该平台随时随地了解南通的历史文化和优美景色。南通是“全国社会治安综合治理优秀市”，其城市安全管理的智慧公共服务平台建设也是重点，南通建设了三维数字城市平台，利用网络、地理信息系统和虚拟现实技术实现全市三维信息共享与管理，还将公安的110系统进行了智慧化升级，升级后的系统具备调度指挥、图像监控、数字录音、地理信息、信息查询等多个子系统，实时监控整座城市的安全，为南通城市安全提供有效的智慧平台保障。南通建成了教育城域网并开通了教育信息化公共服务平台，连通了江苏教育网与中国教育和科研计算机网，全市所有中小学均可通过公网或专网登录使用，共享优质教育资源，进行网上信息交互，实现校园的智慧教学。

三、城市产业初步实现智慧转型

城市产业结构的智慧转型升级是智慧城市建设的重要方面，南通以推进信息化与工业化深度融合为抓手来转变经济发展方式、优化产业结构。南通以培育产业链和创新链为重点，大力发展以液晶显示、集成电路、移动通信、计算机设备为主的高端电子信息产业，重点打造一批高端特色产业园区，吸引了SAP、百度、浪潮、大唐、凯捷等一大批国际国内知名公司落户，提高了城市产业的智慧程度。同时，南通借助“信息化带动工业化300工程”等系列两化深度融合活动，使得全市重点工业企业从信息技术离散化的单项应用阶段发展到对各业务环节全面覆盖、渗透融合的深入应用阶段，并逐步向实现效益整体提升的综合集成应用阶段过渡，涌现出南通醋纤等一批省级两化融合示范、试点企业以及南通家纺城、南通船舶产业集聚区等省级两化融合试验区，建成了船舶与海洋工程装备的国家级新型工业化产业示范基地。通过信息化与工业化深度融合示范试点体系建设，城市主要传统产业基本实现了以下目标：信息化与研发设计融合，提升了工业产品的创新能力；信息化与工业装备、生产过程相融合，促进了工业的精益化生产；信息化与经营管理融合，使得企业运营管理逐步走向精细化；电子商务与采购和营销体系创新融合，提高了市场的响应速度和服务水平。

四、智慧政务不断深入实施

在智慧政务下，政府机构运用现代信息技术将管理和服务转移到网络上完成，从而向全社会提供高效优质、规范透明和全方位的政府服务。智慧政务是智慧城市建设的基础功能和应用。南通利用政府门户网站有效整合全市50多个部门的子网站，形成对内、对外统一的信息窗口、业务窗口和网络窗口，形成一个为公众服务的政府网站群。为了适应公众与政府进行信息互动的需要，该网站群的所有网站上统一设置了政府信息公开指南、政府信息公开目录、依申请公开、政府信息公开意见箱等10个栏目，设定了统一的政府信息公开展现形式，做到了页面、目录、内容三统一，增加了信息关联、全文检索等人性化服务功能，使得政府各职能部门以统一规范的形象服务于广大市民，方便市民准确、快捷地查询信息，有效提升了政府的公信力。南通市根据智慧政务需要，积极深化政府信息化建设，构建了电子政务内网、电子政务外网和市委机要网三网一体的电子政务网络平台体系；建成了以行政权力网上公开透明运行、公文交换、数字城管、社保、卫生、水利、环保信息系统为代表的一批政务应用系统，实现了技术创新和体制创新的有机结合；建立了数字认证、内网违规外联控制和网络安全管理三大系统，确保政务网络的安全高效运行；建设了电子政务内网云计算中心，逐步实现政府部门之间在软硬件基础设施、数据资源和公共应用平台三个层面的共建共享，打通部门间的“信息孤岛”，实现资源共享，提升行政效率；制定了全市统一的公共资源目录和交换服务目录，实现信息资源来源单位、责任单位、数据标准、更新规则、交换标准等内容的标准化约定；建设了南通智慧生活体验馆来展示南通智慧城市建设特色及发展愿景，并通过它来对公众进行已建成的各智慧系统的应用培训，使公众获得直观的信息技术应用体验，加深对智慧城市的理解。

在建设推进智慧城市过程中，南通追求创新，积极探索，最终获得佳绩，让南通市民享受到智慧城市给生活带来的便利，与深圳、巴塞罗那、米兰、摩纳哥公国等中欧城市共同获得首届“中欧绿色和智慧城市先行奖”。下一阶段，南通将重点实施智慧城市国际合作、顶层规划落地、智慧设施提升、智慧产业培育、智慧民生普惠、智慧政务优化六大工程，不断推进南通的智慧城市建设，为其他城市建设智慧化城市提供有效的经验以及起带头模范作用。

资料来源：顾继光．南通智慧城市建设路径研究［J］．江苏工程职业技术学院学报：综合版，2015（3）：57-62．（有删改）

思考题

1. 简述智慧城市的特性。
2. 智慧城市有哪些组成部分？
3. 智慧城市建设有什么意义？
4. 智慧城市建设的主要技术有哪些？
5. 智慧城市建设模式有哪些？
6. 简述智慧城市标准的组成。
7. 应该采取哪些发展路径推进智慧城市建设？

拓展阅读篇目

［1］王璐，吴宇迪，李云波．智慧城市建设路径对比分析［J］．工程管理学报，2012（5）．

［2］陆伟良，吉星，杜昱，等．国家智慧城市标准体系建设［J］．现代建

筑电气，2013（4）.

［3］胡丽，陈友福．智慧城市建设不同阶段风险表现及防范对策［J］．中国人口·资源与环境，2013（11）.

［4］何军．智慧城市顶层设计与推进举措研究：以智慧南京顶层设计主要思路及发展策略为例［J］．城市发展研究，2013（7）.

［5］陆小敏，陈杰，袁伟．关于智慧城市顶层设计的思考［J］．电子政务，2014（1）.

［6］张振刚，张小娟．智慧城市系统构成及其应用研究［J］．中国科技论坛，2014（7）.

［7］智慧城市发展研究课题组．"十三五"我国智慧城市"转型创新"发展的路径研究［J］．电子政务，2016（3）.

［8］李林．智慧城市建设思路与规划［M］．南京：东南大学出版社，2012.

［9］熊璋，等．智慧城市［M］．北京：科学出版社，2015.

参考文献

［1］习近平. 习近平谈治国理政［M］. 北京：外文出版社，2014.

［2］张晓燕. 现代城市管理学［M］. 武汉：武汉大学出版社，2012.

［3］马彦琳，刘建平. 现代城市管理学［M］. 北京：科学出版社，2003.

［4］秦甫. 现代城市管理［M］. 上海：东华大学出版社，2004.

［5］乌兰力沙克. 城市管理论［M］. 北京：人民出版社，1995.

［6］张跃庆，贾克诚，燕秋海. 城市管理概论［M］. 北京：北京经济学院出版社，1990.

［7］萧斌. 中国城市的历史发展与政府体制［M］. 北京：中国政法大学出版社，1993.

［8］王佃利，张莉萍，高原. 现代市政学［M］. 北京：中国人民大学出版社，2011.

［9］付崇兰，白晨曦，曹文明，等. 中国城市发展史［M］. 北京：社会科学文献出版社，2012.

［10］郭小聪. 政府经济学［M］. 北京：中国人民大学出版社，2003.

［11］张永桃. 市政学［M］. 北京：高等教育出版社，2006.

［12］谢文惠，邓卫. 城市经济学［M］. 北京：清华大学出版社，1996.

［13］陈友华，赵民. 城市规划概论［M］. 上海：上海科学技术文献出版社，2000.

［14］宋明，晁农. 经营城市的策略：对中国城市经营学的探讨［M］. 成都：西南交通大学出版社，2005.

［15］涂文涛，方行明. 城市经营学［M］. 成都：西南财经大学出版社，2005.

［16］冯云廷. 城市经济学［M］. 大连：东北财经大学出版社，2005.

［17］杨重光，刘维新. 社会主义城市经济学［M］. 北京：中国财政经济出版社，1986.

[18] 周一星. 城市地理学 [M]. 北京：商务印书馆，1999.

[19] 崔功豪，王本炎，查彦玉. 城市地理学 [M]. 南京：江苏教育出版社，1992.

[20] 周游. 城市化与城市现代化读本 [M]. 南京：江苏人民出版社，2006.

[21] 陈振明. 公共管理学 [M]. 北京：中国人民大学出版社，2005.

[22] 臧乃康，宋超，季燕霞. 功能拓展与范式创新：政府治理研究 [M]. 北京：新华出版社，2006.

[23] 俞可平. 治理与善治 [M]. 北京：社会科学文献出版社，2000.

[24] 何显明. 市场化进程中的地方政府行为逻辑 [M]. 北京：人民出版社，2008.

[25] 金经元. 近代西方人本主义城市规划思想家：霍德华·格迪斯·芒福德 [M]. 北京：中国城市出版社，1998.

[26] 何清涟. 现代化的陷阱 [M]. 北京：今日中国出版社，1998.

[27] 刘广珠，等. 城市管理学 [M]. 北京：清华大学出版社，2014.

[28] 陈瑞莲. 区域公共管理理论与实践研究 [M]. 北京：中国社会科学出版社，2008.

[29] 冯云廷. 城市管理学 [M]. 北京：清华大学出版社，2014.

[30] 王诗宗. 治理理论及其中国适用性 [M]. 杭州：浙江大学出版社，2009.

[31] 饶会林，郭鸿懋，王明浩. 中国城市管理新论 [M]. 北京：经济科学出版社，2003.

[32] 林毅夫. 新结构经济学：反思经济发展与政策的理论框架 [M]. 北京：北京大学出版社，2012.

[33] 吴敬琏. 中国增长模式抉择 [M]. 上海：上海远东出版社，2006.

[34] 罗天昊. 大国诸城：21 世纪中国城市与区域竞争 [M]. 杭州：浙江大学出版社，2012.

[35] 杨宏山. 市政管理学 [M]. 北京：中国人民大学出版社，2009.

[36] 王照东. 政治文明视野中的权力问题研究 [M]. 北京：中国社会科学出版社，2006.

[37] 孙荣，徐红，邹珊珊. 城市治理：中国的理解与实践 [M]. 上海：

复旦大学出版社，2007.

［38］徐红. 比较政治制度［M］. 上海：同济大学出版社，2004.

［39］吴开松. 比较城市管理［M］. 北京：科学出版社，2004.

［40］王枫云. 城市管理学新编［M］. 北京：高等教育出版社，2010.

［41］范广垠. 市政管理［M］. 天津：南开大学出版社，2008.

［42］樊勇明，杜莉. 公共经济学［M］. 上海：复旦大学出版社，2008.

［43］孙久文. 区域经济学［M］. 北京：首都经济贸易大学出版社，2006.

［44］滕玉成，于萍. 公共管理学［M］. 北京：中国人民大学出版社，2008.

［45］冯峰，李庆均. 公共政策分析［M］. 合肥：中国科学技术大学出版社，2008.

［46］王琳，汤秀娟. 市政管理学［M］. 北京：北京理工大学出版社，2011.

［47］王邦佐. 居委会与社区治理：城市社区居民委员组织研究［M］. 上海：上海人民出版社，2003.

［48］沈玉麟. 外国城市建设史［M］. 北京：中国建筑工业出版社，1989.

［49］赵定涛. 公共管理学［M］. 合肥：中国科学技术大学出版社，2006.

［50］张红樱，张诗雨. 国外城市治理变革与经验［M］. 北京：中国言实出版社，2012.

［51］张伟. 城市基础设施投融资研究［M］. 北京：高等教育出版社，2005.

［52］王敬国. 资源与环境概论［M］. 北京：中国农业大学出版社，2013.

［53］沈清基. 城市生态与城市环境［M］. 上海：同济大学出版社，1998.

［54］王琪，郭立坤，董路，等. 城市环境问题［M］. 贵阳：贵州科技出版社，2001.

［55］王茂湘. 西方城市经济管理［M］. 大连：大连出版社，1991.

［56］许敏，尹乃春. 城市危机管理［M］. 北京：清华大学出版社，2013.

［57］赵成根. 国外大城市危机管理模式研究［M］. 北京：北京大学出版社，2006.

[58] 周天勇. 城市发展战略 [M]. 北京：高等教育出版社，2005.

[59] 王郁. 城市管理创新：世界城市东京的发展战略 [M]. 上海：同济大学出版社，2004.

[60] 倪鹏飞. 中国城市竞争力报告 No. 17：住房，关系国与家 [M]. 北京：中国社会科学出版社，2019.

[61] 倪鹏飞. 中国城市竞争力报告 No. 16：40 年：城市星火已燎原 [M]. 北京：中国社会科学出版社，2018.

[62] 杨建军，曹康，班茂盛. 城市规划与城市竞争力 [M]. 杭州：浙江大学出版社，2013.

[63] 黄江松. 城市营销：提升城市竞争力 [M]. 北京：同心出版社，2007.

[64] 刘江华，张强，张赛飞. 中国副省级城市竞争力比较研究 [M]. 北京：中国经济出版社，2009.

[65] 项光勤. 城市竞争力研究 [M]. 北京：中国工商出版社，2006.

[66] 姜杰，张喜民，王在勇. 城市竞争力 [M]. 济南：山东人民出版社，2003.

[67] 李林. 智慧城市建设思路与规划 [M]. 南京：东南大学出版社，2012.

[68] 熊璋，等. 智慧城市 [M]. 北京：科学出版社，2015.

[69] 芒福德. 城市发展史：起源、演变与前景 [M]. 北京：中国建筑工业出版社，2005.

[70] 奥沙利文. 城市经济学 [M]. 北京：中信出版社，2003.

[71] 斯密. 国民财富的性质和原因的研究 [M]. 北京：商务印书馆，2002.

[72] 汉迪. 超越确定性：组织变革的观念 [M]. 北京：华夏出版社，2000.

[73] 休斯. 公共管理导论 [M]. 北京：中国人民大学出版社，2007.

[74] 奥克森. 治理地方公共经济 [M]. 北京：北京大学出版社，2005.

[75] 罗西瑙. 没有政府的治理 [M]. 南昌：江西人民出版社，2006.

[76] 罗森布鲁姆，克拉夫丘克. 公共行政学：管理、政治和法律的途径 [M]. 北京：中国人民大学出版社，2002.

[77] 戈丹. 何为治理 [M]. 北京：社会科学文献出版社，2010.

[78] 阿尔蒙德. 比较政治学：体系、过程和政策 [M]. 北京：东方出版社，2007.

[79] 斯蒂格利茨. 发展与发展政策 [M]. 北京：中国金融出版社，2009.

[80] 德鲁克. 管理：任务、责任、实践 [M]. 北京：中国社会科学出版社，1987.

[81] 萨缪尔森. 经济学 [M]. 北京：中国发展出版社，1992.

[82] 卢梭. 社会契约论 [M]. 北京：商务印书馆，2003.

[83] 布朗，杰克逊. 公共部门经济学 [M]. 北京：中国人民大学出版社，2000.

[84] 赫希. 城市经济学 [M]. 北京：中国社会科学出版社，1990.

[85] 萨克森宁. 地区优势：硅谷和128公路地区的文化与竞争 [M]. 上海：上海远东出版社，1999.

[86] 布坎南. 自由、市场和国家 [M]. 北京：北京经济学院出版社，1988.

[87] 科特金. 全球城市史 [M]. 北京：社会科学文献出版社，2014.

[88] 张千帆. 公共利益是什么：社会功利主义的定义及其宪法上的局限性 [J]. 法学论坛，2005 (1).

[89] 李阳. 公共产品概念和本质研究综述 [J]. 生产力研究，2010 (4).

[90] 谢蕾. 西方非营利组织理论研究的新进展 [J]. 国家行政学院学报，2002 (1).

[91] 钱振明. 城市管理：从传统到现代的转化 [J]. 中国行政管理，2005 (3).

[92] 张更立. 走向三方合作的伙伴关系：西方城市政策的演变及其对中国的启示 [J]. 城市发展研究，2004 (4).

[93] 林崇建，陈蔡志. 宁波城市管理体制的重构 [J]. 宁波经济，2001 (4).

[94] 尤建新，陈强. 以公众满意为导向的城市管理模式研究 [J]. 公共管理学报，2004 (2).

［95］叶南客. 城市管理模式比较论［J］. 学海，2000（1）.

［96］踪家峰，王志峰，郭鸿懋，等. 论城市治理模式［J］. 上海社会科学院学术季刊，2002（2）.

［97］容志. 激励与行为：地方机会主义及其制度分析：简论地方服务型政府建构的动力问题［J］. 上海行政学院学报，2008（11）.

［98］杨欣. 政府·社会·市场：论中国政府职能转移的框架［J］. 经济体制改革，2008（1）.

［99］臧乃康. 地方政府绩效评估的悖论及其消解［J］. 北京行政学院学报，2007（5）.

［100］李敢. 城市，如何让生活更美好：欧洲城市管理创新经验与资鉴［J］. 国外社会科学，2013（2）.

［101］陈劲. 绿色首都：斯德哥尔摩［J］. 信息化建设，2011（1）.

［102］孟钧，李绍纯. 北欧、西欧国家行政区划及政府运行机制［J］. 北京规划建设，2004（6）.

［103］夏斯濂. 企业安全管理效能及其影响要素研究［J］. 科技经济与管理科学，2018，26（9）.

［104］林文益. 马克思恩格斯论城市发展与市场、流通、商业的关系［J］. 北京商学院学报：社会科学版，1993（2）.

［105］付长良. 试论理顺地区行政公署的行政区划体制［J］. 政治学研究，1997（2）.

［106］郭爱琴. 政府部门在城市基础设施管理中的主要职责和任务［J］. 城市管理与科技，2002（3）.

［107］王子璇. 中国城市政府体制的特殊性［J］. 法制与社会，2018（17）.

［108］杨菁，赵蜀蓉. 从城市基本功能看中国城市政府职能定位［J］. 中国行政管理，2008（1）.

［109］张诗雨. 国外城市规划的基本特征与理论基奠：国外城市治理经验研究之四［J］. 中国发展观察，2015（5）.

［110］冯家驹. 城市规划管理工作研究分析［J］. 黑龙江科技信息，2009（17）.

［111］陈占祥. 马丘比丘宪章［J］. 国际城市规划，1979（1）.

［112］吕维娟，殷毅. 土地规划管理与城乡规划实施的关系探讨［J］. 城市规划，2013（10）.

［113］蔡纪良，管益忻. 试论城市基础设施的重要性［J］. 城市规划，1984（3）.

［114］宋启林. 我国城市交通运输系统规划建设与城市土地规划利用［J］. 中国土地科学，2000（1）.

［115］钱政华，丁建明. 城市交通宁静化措施与影响分析［J］. 华东公路，2009（3）.

［116］钟庭军. 准确理解“房子是用来住的，不是用来炒的”［J］. 城乡建设，2017（12）.

［117］刘金石，李小江. 中国城市竞争力指数测度及其影响因素：基于1990—2012年中国30个城市面板数据的实证研究［J］. 财经科学，2013（8）.

［118］徐康宁. 论城市竞争与城市竞争力［J］. 南京社会科学，2002（5）.

［119］谭贤伟. 论中国城市竞争战略［J］. 理论与改革，2001（3）.

［120］王文清. 中国城市竞争的新格局和武汉发展的战略适应［J］. 管理世界，2005（9）.

［121］高友才，汤凯. “丝绸之路经济带”节点城市竞争力测评及政策建议［J］. 经济学家，2016（5）.

［122］倪鹏飞，刘高军，宋璇涛. 中国城市竞争力分析［J］. 中国工业经济，2003（7）.

［123］王璐，吴宇迪，李云波. 智慧城市建设路径对比分析［J］. 工程管理学报，2012（5）.

［124］顾继光. 南通智慧城市建设路径研究［J］. 江苏工程职业技术学院学报：综合版，2015（3）.

［125］陆伟良，吉星，杜昱，等. 国家智慧城市标准体系建设［J］. 现代建筑电气，2013（4）.

［126］胡丽，陈友福. 智慧城市建设不同阶段风险表现及防范对策［J］. 中国人口·资源与环境，2013（11）.

［127］何军. 智慧城市顶层设计与推进举措研究：以智慧南京顶层设计主要思路及发展策略为例［J］. 城市发展研究，2013（7）.

［128］陆小敏，陈杰，袁伟. 关于智慧城市顶层设计的思考［J］. 电子政务，2014（1）.

［129］张振刚，张小娟. 智慧城市系统构成及其应用研究［J］. 中国科技论坛，2014（7）.

［130］智慧城市发展研究课题组. “十三五”我国智慧城市“转型创新”发展的路径研究［J］. 电子政务，2016（3）.

［131］索恩利，于泓. 面向城市竞争的战略规划［J］. 国外城市规划，2004（2）.

［132］陈大鹏. 城市战略规划研究［D］. 杨凌：西北农林科技大学，2005.

［133］李庆伟. 基于企业安全管理评价的河南危化品道路运输管理研究［D］. 镇江：江苏大学，2009.

［134］张群. 居有其屋：中国住房权问题的历史考察［D］. 北京：中国社会科学院研究生院，2008.

［135］姜麟松. 我国城市危机管理体系协调机制研究［D］. 大连：东北财经大学，2007.